81

Italienische Sprachwissenschaft

bachelor-wissen

bachelor-wissen ist die Reihe für die modularisierten Studiengänge

- die Bände sind auf die Bedürfnisse der Studierenden abgestimmt
- das fachliche Grundwissen wird in zahlreichen Übungen vertieft
- der Stoff ist in die Unterrichtseinheiten einer Lehrveranstaltung gegliedert
- auf www.bachelor-wissen.de finden Sie begleitende und weiterführende Informationen zum Studium und zu diesem Band

bachelor-wissen

Martin Haase

Italienische Sprachwissenschaft

Eine Einführung

gnV Gunter Narr Verlag Tübingen

Prof. Dr. Martin Haase ist Inhaber des Lehrstuhls für Romanische Sprachwissenschaft an der Otto-Friedrich-Universität Bamberg. Er ist zudem Vorsitzender der Internationalen Gesellschaft für Dialektologie und Geolinguistik.

Bibliografische Information der Deutschen Bibliothek

Die Deutsche Bibliothek verzeichnet diese Publikation in der Deutschen Nationalbibliografie; detaillierte bibliografische Daten sind im Internet über <http://dnb.d-nb.de> abrufbar.

Gedruckt auf chlorfrei gebleichtem und säurefreiem Werkdruckpapier.

Internet: http://www.bachelor-wissen.de
E-Mail: info@narr.de

Satz: Informationsdesign D. Fratzke, Kirchentellinsfurt
Druck und Bindung: Hubert & Co., Göttingen
Printed in Germany

ISSN 1864-4082
ISBN 978-3-8233-6290-6

Inhalt

Vorwort 9

Themenblock 1: Sprache und Linguistik

Einheit 1: Sprache 11
1.1 Nachdenken über Sprache 12
1.2 Sprache, Sprachen, Dialekte .... 12 12 Seiten
1.3 Sprachfunktionen 15
1.4 Hinweise zur Erstellung sprachwissenschaftlicher Arbeiten 18
1.4.1 Sprache 18
1.4.2 Aufbau, Gliederung, äußere Form 18
1.4.3 Primärsprachliche Daten 19
1.4.4 Quellenangaben, Bibliografie, Fußnoten 21
1.4.5 Abkürzungen 22
1.5 Übungen 22
1.6 Literaturhinweise 23

Einheit 2: Linguistik und Philologie 25
2.1 Linguistik, Romanistik, Italianistik 26
2.2 Strukturalismus .... 30 11 Seiten
2.3 Literaturrecherche 33
2.4 Übungen 35
2.5 Literaturhinweise 36

Einheit 3: Varietätenlinguistik 37
3.1 Standard, Substandard, Dialekt 38
3.2 Die *Questione della lingua* .... 40 13 Seiten
3.3 Varietäten 42
3.4 Sprachminderheiten 45
3.5 Übungen 50
3.6 Literaturhinweise 50

Einheit 4: Geschichte des Italienischen 51
4.1 Entwicklung des Italienischen .... 52 10 Seiten
4.2 Lateinisch und Romanisch 55
4.3 Sprachkontakt 56
4.4 Übungen 60
4.5 Literaturhinweise 60

Themenblock 2: Text und Satz

Einheit 5: Textlinguistik und Pragmatik ... 61
5.1 Texte und Informationsstruktur ... 62
5.2 Implikatur und Präsupposition ... 69
5.3 Sprachliches Zeigen ... 71
5.4 Übungen ... 73
5.5 Literaturhinweise ... 73

Einheit 6: Syntax ... 75
6.1 Grundlagen ... 76
6.2 Dependenzanalyse ... 77
6.3 Konstituentenanalyse ... 81
6.4 Optimalitätstheorie ... 85
6.5 Übungen ... 87
6.6 Literaturhinweise ... 87

Themenblock 3: Wort und Laut (Morphophonologie)

Einheit 7: Semantik ... 89
7.1 Bedeutung und Bezeichnung ... 90
7.2 Bedeutungsrelationen ... 91
7.3 Homonymie und Polysemie ... 93
7.4 Etymologie ... 94
7.5 Übungen ... 95
7.6 Literaturhinweise ... 96

Einheit 8: Flexion ... 97
8.1 Wort und Morphem ... 98
8.2 Flexion ... 99
8.3 Historische Morphologie ... 104
8.4 Übungen ... 105
8.5 Literaturhinweise ... 105

Einheit 9: Wortbildung ... 107
9.1 Verfahren der Wortbildung ... 108
9.2 Komposition ... 108
9.3 Derivation ... 109
9.4 Andere Verfahren ... 118
9.5 Übungen ... 119
9.6 Literaturhinweise ... 120

Einheit 10: Phonetik/Phonologie 121
10.1 Grundbegriffe 122
10.2 Phoneminventar des Italienischen .... 125 10 Seiten
10.3 Übungen 131
10.4 Literaturhinweise 131

Einheit 11: Phonologische Prozesse 133
11.1 Grundlagen 134
11.2 Konsonanten 134
11.3 Vokale .... 137 10 Seiten
11.4 Phonotaktik 138
11.5 Optimalitätstheorie 139
11.6 Veränderung des Phoneminventars 141
11.7 Übungen 143
11.8 Literaturhinweise 143

Themenblock 4: Varietätenlinguistik des Italienischen

Einheit 12: Die dialektale Gliederung Italiens: Oberitalien 145
12.1 Allgemeines 146
12.2 Das Dialektkontinuum Oberitaliens 147
 12.2.1 Galloitalisch .... 150 10 Seiten
 12.2.2 Venezisch (und Istrisch) 153
12.3 Übungen 155
12.4 Literaturhinweise 155

Einheit 13: Das Dialektkontinuum Mittel- und Unteritaliens 157
13.1 Überblick 158
13.2 Toskanisch .... 158 15 Seiten
13.3 Toskanisch-mittelitalienischer Übergangsbereich 162
13.4 Zentraldialekte Mittel- und Unteritaliens 164
13.5 Laterale Dialekte Unteritaliens und Dialekte Siziliens 169
13.6 Übungen 172
13.7 Literaturhinweise 172

Einheit 14: Übrige romanische Sprachen Italiens, Regionalitalienisch 173
14.1 Allgemeines 174
14.2 Ladinisch-Friaulisch .... 174 10 Seiten
14.3 Sardisch 176
14.4 Regionalitalienisch 179
14.5 Übungen 182
14.6 Literaturhinweise 183

Anhang

Bibliografie 185

Sachregister 189

Vorwort

Die Einführung von gestuften Studiengängen im Rahmen des so genannten Bologna-Prozesses stellt Lehrende und Studierende vor große Herausforderungen – insbesondere auf dem Einstiegsniveau: Die Studierenden müssen in einer Einführungsveranstaltung umfassende Grundkenntnisse erwerben, die es ihnen ermöglichen, sich anschließend in unterschiedlichen Modulen zurecht zu finden. Das bedeutet, dass schon in einer Einführungsveranstaltung der Zugang zu verschiedenen Spezialisierungen ermöglicht werden muss. Zusätzliche Proseminare, die das Einführungsseminar ergänzen, sind oft nicht vorgesehen. Zudem sind alle Prüfungen studienbegleitend, so dass schon der Stoff einer Einführungsveranstaltung prüfungsrelevant ist. Diesen Anforderungen soll hier Rechnung getragen werden: Die vierzehn Lehreinheiten dieser Einführung entsprechen vierzehn Seminarsitzungen und erschließen die Grundlagen der Sprachwissenschaft, wobei den besonderen Anforderungen der Italianistik entsprechend großer Wert auf die Varietätenlinguistik gelegt wird. Allerdings bietet die Einführung auch Anschlusspunkte für sprachwissenschaftliche Veranstaltungen aus dem Bereich der Syntax, Phonetik/Phonologie, Morphologie, der historischen romanischen Sprachwissenschaft und der Soziolinguistik.

Die Lehreinheiten lassen sich zu vier größeren Themenblöcken zusammenfassen: Die Lehreinheiten 1–4 führen in die grundlegenden Konzepte der Sprachwissenschaft des Italienischen ein, wobei ein Schwerpunkt auf dem Strukturalismus liegt, der heute die wichtigste Methode der romanischen Sprachwissenschaft darstellt. Die Lehreinheiten 5–6 beschäftigen sich mit Text und Satz, 7–9 setzen sich mit dem Wort auseinander, 10–11 mit Lautlehre, 12–14 schließlich mit Varietätenlinguistik. Im Gegensatz zu traditionellen Einführungen schreitet dieses Buch von größeren Untersuchungseinheiten (Text) zu kleineren (Laut) fort. Diese Vorgehensweise hat sich als didaktisch sinnvoller erwiesen als die umgekehrte.

Da in einer Einführung mit beschränktem Umfang nicht alle Bereiche der italienischen Linguistik tiefgehend ausgelotet werden können, ist der Inhalt dieses Buches als roter Faden zu verstehen. Angesichts der Auswahl unterschiedlicher Module, die die Studienreform ermöglicht, ist ein solcher roter Faden sicher hilfreich. Da alle wichtigen Termini im Text hervorgehoben sind, ist es leicht möglich, sich über diese Termini und über die Literaturhinweise weitere Wissensquellen zu erschließen. Dazu seien die Benutzer dieses Buches ausdrücklich ermuntert, denn es ist wichtiger denn je, sich auf verschiedene Weisen Zugang zu einem Thema zu verschaffen. Im Gegensatz zu anderen Büchern dieser Art enthält die Bibliografie vor allem Werke, mit denen auch der Anfänger problemlos zurecht kommt. Auf die Angabe von Spezialliteratur wird generell verzichtet. Wenn es eine brauchbare italienische oder deutsche Übersetzung eines englischen Grundlagenwerks gibt, wurde diese mit angegeben oder auch zitiert.

Der Inhalt des Buches wird ergänzt durch Material, das online unter www.bachelor-wissen.de zur Verfügung gestellt wird. Hier finden sich auch Sprachaufnahmen und die Lösungen der Übungen. Die Übungen sind text- bzw. datenbezogen und orientieren sich damit an der konkreten sprachlichen Praxis in Italien. Das macht die Übungen für Anfänger zum Teil recht anspruchsvoll, erfüllt aber eine wichtige Forderung an studienbegleitende Prüfungen. Somit kann dieses Buch auch zur Vorbereitung von Modulprüfungen im Grundlagenbereich der Sprachwissenschaft verwendet werden.

Da von Studierenden der Italianistik auch die Kenntnis italienischer Termini verlangt wird, werden diese überall dort angegeben, wo die italienische Terminologie von der Deutschen abweicht bzw. besondere Schwierigkeiten bereitet. Wenn ein Terminus problemlos aus dem Deutschen übersetzt werden kann (Soziolinguistik zu *sociolinguistica* oder Adjektiv zu *aggettivo*), wird auf die Angabe der Übersetzung in der Regel verzichtet. Auch wichtige englischsprachige Termini sind angegeben, wenn deren Kenntnis eine Rolle spielt. Um die Authentizität der Beispiele zu gewährleisten, stammen sie überwiegend aus Primärquellen, wobei sie bisweilen gekürzt oder an die Bedürfnisse der Lernenden angepasst wurden. Da sie nur didaktische Zwecke verfolgen, konnte auf genaue Angaben zu ihrer Herkunft verzichtet werden.

Für Anregungen und Hinweise zu dieser und früheren Fassungen dieses Buchs danke ich Dario Besseghini (Pisa), Philipp Burdy (Bamberg), Marco Depietri (Bamberg), Christian Jerger (Berlin), Carlo Milan (Bamberg), Andrea Palermo (Osnabrück) und vor allem dem Verlagslektor Jürgen Freudl, der auch die Aufgaben eines Herausgebers übernahm.

Bamberg, im Februar 2007 *Martin Haase*

Sprache

Inhalt

1.1	Nachdenken über Sprache	12
1.2	Sprache, Sprachen, Dialekte	12
1.3	Sprachfunktionen	15
1.4	Hinweise zur Erstellung sprachwissenschaftlicher Arbeiten	18
1.4.1	Sprache	18
1.4.2	Aufbau, Gliederung, äußere Form	18
1.4.3	Primärsprachliche Daten	19
1.4.4	Quellenangaben, Bibliografie, Fußnoten	21
1.4.5	Abkürzungen	22
1.5	Übungen	22
1.6	Literaturhinweise	23

Überblick

Die erste Einheit setzt sich grundsätzlich mit der Frage auseinander, was unter Sprache und Dialekt zu verstehen ist. Dabei spielen Funktionen von Sprache eine besondere Rolle. Zudem erfolgt hier eine Einführung in das Verfassen sprachwissenschaftlicher Hausarbeiten.

1.1 | Nachdenken über Sprache

Wer sich mit dem Italienischen in Wissenschaft, Unterricht oder im kulturellen Bereich beschäftigt, muss nicht nur über gute sprachpraktische Kenntnisse verfügen, sondern benötigt neben landeskundlichem Wissen vor allem auch sprachwissenschaftliches: Für die Vermittlung einer Sprache ist es unerlässlich, Wissen über ihr Funktionieren und ihre Beschreibung zu haben, damit man Grammatiken und Wörterbücher verstehen und kritisch beurteilen kann und damit die Vermittlung grammatischer Konzepte überhaupt gelingt. Jede Beschäftigung mit dem Italienischen macht es notwendig, einen Einblick in die VARIETÄTEN der Sprachlandschaft Italiens zu haben. Wie in kaum einer SPRACHGEMEINSCHAFT gehört nämlich die Fähigkeit, einen italienischen Sprecher oder Text (sprach-) geografisch einzuordnen, mindestens zum Randbereich sprachlicher Kompetenz. Deshalb liegt ein Schwerpunkt dieses Buches auf der VARIETÄTENLINGUISTIK des italienischen Sprachraums und auf der Vermittlung von begrifflichem und methodischem Grundwissen, das einen Zugang zur weiteren sprachwissenschaftlichen Beschäftigung mit dem Italienischen ermöglicht.

Die Linguistik steht bei manchen Studierenden philologischer Fächer im Ruf, trocken und schwer zu sein – vor allem im Vergleich zur Literaturwissenschaft, die für interessanter gehalten wird. Das ist erstaunlich, wenn man bedenkt, dass in Sprach- und Literaturwissenschaft zum Teil ähnliche auf dem Strukturalismus beruhende METHODEN angewandt werden. Die besondere Motivation für die Literaturwissenschaft entstammt wohl vor allem dem GEGENSTAND, nämlich der Literatur, für die man sich begeistert. Sprache hingegen ist für viele ein so abstrakter Gegenstand, dass sie sich nicht leicht für ihn begeistern können. Das vorliegende Buch möchte zur Beschäftigung mit Sprache motivieren. Wenn man bedenkt, welche Rolle Sprache in unserem Leben spielt, wie sie die Organisation menschlichen Zusammenlebens, die menschliche Kultur und Zivilisation erst ermöglicht, wird schnell klar, wie wichtig Sprache als Gegenstand wissenschaftlicher Auseinandersetzung ist. Besonders in Italien spielt von alters her die Diskussion über Sprache eine besondere Rolle. Das vorliegende Buch vermittelt Grundlagen, um an dieser Diskussion kompetent teilnehmen zu können.

1.2 | Sprache, Sprachen, Dialekte

Definition

Aus der Beobachtung menschlicher KOMMUNIKATION lässt sich ein System von Regelmäßigkeiten ableiten, das als SPRACHE (*linguaggio*) bezeichnet wird.

Indem hier von *System* die Rede ist, wird diese Definition in einen Zusammenhang mit dem Strukturalismus gebracht, von dem später noch zu sprechen sein wird (s. 2.2). Die Beobachtbarkeit von Regelmäßigkeiten ist auch für tierische Kommunikationssysteme gegeben (*linguaggi degli animali*, z. B. Bienentanz), allerdings wird hier im Deutschen die Bezeichnung *Sprache* vermieden, wohl weil es keinen Unterschied zwischen *lingua* und *linguaggio* gibt.

Einzelsprache

Sprache im Allgemeinen (*linguaggio*) manifestiert sich in der Regel als historisch gewachsene und auf gesellschaftlichen Konventionen beruhende Einzelsprache (*lingua*) einer Sprachgemeinschaft. Einzelsprachen werden üblicherweise in familiärer Generationenfolge tradiert (Eltern-Kind-Transmission). Sprachen, deren Tradierung überwiegend in Gemeinschaften oder Gruppen außerhalb der Familie gepflegt wird, werden als Sondersprachen bezeichnet; dazu gehören:

- Fachsprachen (*lingue specializzate* und *gerghi*),
- Plansprachen (*lingue inventate*),
- Gebärdensprachen (*lingue dei segni*),
- Schriftsprachen (*lingue letterarie*),
- Verkehrssprachen (*lingue veicolari*) und
- Geheimsprachen (*lingue segrete*).

Alle diese Sprachen haben gemeinsam, dass sie zur Kommunikation zwischen Menschen verwendet werden. Sie werden deshalb als natürliche Sprachen bezeichnet.

Sondersprachen

Zu den Fachsprachen gehören die sich vor allem durch klare terminologische Festlegungen auszeichnenden berufsspezifischen Fachsprachen, aber auch gruppenspezifische Sprachen wie der Argot (*gergo*); im weitesten Sinn handelt es sich dabei um eine von der Standardsprache abweichende Varietät, die für eine Gruppe typisch und für Außenstehende schwer bis gar nicht verständlich ist. Die wichtigste – auch in Italien verbreitete Plansprache – ist das Esperanto. Die italienische Gehörlosengemeinschaft verwendet die *lingua italiana dei segni*. Zu den Verkehrssprachen gehören die Pidgins, die beim Kontakt mehrerer Sprachen entstehen, zunächst über keine stabile Grammatik verfügen und in der Regel nur als Zweitsprache verwendet werden; die stark italienisch geprägte Verkehrssprache des Mittelmeerraums, die Lingua Franca, ist ausgestorben; man rechnet sie daher zur untergegangenen Romania (Romania submersa).

Definition

Unter Dialekt (andere Bezeichnung: Mundart) versteht man landläufig (vor allem in Deutschland) die lokale oder regionale Varietät einer Sprache.

Diese Definition ist auf die Apenninenhalbinsel nur bedingt übertragbar: Zwar gibt es wohl in kaum einer Region eine so lebendige und vielfältige areale Variation, es handelt sich dabei jedoch nicht um Varietäten des Standarditalienischen, sondern um Sprachformen, die unabhängig von der italienischen Standardsprache aus dem gesprochenen Latein entstanden sind. Es sind also streng genommen keine ‚italienischen Dialekte', sondern kontinuierlich weiterentwickelte Varietäten des gesprochenen Lateins. Es ist oft schwierig, eindeutige Dialektgrenzen zu ziehen, weshalb man von einem Dialektkontinuum spricht. Ausschnitten aus diesem Kontinuum kann häufig kein eindeutiger Name zugeordnet werden. Deshalb ist es auch unmöglich, zu sagen, wie viele Dialekte es in Italien gibt. Da die meisten Italiener auch Standarditalienisch sprechen (oder eine Varietät, die dem Standarditalienischen nahe kommt) und vor allem schreiben, beeinflusst das Standarditalienische die Dialekte sehr stark; daher kann es als Dachsprache des Dialektkontinuums bezeichnet werden. Es überdacht auch diejenigen Sprachen Italiens, die nicht in das romanische Dialektkontinuum gehören (Albanisch, Griechisch, Deutsch usw.).

Sprachfamilie

Das gesprochene Latein verbreitet sich mit den Eroberungen Roms über ganz Italien und den Mittelmeerraum. Dabei differenziert es sich dialektal (zum einen aufgrund des Kontakts mit anderen Sprachen, zum anderen allein durch die Eigenständigkeit der dialektalen Gemeinschaft). Aus den Dialekten des gesprochenen Lateins entstehen dann die heutigen romanischen Sprachen und Dialekte. Vereinfacht lässt sich dies wie folgt darstellen:

Abb. 1.1 | Vom Sprechlatein zu den romanischen Sprachen (vereinfachte Darstellung)

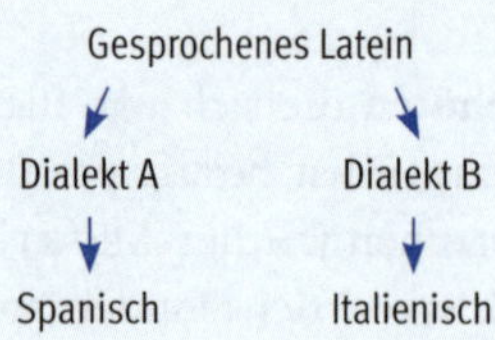

Dass die beiden Sprachen miteinander verwandt sind, lässt sich auch ohne Kenntnis des gesprochenen Lateins (über das wir in der Tat nur eingeschränkte, vor allem indirekte Informationen haben) auch daran sehen, dass es zwischen ihnen systematische Entsprechungen in allen Bereichen der Grammatik und des Wortschatzes gibt. Stellt man zwischen zwei Sprachen solche systematischen Entsprechungen (Korrelationen) fest, spricht man von Sprachverwandtschaft und geht von der Zugehörigkeit zu einer Sprachfamilie aus. Dabei ist es wichtig, dass wirklich *alle* Bereiche von Grammatik *und* Wortschatz betroffen sind und die Entsprechungen systematisch sind. So werden das Deutsche und das Englische zusammen mit anderen Sprachen zur germanischen Sprachfamilie zusammengefasst, ohne dass es irgendwelche Zeugnisse für ein Urgermanisch gibt. Wie es ausgesehen haben könnte, lässt sich aus den Tochtersprachen jedoch bis zu einem gewissen Grad rekonstruieren. Zwischen den germanischen und romanischen Sprachen gibt es insgesamt auch zahlreiche Korrelationen, weshalb sie wieder mit weiteren Sprachen zu einer größeren Familien zusammengefasst werden, der INDOGERMANISCHEN (*indo-europeo*). Auch das Urindogermanische (*proto indo-europeo*) ist nicht belegt und beruht lediglich auf REKONSTRUKTION.

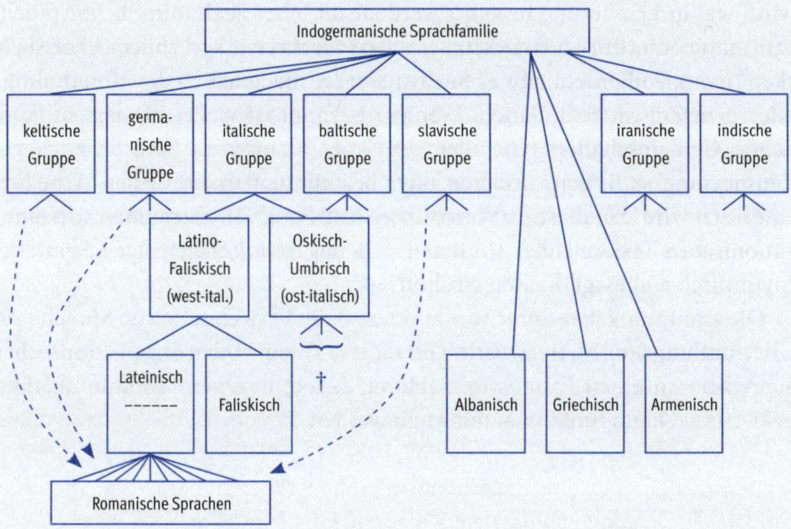

Abb. 1.2
Stammbaum der indogermanischen Sprachen (nach Müller-Lancé 2006: 24), die gestrichelten Pfeile deuten Sprachkontakt an

Entlehnung

Das Deutsche (und noch mehr das Englische) enthält viele LEHNWÖRTER (*prestiti*) aus verschiedenen romanischen Sprachen. Deshalb ist es aber selbst keine romanische Sprache. Zunächst betrifft das Lehngut nur den Wortschatz (Lexikon) und nicht die Grammatik und schließlich sind die Entsprechungen im Lehnwortschatz typischerweise unsystematisch, da ENTLEHNUNGEN (*prestiti*) zu unterschiedlichen Zeiten und aus verschiedenen Sprachen erfolgen. So entsprechen sich italienisch *moneta*, spanisch *moneda* und französisch *monnaie* (‚Münze') völlig systematisch (zwischenvokalisches *t* im Italienischen entspricht spanischem *d*, während es im Französischen zwischenvokalisch nicht auftritt). Die deutschen Lehnwörter *Münze*, *Portmonee*, *Moneten* (nur im Plural) und *monetär* (nur in dieser Ableitung), die jedes für sich eine unterschiedliche Lehnwortgeschichte haben, stehen von Form und Bedeutung her sowohl untereinander wie zu ihrer Entsprechung in der Gebersprache in einem sehr unsystematischen Verhältnis.

1.3 Sprachfunktionen

Funktionen

Aus der anfangs genannten Definition geht hervor, dass die Hauptfunktion von Sprache die menschliche KOMMUNIKATION ist. Eine soziale Organisation ist ohne Kommunikation nicht möglich. Somit ist die Sprache als Grundlage der

Kommunikation auch Grundlage sozialer Organisation. Wenn man bedenkt, dass zum Beispiel die Namengebung ein sprachlicher Akt ist, wird die Bedeutung der Sprache auch für das Individuum (als soziales Wesen) klar.

Sprache dient auch zur Wissenskonservierung (MNEMOTECHNIK): Hier spielt die Schriftsprache eine besondere Rolle, indem einfach aufgeschrieben wird, was in Erinnerung bewahrt werden soll. Aber auch mündliche Sprache kann mnemotechnisch eingesetzt werden (Merkverse, sprachliche „Eselsbrücken" usw.). Außerdem gibt es SPRACHSPIELE, die lediglich der Unterhaltung oder dem Zeitvertreib dienen. Weniger bekannt ist vielleicht, dass in ländlichen Gemeinschaften (vor allem im Apenninenraum) Sprache auch zur Zeitmessung (z. B. beim Kochen oder bestimmten traditionellen Arbeiten) eingesetzt wird. Für diese CHRONOMETRISCHE Funktion macht man sich einen kanonischen Text zu Nutze (in Italien z. B. das lateinische (!) *Ave Maria*), der rhythmisch aufgesagt die Zeit strukturiert.

Kommunikative Sprachfunktionen

Die kommunikative Sprachfunktion, also die Verwendung von Sprache zur Übermittlung von INFORMATION (BOTSCHAFT) von einem SENDER (Sprecher, Schreiber) an einen EMPFÄNGER (Hörer, Leser) in einem kommunikativen SPRECHAKT, kann funktional unterteilt werden:

Abb. 1.3 | Organon-Modell von Karl Bühler (Z steht hier allgemein für Sprachzeichen)

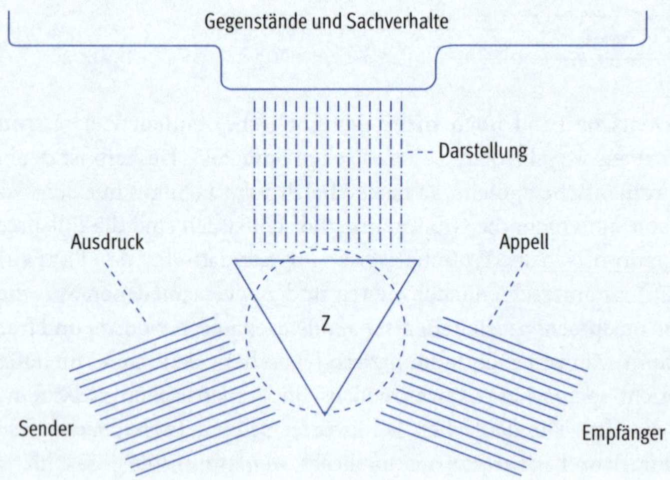

Man unterscheidet im einzelnen die folgenden kommunikativen Sprachfunktionen:

- INHALTS- oder DARSTELLUNGSFUNKTION (REFERENZFUNKTION): Es geht darum, eine Botschaft mitzuteilen, daher beziehen sich viele sprachliche Ausdrucksmittel auf den Inhalt der Botschaft. Der Satz *Gianni sta studiando.* hat vor allen Dingen Inhaltsfunktion, indem mitgeteilt wird, dass Gianni gerade lernt.

- AUSDRUCKSFUNKTION (EMOTIVE FUNKTION): Der Sender bringt immer auch etwas von sich selbst in die Kommunikation ein, indem er bestimmte Ausdrucksmittel auswählt. Kommunikation erfüllt deshalb auch immer eine (unterschiedlich starke) senderzentrierte Ausdrucksfunktion. Ausrufe wie: *Per carità!* ‚Um Gottes Willen!' geben keine inhaltliche Information, sondern dienen dem Sprecher zum Ausdruck von Emotionen (in diesem Fall Überraschung oder Entsetzen).
- APPELLFUNKTION (KONATIVE FUNKTION): Der Sender möchte den Empfänger durch die Kommunikation in irgendeiner Form beeinflussen. Bei bestimmten Sprechakten (Befehle, zum Beispiel: *Mangia!* ‚Iss!') steht die Appellfunktion im Vordergrund, sie ist aber in gewissem Maß immer vorhanden, denn jede Äußerung, die ein Sprecher gegenüber einem Hörer macht, soll diesen in gewisser Weise beeinflussen und Folgen für sein Handeln oder wenigstens für seine Weltsicht haben.
- POETISCHE FUNKTION: Der Sender geht bei der Kommunikation mehr oder weniger kreativ mit dem sprachlichen CODE um. Dieser kreative Umgang ist zwar immer möglich und die poetische Funktion allgegenwärtig, sie kann aber in bestimmten Texten (SPRACHSPIEL, POESIE) in den Vordergrund treten: So enthält ein Zungenbrecher in der Regel wenig sinnvolle Information, sondern ist vor allem ein Spiel mit dem Code: *Sopra la panca la capra campa, sotto la panca la capra crepa.* ‚Auf der Bank geht's der Ziege gut, unter der Bank verreckt sie.'
- PHATISCHE FUNKTION: Die Sprachfunktion, die der Aufnahme der Kommunikation, ihrer Aufrechterhaltung, ihrer Beendigung oder einem dialogischen Wechsel dient, wird als phatische Sprachfunktion bezeichnet; bei den sogenannten KONTAKTWÖRTERN (*eh!, scusi!, senti! vero?*) steht diese Funktion im Vordergrund.
- METASPRACHLICHE FUNKTION: Es ist möglich, innerhalb von Sprechakten auf Sprechakte selbst zu referieren. Dies wird bei Namen besonders deutlich: *Marco* ist jemand, der nur deshalb Marco ist, weil er so heißt bzw. so genannt wurde (Referenz auf den Akt der Benennung). Man kann auch sagen, dass Namen an sich keinen semantischen Inhalt haben; deshalb sind sie auch nicht übersetzbar, sondern bestenfalls nur an eine andere Sprache anpassbar (*Jan* zu *Gianni*), was aber in Übersetzungen zu vermeiden ist. Die metasprachliche Funktion ermöglicht letztlich auch das Sprechen über Sprache und somit die Sprachwissenschaft.

Alle diese Sprachfunktionen sind in unterschiedlichem Mischungsverhältnis in jedem kommunikativen Sprechakt vorhanden.

Abb. 1.4 | Kommunikationsmodell nach Roman Jakobson

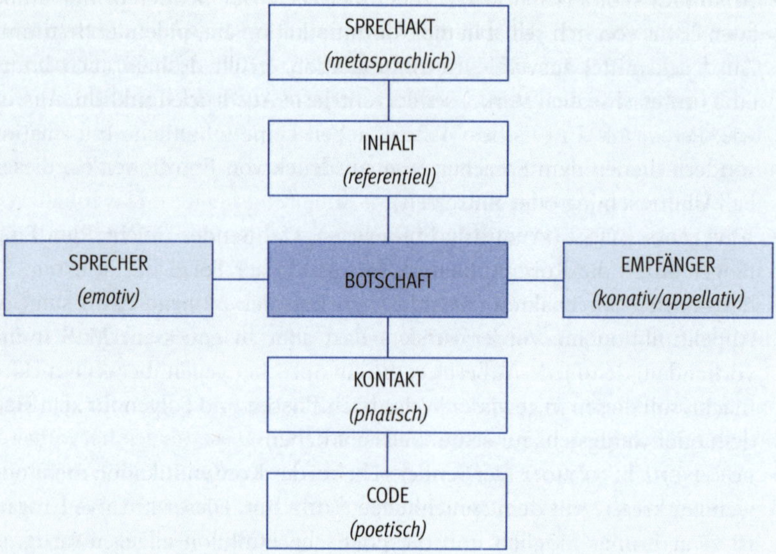

1.4 | Hinweise zur Erstellung sprachwissenschaftlicher Arbeiten

Hier einige Hinweise, die die Besonderheiten der Erstellung einer sprachwissenschaftlichen Arbeit betreffen, denn wie in der Literaturwissenschaft oder der Geschichte haben sich auch hier gewisse Konventionen entwickelt, die in diesem Abschnitt kurz erläutert werden sollen.

1.4.1 | Sprache

Stil

In der Sprachwissenschaft kommt es auch auf die richtige sprachliche Form einer Arbeit an: die Arbeit sollte argumentativ klar, knapp und präzise formuliert sein. Literarische Wörter und Wendungen sind zu vermeiden. FACHTERMINI sind richtig zu verwenden, auf überflüssige FREMDWÖRTER und komplexe Schachtelsätze ist zu verzichten.

Hilfsmittel

Grundlage für deutschsprachig verfasste Arbeiten ist die deutsche STANDARDSPRACHE, wie sie durch den Duden, einschlägige Wörterbücher (z. B. Wahrig) und Grammatiken (z. B. Dudengrammatik) kodifiziert, also festgelegt, ist. Zum Verfassen einer Arbeit ist der Gebrauch dieser Hilfsmittel unerlässlich. Auch sollte man seine Arbeit KORREKTUR lesen lassen.

1.4.2 | Aufbau, Gliederung, äußere Form

Aufbau

Ein klarer und übersichtlicher Aufbau ist wünschenswert. Am besten bedient man sich der DEZIMALGLIEDERUNG (1.1, 5.1.3 usw.), die jedoch vier Gliederungstiefen nicht überschreiten sollte. Ein gezählter Unterpunkt darf sich nicht auf einen Satz beschränken. Ein Absatz muss mindestens zwei Sätze umfassen (eher mehr!). Unabhängig davon sind die Beispiele durchzunummerieren und die Seiten mit Seitenzahlen zu versehen (außer Titelseite und der ersten Seite des Inhaltsverzeichnisses, die jedoch mitzählen).

Inhaltsverzeichnis

Bei langen Arbeiten ist ein Inhaltsverzeichnis wünschenswert, das am Anfang steht (vor Beginn des eigentlichen Textes der Arbeit, vor oder nach einem eventuellen Vorwort und vor dem Einleitungskapitel). Das Inhaltsverzeichnis muss (neben eventuellen Gliederungszahlen am linken Rand) am rechten Rand Seitenzahlen enthalten (ohne das Wort „Seite").

Hervorhebung

Es empfiehlt sich, einen Computer zu benutzen. Hervorhebungen im Text sollten sparsam vorgenommen werden (durch *Kursivierung* oder ersatzweise Unterstreichung), zumal solche Hervorhebungen (wie auch die Verwendung von „Gänsefüßchen") eine spezielle Funktion haben, von der noch die Rede sein wird. Wichtige Schlagwörter können auch durch Fettdruck hervorgehoben werden. Ein weiterer Wechsel der Schriftart (außer für Überschriften) ist zu vermeiden. Die Arbeit sollte auf einseitig bedrucktem DIN-A4-Papier zusammengeheftet oder im Schnellhefter abgegeben werden. Bitte etwas Rand lassen, in der Regel $1^1/_2$-zeilig schreiben und vorzugsweise ungebleichtes Umweltpapier verwenden.

Primärsprachliche Daten | 1.4.3

Beispiele

Sprachbeispiele sind in einer sprachwissenschaftlichen Arbeit unabdingbar. Sie können (vor allem wenn es sich um Wortgruppen oder Sätze handelt) auf einer neuen Zeile beginnen (mit Nummern in runden Klammern) und brauchen dann nicht (kursiv) hervorgehoben zu werden. Sie sollten immer mit einer Übersetzung und wenn möglich mit einer Quellen- oder Herkunftsangabe versehen sein. Gerade bei Beispielen, die aus dem Zusammenhang gerissen sind, ist eine Übersetzung sinnvoll, selbst wenn anzunehmen ist, dass die Beispiele auch so verständlich sind; im folgenden Beispiel geben nämlich sowohl das Verb, das Lokalpronomen und das Substantiv zu Missverständnissen Anlass:

(1) *ce camminono li cristiani* ‚damit fahren Menschen' (Dialekt von Foligno)

Übersetzung

Beispiele in exotischen Sprachen und Dialekten müssen nicht nur übersetzt, sondern auch analysiert und glossiert (= erläutert) werden. Man spricht auch von Interlinearübersetzung oder interlinearer Morphemübersetzung. Bei allen grammatischen Einheiten sollte man sich hier der entsprechenden (abgekürzten) Termini bedienen. Ein Abkürzungsverzeichnis ist am Ende nach dem Text (vor Fußnoten und Bibliografie) beizugeben:

Abb. 1.5 | Interlineare Morphemübersetzung

(2)	*ar-jétte*	*jó*	*n'*	*antra*	*vorta,*	*dó*	*llà*	*jó,*	*scarza.* (Serrone)
	wieder-geh.PFV:1S	unten	INDF	ander:F	Mal	wo	dort	unten	barfuß:F

‚Ich ging wieder runter, darunter, barfuß.' (PFV: Perfektiv, F: Femininum, INDF: indefinit, S: Singular)

Auszeichnung

Primärsprachliche BELEGE im laufenden Text werden *kursiv* oder durch Unterstreichung gekennzeichnet (ohne Anführungszeichen), z. B.: „Das italienische Wort *andare* heißt ‚gehen'." (die Kursivierung ist der Unterstreichung vorzuziehen). Bedeutungen, Übersetzungen und Konzepte werden durch einfache Anführungszeichen gekennzeichnet. Doppelte Anführungszeichen werden für Zitate (mit Quellenangabe!) verwendet: „Die Quellen muss man *unmittelbar* auswerten [...]" (Eco 2005: 67, Hervorhebung im Original). Eigene Ergänzungen in Zitaten stehen in eckigen Klammern. Längere Zitate können als eingerückter Absatz (eventuell mit kleineren und/oder kursiven Typen) geschrieben werden (dann üblicherweise ohne „Gänsefüßchen"):

> *Früher war die Universität nur für eine Elite da. Es besuchten sie nur die Kinder von Leuten, die selber studiert hatten. Von wenigen Ausnahmen abgesehen, konnte jeder, der studierte, über seine Zeit frei verfügen.* (Eco 2005: 1)

Etyma

Etymologische Ausgangsformen (ETYMA) werden durch Kapitälchen gekennzeichnet: PLUS > neapolitanisch *chiù* ‚mehr'; „>" und „<" zeigen die diachrone Entwicklung, „→" und „←" werden für Regeln/Ableitungen in der Synchronie verwendet.

Transkription

Phonetische TRANSKRIPTIONEN (Verschriftung, schriftliche Fixierung) werden durch eckige Klammern gekennzeichnet: [ka'm:inəno], phonologische durch Schrägstriche: /ka'minono/ (dann immer ohne Kursivierung). In der Regel bedient man sich der API/IPA-Zeichen (*Association de phonétique internationale, International Phonetic Association*). Man kann je nach Sprache auch andere konventionalisierte Transkriptionssysteme verwenden (z. B. [kammìnëno]), sollte sich aber für eins entscheiden und dies erläutern, wenn es ungewöhnlich ist. Klammern bzw. Schrägstriche stehen nur am Anfang und am Ende einer Transkription (d. h. nicht jedes Wort einklammern!). Wenn es nicht auf die Lautung ankommt, kann auch orthografisch transkribiert werden: *camminono* (meist kursiv gesetzt). Wenn ein nummeriertes Beispiel nur aus einer Transkription besteht oder wenn die Transkription nicht von einer orthografischen Repräsentation unterschieden werden muss, können die Klammern auch weggelassen werden. Einzelne GRAPHEME werden gelegentlich durch spitze Klammern gekennzeichnet: <z> steht im Italienischen für /ʦ/, MORPHEME manchmal durch geschweifte Klammern: {-e} ist eine Endung für Feminin Plural im Italienischen. Die Klammersetzung schließt in der Regel eine gleichzeitige Kursivierung aus.

Quellenangaben, Bibliografie, Fußnoten

1.4.4

Zitieren

Zitiert wird üblicherweise in Kurzzitierweise (Name des Autors, Jahr, Seitenzahlen), und zwar im fortlaufenden Text (ggf. in Klammern). Dieses System wird auch als „amerikanisch" bezeichnet. In älteren linguistischen Arbeiten aus Europa (und in der Literaturwissenschaft) wird in Fußnoten zitiert. Verweist man mehrmals hintereinander auf dasselbe Werk, reicht die Angabe „ebd." (ebenda), „id." (*idem* ‚der-/dasselbe'), „ibid." (*ibidem* ‚ebenda') oder a. a. O. (am angegebenen Ort) – eventuell mit der Angabe der Seitenzahl. Es ist ungünstig, dafür extra eine Fußnote einzurichten.

Bibliografie

Die Kurzzitierform verweist auf die nach Autoren alphabetisch sortierte Bibliografie am Ende der Arbeit (nach dem Anhang!). Es gibt verschiedene Bibliografiekonventionen. Für eine sollte man sich entscheiden (siehe Duden oder eine sprachwissenschaftliche Zeitschrift). Üblich (und hilfreich) ist, dass selbstständige Publikationen (Titel kursiv oder unterstrichen) von unselbstständigen (Aufsätze in Zeitschriften oder Sammelbänden, Titel in Anführungszeichen) unterschieden werden. Selbstständige Publikationen werden unter Angabe von Ort und Verlag (Kurzbezeichnung wie z. B. Narr reicht) genannt. Übliche Zitierweise:

- selbstständige Publikation: Verfasser (Jahr): Titel. Ort: Verlag,
- Buchbeitrag: Verfasser (Jahr): „Titel", in: Herausgeber (Hrsg./Hg(g)./ed(s).): Titel. Ort: Verlag: Seiten,
- Zeitschriftenbeitrag: Verfasser (Jahr): „Titel", Zeitschrift Nummer: Seiten.

Beispiele finden sich in der Bibliografie dieses Buches.

Artikel

Gängige Zeitschriftentitel können abgekürzt werden. Die Abkürzungen finden sich in der *Bibliographie linguistique* oder anderen bibliografischen Hilfsmitteln. Bei mehreren Beiträgen aus einem Sammelband kann dieser selbst in die Bibliografie aufgenommen werden, so dass in der bibliografischen Angabe bei den Einzelbeiträgen nur die Kurzzitierweise verwendet zu werden braucht.

Webseiten

Das Zitieren von Webseiten erfolgt durch Angabe des Seitentitels und des Links (*Uniform Resource Locator, URL,* beginnend mit der Protokollbezeichnung, meist: *http://*, die in gedruckten Werken bisweilen ausgelassen wird). Da sich Webseiten verändern können, gibt man zusätzlich das Datum des Aufrufs an. Einen Sonderfall stellen Seiten da, die sich sehr schnell verändern (so genannte Wikis). Hier muss anstelle des Datums die Versionsnummer der Seite angegeben werden. Je nach verwendeter Software wird diese Nummer nicht immer automatisch angezeigt, sondern muss gegebenenfalls über einen speziellen Link auf die Versionsgeschichte der Seite ermittelt werden.

Fußnoten

Von Fussnoten sollte sehr sparsam Gebrauch gemacht werden, besonders wenn sie nicht auf derselben Seite, sondern ersatzweise am Ende des Textes (vor der Bibliografie) stehen. Ständiges Nachblättern solcher Endnoten ist eine Qual für den Leser. Stehen die Fußnoten am Ende, so folgen sie dem Abkürzungsverzeichnis, gehen aber der Bibliografie voraus.

1.4.5 | Abkürzungen

Sofern ABKÜRZUNGEN nicht geläufig sind oder an Ort und Stelle erklärt werden, sollte man ein ABKÜRZUNGSVERZEICHNIS vor den anderen Anhängen und nach dem Text einfügen. Am Anfang eines Werkes (nach dem Inhaltsverzeichnis) ist ein alternativer Platz für ein Abkürzungsverzeichnis.

F	Femininum
INDF	Indefinitpronomen
P	Plural
PFV	Perfektiv
PRS	Präsens
PRT	Präteritum
S	Singular

1.5 | Übungen

Goffredo Mameli (1827–1849), der Verfasser der italienischen Nationalhymne *Fratelli d'Italia*

FRATELLI D'ITALIA	BRÜDER ITALIENS
Fratelli d'Italia,	‚Brüder Italiens,
l'Italia s'è desta;	Italien ist erwacht;
dell'elmo di Scipio	mit dem Helm des Scipio
s'è cinta la testa;	hat es den Kopf bedeckt.
dov'è la vittoria?	Wo ist Viktoria [*eigentl.* Sieg]?
Le porge la chioma,	Ihm [Italien] übergibt sie das Siegeszeichen,
ché schiava di Roma	denn als Sklavin Roms
Iddio la creò.	hat Gott sie erschaffen.
Stringiamoci a coorte,	Lasst uns Kohorten bilden,
siam pronti alla morte	wir sind bereit zum Tod,
Italia chiamò.	Italien hat [uns] gerufen. (*oder:* hat Italien gerufen.)‘

1 Welche Sprachfunktionen lassen sich an welchen Stellen in dem Gedicht von Goffredo Mameli (der nicht unumstrittenen italienischen Nationalhymne) erkennen?

2 Welche Besonderheiten im Wortschatz, in der Grammatik und im Textaufbau zeigen, dass das Gedicht der Sondersprache der *lingua letteraria* zuzuordnen ist?

3 Bestimmen Sie, welche Sprachfunktion in den folgenden Äußerungen jeweils dominiert:

a) (am Telefon:) *Pronto?*
b) *Trentatré Trentini entrarono a Trento, tutti e trentatré, trotterellando.*

c) (beim Betreten eines Hauses:) *Permesso?*
d) ...*non è vero?*
e) *Chi non risica non rosica.*
f) (beim Handytelefonat:) *Ciao Paolo. Dove sei?*
g) *Dietro a quel palazzo c'è un povero cane pazzo. Date un pezzo di pane a quel povero pazzo cane.*
h) (zwei Schüler aus unterschiedlichen Städten unterhalten sich:)
   - *Ieri ho fatto filone!*
   - *E che cosa vuol dire?*
   - *Che ho marinato la scuola. Dalle mie parti [Abruzzo] si dice così. Come dite voi a Venezia?*
   - *Noi usiamo l'espressione **fare manca**.*

4 Warum ist *fare manca* im letzten Beispiel hervorgehoben?

Literaturhinweise

1.6

Einführungen

Zu allen Fragen der italienischen Sprachwissenschaft muss auf das *Lexikon der romanistischen Linguistik* (LRL) verwiesen werden. Neben dem vierten Band, der sich dem italienischen Dialektkontinuum widmet, ist für das Ladinisch-Friaulische auch der dritte Band heranzuziehen. Blasco Ferrer (1994) ist eher als Handbuch für Fortgeschrittene geeignet. Geckeler/Kattenbusch (1992) ist ein konservatives, aber brauchbares Lehrbuch, das durch Kattenbusch (1999) abgelöst worden ist.

Terminologie

Die italienische linguistische Terminologie ist leicht über Dardano (1991, mit Glossar) oder (ausführlicher) Beccaria (1999) zu erschließen, die deutsche über Bußmann (2003) oder Glück (1993/2000).

Wissenschaftliches Arbeiten

Für Italianisten besonders interessant sind die Anleitungen für eine wissenschaftliche Arbeit von Eco (1977/2005). Sie sind etwas konservativ und sehr italienisch ausgerichtet. Man muss Eco nicht in allen Einzelheiten folgen.

Transkription

Die internationale phonetische Gesellschaft IPA (1999) gibt ein Heft mit ihren Transkriptionskonventionen und Beispieltexten heraus. Die italienischen Konventionen werden bei Tagliavini (1998) übersichtlich erläutert (leider gibt Tagliavini nicht die IPA-Entsprechungen an). Eine umfassende Übersicht über Transkriptionssysteme gibt das praktische Nachschlagewerk von Heepe (1983).

Interlinearübersetzung

Lehmann (1980) gibt eine sehr detaillierte Anleitung der interlinearen Morphemübersetzung.

Linguistik und Philologie

Inhalt

2.1	Linguistik, Romanistik, Italianistik	26
2.2	Strukturalismus	30
2.3	Literaturrecherche	33
2.4	Übungen	35
2.5	Literaturhinweise	36

Überblick

In dieser Lehreinheit geht es um die wissenschaftliche Erforschung von Sprache, die in einen größeren Kontext eingeordnet wird. Dann wird auf den Strukturalismus eingegangen, die wichtigste Methode in der romanistischen Linguistik. Hinweise zur Literaturrecherche runden diese Lehreinheit ab.

2.1 | Linguistik, Romanistik, Italianistik

Definition

Die LINGUISTIK oder SPRACHWISSENSCHAFT beschäftigt sich mit der menschlichen SPRACHE im Allgemeinen (*linguaggio*) und mit einzelnen Sprachsystemen (*lingue*). Dabei steht der systematische Aspekt im Vordergrund.

Die Bezeichnungen *Linguistik* und *Sprachwissenschaft* werden in diesem Buch unterschiedslos verwendet. Es besteht jedoch eine Tendenz, den Begriff der *Linguistik* eher auf neuere (strukturalistische und/oder formale) Ansätze zu beschränken.

Philologie

Der Gegenstand der PHILOLOGIE sind TEXTE (bzw. DISKURSE, das sind Texte im weiteren Sinne, also nicht nur schriftlich vorliegende; im Folgenden soll der Textbegriff sich nicht auf schriftlich vorliegende Texte beschränken). Die Philologie hat die folgenden Aufgaben:

- die Überlieferung von Texten zu sichern (lateinisch: *traditio*),
- verlorene Texte aus vorhandenen Zeugnissen zu rekonstruieren (lateinisch/italienisch: *critica*),
- Texte verständlich zu machen (lateinisch: *interpretatio*).

Die Textedition (lat. *editio*) umfasst alle diese Aufgaben. Es ist zunächst unerheblich, um welche Art von Texten es sich handelt, d. h. sowohl Gebrauchstexte wie literarische Texte fallen in den Bereich der Philologie. Aus der Philologie literarischer Texte entstand die LITERATURWISSENSCHAFT (*critica letteraria*), die im 20. Jahrhundert eine von der Philologie losgelöste eigenständige methodische Tradition entwickelt hat.

Teilgebiete

Texte sind das Produkt sprachlicher Kommunikation; somit ist die Beschäftigung mit Sprache die Vorbedingung und ein Teil der philologischen Arbeit. Das Erkenntnisinteresse der Linguistik geht jedoch über das der Philologie hinaus: Es geht darum, zu untersuchen:

- wie Sprache allgemein und wie Einzelsprachen funktionieren (SYNCHRONISCHE LINGUISTIK),
- wie sie sich verändern (DIACHRONISCHE LINGUISTIK),
- wie sie erworben und verwendet werden (PSYCHO- UND SOZIOLINGUISTIK),
- wie sich Einzelsprachen unterscheiden (TYPOLOGIE) und
- was sie gemeinsam haben (UNIVERSALIENFORSCHUNG).

Der Zusammenhang zwischen Philologie und Linguistik besteht auch darin, dass sich Sprache als Text manifestiert und somit auch die Linguistik Texte (als Sprachprodukte) zum Gegenstand hat.

Kultur- und Kommunikationswissenschaft

Sprachliche Kommunikation, deren Produkte Texte (im weitesten Sinne) sind, ist ein Teil kultureller Produktion. Somit sind Sprachwissenschaft, Philologie und Literaturwissenschaft ein Teil einer umfassenden Kulturwissenschaft. Der Gegenstandsbereich dieser Wissenschaft ist allerdings derart umfangreich, dass eine Aufteilung in Einzelbereiche nach den Gegenständen (Texte, Bilder, Töne, verschiedene Bereiche der materiellen Kultur) sinnvoll ist. Dabei muss allerdings auch der Blick für Zusammenhänge offen bleiben. Ähnliches gilt für das Konzept der Kommunikationswissenschaft, die ebenfalls sinnvoll in Einzelbereichen (Sprache, Musik, mediale Kommunikation bzw. Kommunikationsvermittlung usw.) behandelt wird. Die gewählte fachliche Klammerung ist letztlich abhängig vom jeweiligen Erkenntnisinteresse. Aufgrund ihres Gegenstandes und ihrer Methoden ist die Linguistik als eigenständige wissenschaftliche Disziplin anzusehen.

Geistes- und Kognitionswissenschaft

Die Linguistik ist eine Geisteswissenschaft, da es sich bei der Benutzung von Sprache um eine geistige (kognitive) Fähigkeit des Menschen handelt. Was mit den Termini *geistig* bzw. *kognitiv* genau gemeint ist, hängt davon ab, welches philosophische oder psychologische Modell man vom Menschen bzw. vom menschlichen Geist zugrunde legt. Ansätze, die die Sprachfähigkeit in einen größeren philosophisch-psychologischen Zusammenhang stellen wollen – so genannte kognitionswissenschaftliche Ansätze – sind somit interdisziplinär.

Generative Grammatik

In diesen Zusammenhang gehört auch die generative Grammatik: Sie verwendet ein Modell der syntaktischen Beschreibung, von dem sie annimmt, dass es sich um eine angeborene Universalgrammatik handelt. Um diese Hypothese zu überprüfen, sind sprachvergleichende und vor allem psycholinguistische Untersuchungen (besonders aus dem Bereich des Spracherwerbs) wichtig. Die generative Grammatik steht deshalb der Psychologie besonders nahe.

Romanistik

Aus praktischen Gründen ist in allen Bereichen der Wissenschaft eine Spezialisierung unumgänglich. Das gilt besonders für Disziplinen wie die Philologie, die Literaturwissenschaft und die Linguistik. In diesen Fächern ist neben einer methodischen Spezialisierung vor allem eine sprachliche üblich. Gerade im deutschsprachigen Raum wird dabei eine Einteilung in Sprachfamilien vorgenommen. Diese hat gegenüber der Orientierung an heutigen Literatursprachen den Vorteil, Zusammenhänge zu erfassen, den Sprachvergleich und den Vergleich von Literaturen (Komparatistik) zu ermöglichen und Übergangsphänomene (Kontinua) sowie die Sprachgeschichte (Diachronie) einzuschließen. Mit Romanistik (romanische Philologie) wird somit die Philologie, Linguistik und Literaturwissenschaft der romanischen Sprachen bezeichnet (s. Abb. 2.1).

Definition

Unter Italianistik wird die Philologie, Linguistik und Literaturwissenschaft des Italienischen und der Dialekte Italiens, Korsikas und der Südschweiz (sowie angrenzender Gebiete) verstanden. Auch die allgemeine Italienkunde wird als Italianistik bezeichnet.

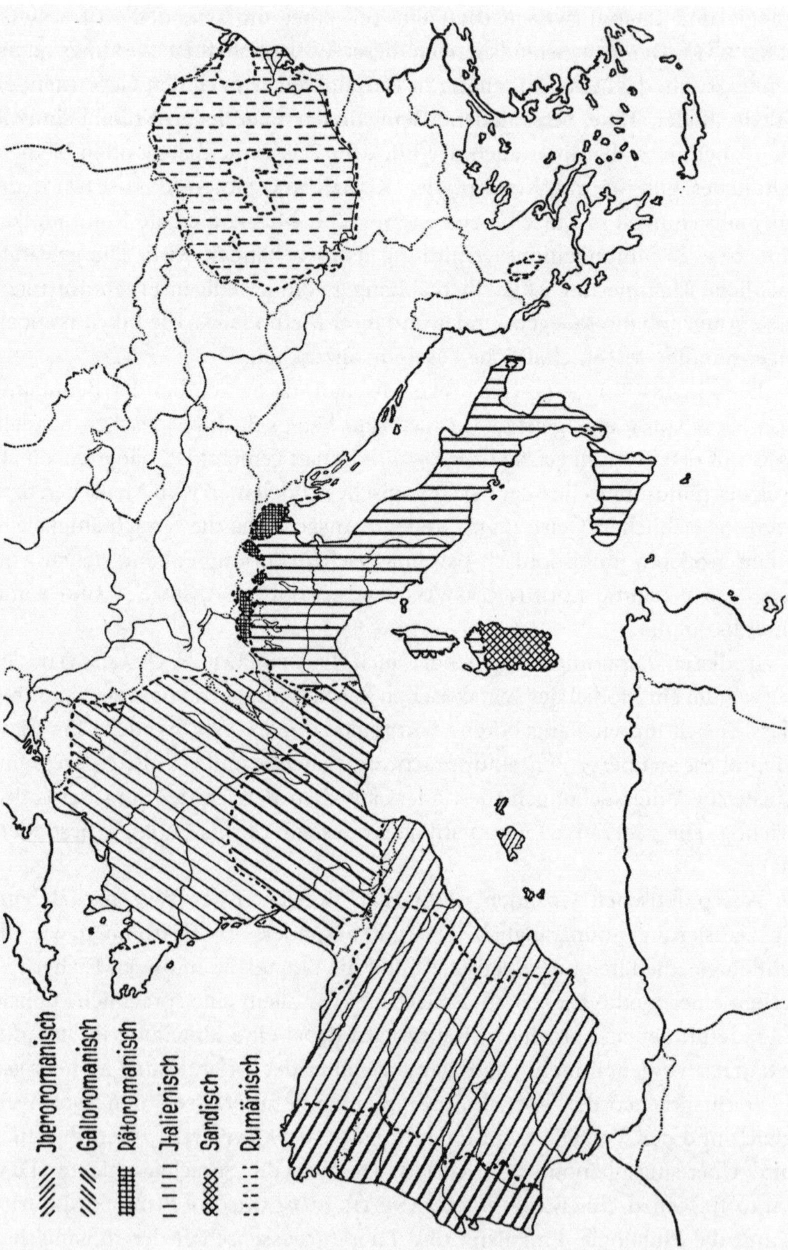

Abb. 2.1 Die Verbreitung der romanischen Sprachen in Europa (nach von Wartburg 1951)

Es handelt sich bei dieser Landeskunde nicht im eigentlichen Sinn um eine wissenschaftliche Disziplin, sondern vielmehr um eine interdisziplinäre (kulturwissenschaftliche) Klammer, die Aspekte der Sprach- und Literaturwissenschaft mit Aspekten der Geschichte, Geografie, Politik und anderer Fächer verbindet. In Italien umfasst die Italianistik auch die Beschäftigung mit den vorrömischen Kulturen und Sprachen (meist nur bruchstückhaft überliefert, daher die Bezeichnung TRÜMMERSPRACHEN, siehe die Ausführung zum SUBSTRAT unten). Gelegentlich wird in Italien auch die Latinistik zur Italianistik gerechnet.

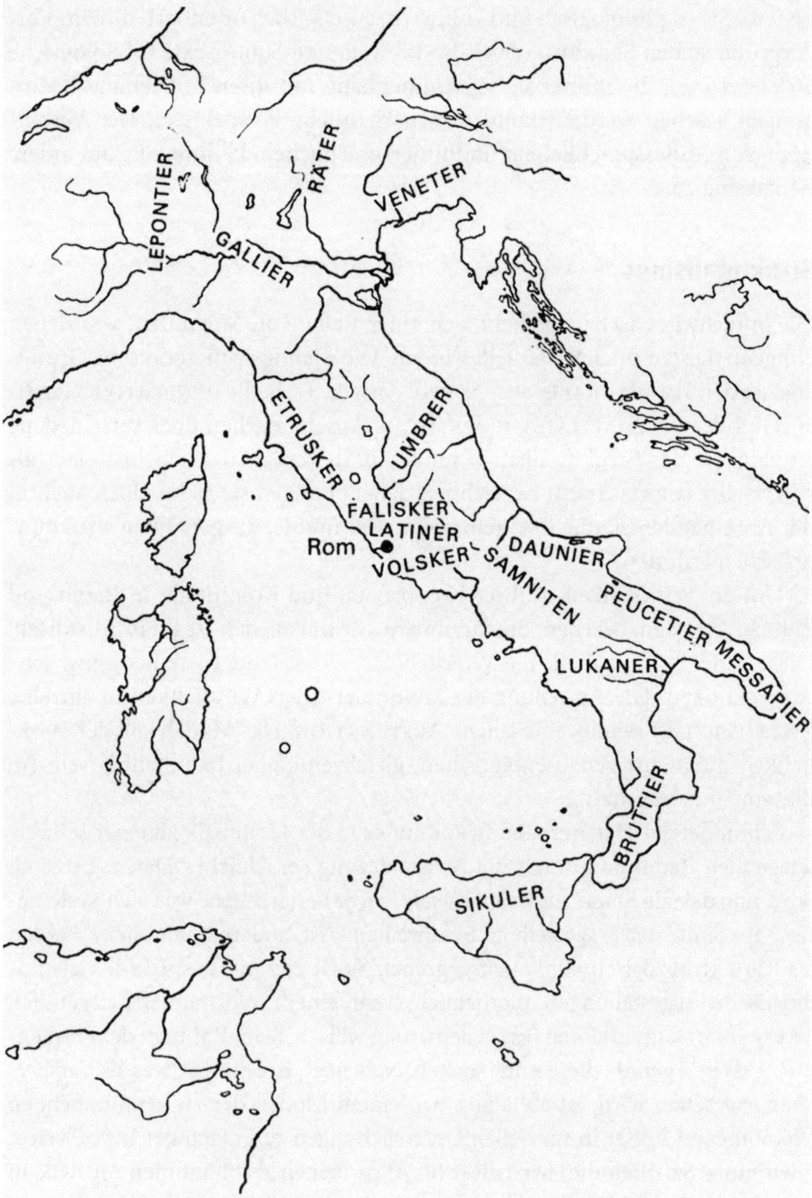

Abb. 2.2
Völker und Sprachen im vorrömischen Italien (aus: Devoto 1968: 494)

Italianistische Linguistik

Die Sprachwissenschaft des Italienischen, die auch immer das so genannte italienische Dialektkontinuum umfasst, versteht sich als Teil der ROMANISCHEN SPRACHWISSENSCHAFT bzw. ROMANISTISCHEN LINGUISTIK. (Die Bezeichnung *romanistisch* kann hier auch durch *romanisch* ersetzt werden – im Sinne der Wissenschaft von den romanischen Sprachen; *romanistisch* betont die Zugehörigkeit zur Romanistik und verweist auch auf methodische Besonderheiten.) Sie ist philologisch und kulturwissenschaftlich orientiert, d. h. im Vordergrund stehen SPRACHDATEN, also im weitesten Sinne Texte (philologische Orientierung), die immer im Zusammenhang mit ihren Entstehungsbedingungen gesehen werden (kulturwissenschaftliche Perspektive). Der Verbindung von Außersprachlichem und Innersprachlichem kommt eine besondere Bedeutung zu.

2.2 | Strukturalismus

Strukturalismus

Die Sprachwissenschaft bedient sich einer Reihe von Methoden, von denen einige in diesem Buch vorgestellt werden. Die wichtigste methodische Grundlage ist der STRUKTURALISMUS. Neuere Ansätze (z. B. die GENERATIVE GRAMMATIK oder OPTIMALITÄTSTHEORETISCHE Ansätze) gehen über verschiedene Annahmen des Strukturalismus hinaus und werden deshalb bisweilen als POSTSTRUKTURALISTISCH bezeichnet; dabei bewegen sie sich jedoch auch in der Auseinandersetzung in einem mehr oder minder ausgeprägten strukturalistischen Rahmen.

Modelle

Um die Wirklichkeit in ihrer Komplexität und Kontinuität in Raum und Zeit zu erfassen, werden beschreibbare MODELLE der Realität entworfen. Diese Modelle sind nicht die Wirklichkeit selbst, sondern reduktionistische Abstraktionen. Die Aufteilung der kontinuierlichen Wirklichkeit in einzelne PHÄNOMENE ist bereits eine solche ABSTRAKTION. Das Modell soll der Wirklichkeit möglichst genau entsprechen, gleichzeitig aber handhabbar sein (in diesem Sinn: optimal).

Sprache und Rede

Schon bei der Datenerhebung kommt es in der Linguistik zu einer schwerwiegenden Reduktion durch die Aussonderung sprachlicher Daten: Letztlich wird nur das als SPRACHE (französisch *langue*) angesehen, was sich systematisch im Sinne der Fragestellung beschreiben lässt, andere Phänomene werden als REDE (französisch *parole*) ausgegrenzt. So ist es zum Beispiel für viele linguistische Fragestellungen unerheblich, wenn einem Informanten gelegentlich VERSPRECHER unterlaufen (es sei denn man will – z. B. im Rahmen der FEHLERLINGUISTIK – gerade diese untersuchen. Nebenbei: Bereits das, was als Versprecher angesehen wird, ist abhängig von einem Modell der zu beschreibenden Phänomene.) Außer in speziellen Untersuchungen zu Fragen der INTONATION (Betonung, Satzmelodie) wird diese im Allgemeinen als Phänomen der Rede in der systematischen Beschreibung der Sprache unberücksichtigt gelassen.

Synchronie und Diachronie

Das linguistisch ermittelte Sprachsystem existiert als System nur unter Absehung von der Zeitachse, also zu einem idealen Zeitpunkt (Synchronie). Zwischen zwei synchronen Zuständen haben sich Veränderungen ereignet. Die Betrachtung von Veränderungen zwischen synchronen Systemen wird als Diachronie bezeichnet.

Noch eine Bemerkung zu fachsprachlichen Feinheiten: Im Gegensatz zum Italienischen, wo den Substantiven *sincronia* und *diacronia* lediglich die Adjektive *sincronico* und *diacronico* entsprechen, kann im Deutschen genau zwischen *synchronischer* Linguistik und *synchronen* Systemen bzw. *diachronischer* Linguistik und *diachronen* Veränderungen unterschieden werden. Oft werden aber auch im Deutschen die Adjektivbildungen unterschiedslos verwendet.

Zeichen

Die Sprache ist ein System von sprachlichen Zeichen (Zeichensystem oder semiotisches System – die allgemeine Zeichenlehre heißt Semiotik oder Semiologie). Ein sprachliches Zeichen besteht aus der Assoziation eines Lautbildes (französisch: *signifiant*) mit einem Inhalt (französisch: *signifié*).

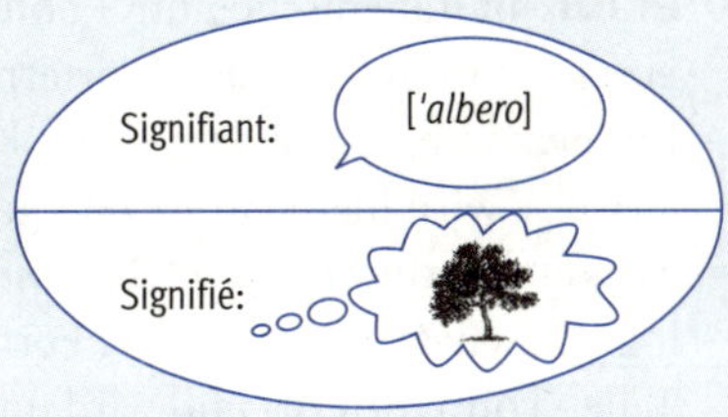

Abb. 2.3
Sprachzeichen

Vereinfacht kann das sprachliche Zeichen als eine Verknüpfung von Form und Bedeutung angesehen werden.

Syntagmatik, Paradigmatik

Die Linguistik untersucht:

a) welche Beziehung zwischen den Zeichen in ihrer (linearen) Abfolge besteht (syntagmatische Achse),
b) welche Zeichen mit welchen anderen austauschbar sind (assoziative Verknüpfung, paradigmatische Achse):

Tab. 2.1
Syntagmatische und paradigmatische Beziehungen zwischen Sprachelementen

paradigmatische Achse					
1.	*Monica*	*arriva*	*tardi.*	‚Monica kommt spät.'
2.	*Un mio amico*	*è andat-o*	*a Roma.*	‚Ein Freund von mir ist nach Rom gefahren.'
3.	*Mia madre*	*è andat-a*	*con lui.*	‚Meine Mutter ist mit ihm gefahren.'

syntagmatische Achse

Die untereinander stehenden Syntagmen können ausgetauscht werden, d. h. sie stehen in paradigmatischer Relation. Dabei muss bei einem Genuswechsel in der linken Spalte die Form des Partizips *andato/andata* angepasst werden (Genuskongruenz). Die Kongruenz ist eine Übereinstimmung in Genus (Maskulinum, Femininum), Numerus (Singular, Plural) und Person (erste, zweite oder dritte Person) zwischen oder innerhalb von Syntagmen bzw. Wörtern, also ein Reflex der syntagmatischen Relation.

Systemlinguistik

Die Untersuchung von Sprachsystemen (SYSTEMLINGUISTIK) unterteilt sich in die folgenden Bereiche:

- PHONETIK/PHONOLOGIE (Lautlehre, *fonetica/fonologia*; s. Einheit 10): Dieser Bereich beschäftigt sich mit der lautlichen Seite der Sprache. Dabei untersucht die Phonetik im Allgemeinen, wie Laute (PHONE) erzeugt, übertragen und wahrgenommen werden, während die Phonologie untersucht, welche Laute in einer Einzelsprache eingesetzt werden, um Bedeutungen zu unterscheiden. Ein Phon, das in einer Sprache zur Bedeutungsunterscheidung eingesetzt wird, heißt PHONEM (*fonema* [m.]), daher wird die Phonologie auch PHONEMATIK genannt. So sind z. B. im Italienischen offenes und geschlossenes *o* unterschiedliche Phoneme, da sie Bedeutung unterscheiden, während es im Deutschen Varianten (ALLOPHONE) eines Phonems sind. Die Variation von Phonemen wird als ALLOPHONIE bezeichnet. Dass es sich im Italienischen um Phoneme handelt, lässt sich anhand von MINIMALPAAREN zeigen, also Wörtern, die sich nur durch den Austausch eines Phonems unterscheiden: *córso* ‚Kurs, Lauf' neben *còrso* ‚korsich' (normalerweise wird hier kein Akzent geschrieben).
- MORPHOLOGIE (Formenlehre, *morfologia*; s. Einheit 8 und 9): Die Morphologie beschäftigt sich mit der Form von Wörten (und bedeutungstragenden Teilen von Wörtern) und wird unterteilt in den Bereich der WORTBILDUNG (*formazione delle parole,* lexikalische Morphologie) und den der FLEXION (*flessione,* Flexionsmorphologie, *morfologia flessiva*), also der Morphologie der grammatischen FORMATIVE. Der Gegenstand der Morphologie heißt MORPHEM (*morfema* [m.], kleinste bedeutungstragende Einheit, daher auch MORPHEMATIK). Ein Morphem kann Varianten (ALLOMORPHE) haben: so hat z. B. das Dativpronomen *gli* die Variante *glie-*, wenn noch ein weiteres Pronomen folgt (zum Beispiel in *glielo* ‚es ihm'). Die Morphemvariation wird auch als ALLOMORPHIE bezeichnet. Die allgemeine Bezeichnung von Formativen unabhängig von ihrem Morphemstatus ist MORPH. Dieser Terminus wird jedoch selten verwendet.
- SYNTAX (Satzlehre, *sintàssi*; s. Einheit 6): Dieser Bereich beschäftigt sich mit dem Aufbau von Sätzen, also der Kombination von Ausdrucksmitteln oberhalb der Wortebene.
- SEMANTIK (Bedeutungslehre, *semantica*; s. Einheit 7): Dieser Bereich beschäftigt sich mit der Bedeutung der sprachlichen Zeichen, insbesondere der Wörter (LEXIKALISCHE SEMANTIK); die LEXIKOLOGIE untersucht den Aufbau des Wortschatzes (LEXIKON) und die LEXIKOGRAFIE den Aufbau von Wörterbüchern. Die zu untersuchende Einheit des Lexikons (lexikalisches Wort oder Inhaltswort) heißt LEXEM (*lessema* [m.], als Gegenstand der Lexikologie) bzw. als Lexikoneintrag LEMMA (Plural: Lemmata, als Gegenstand der Lexikografie). Wörter, die keine lexikalische Bedeutung

haben, sondern nur grammatische Funktion (wie zum Beispiel Objektpronomina), werden nicht zu den Lexemen gerechnet, obwohl sie oft auch als Lemmata in Wörterbüchern Aufnahme finden.

Übergänge

Nicht immer lassen sich diese Bereiche klar voneinander abgrenzen: Der morphologische Aufbau von Ausdrucksmitteln schließt phonetisch-phonologische Aspekte mit ein – Wörter bestehen eben aus Lauten –, Kombination und Aufbau von grammatischen Formativen hängen ebenfalls zusammen. Daher wird auch von Mor(pho)phonologie und von Morphosyntax gesprochen. In allen Bereichen geht es auch um die Bedeutung der Ausdrucksmittel, sodass eine klare Isolierung der Semantik überhaupt nicht möglich ist.

Grammatik

Die Morphosyntax wird auch als Grammatik bezeichnet. In neuerer Zeit wird auch die Phonologie als Teil der Grammatik angesehen. Von der Grammatik wird das Lexikon bzw. die Semantik abgegrenzt, obwohl es in der Grammatik auch um Bedeutung geht; zur Unterscheidung wird „grammatische Bedeutung" auch als grammatische Funktion bezeichnet.

Pragmatik

Nicht zur Systemlinguistik werden die Bereiche der Textlinguistik und der Pragmatik (s. Einheit 5) gerechnet. Die Textlinguistik beschäftigt sich mit dem Aufbau von Texten und allen Fragen, die oberhalb der Satzebene eine Rolle spielen; sie ist somit eine Erweiterung der Syntax über die Satzebene hinaus. Die Pragmatik befasst sich mit den Aspekten des sprachlichen Handelns, die hinausgehen über die wörtliche Bedeutung eines Wortes oder Satzes (als Gegenstand der Semantik). Zum Gegenstandsbereich der Pragmatik gehören:

- die Sprecherintention,
- die Perspektivierung der Information (Informationsstruktur): was ist besonders wichtig, was wird hervorgehoben, kontrastiert,
- was wird bei einer Äußerung vorausgesetzt oder impliziert (Präsuppositionen, Implikaturen, Rekurs auf Weltwissen und Kontext).

So setzt der Satz *È morto il re di Francia.* die Existenz eines Königs von Frankreich voraus (Präsupposition); auf Grund unseres Weltwissens können wir die Äußerung zeitlich grob einordnen, nämlich in eine Zeit, als es in Frankreich Könige gab. Aufgrund der Satzstellung ist anzunehmen, dass der ganze Satz eine neue Information darstellt, etwa als Antwort auf die Frage *Che cosa è successo?*

2.3 Literaturrecherche

Forschungsstand

Wissenschaftliche Arbeiten dienen dazu, neue Erkenntnisse zu gewinnen. Die eigene Arbeit baut dabei in der Regel auf frühere Forschungen auf, auf die natürlich Bezug genommen werden muss. Es ist daher unumgänglich, zu einem zu bearbeitenden Thema zunächst den Forschungsstand zu ermitteln und sich auf ihn in der eigenen Arbeit durch Zitate zu beziehen. In der

Regel beginnt man mit einer bibliografischen Recherche. Hat man durch sie einen ersten Zugang zur Fachliteratur, kann durch sie weitere Fachliteratur erschlossen werden. Finden sich bei der bibliografischen Recherche mehrere Werke zum gleichen Thema, ist es empfehlenswert, zunächst mit den neueren Werken zu beginnen, da in ihnen in vielen Fällen schon der ältere Forschungsstand kritisch aufgearbeitet wurde.

Fachbibliografien

Neben dem *Lexikon der Romanistischen Linguistik (LRL)* kann man für bibliografische Recherchen auf die Bibliografie der *Modern Language Association* (kurz: MLA-Bibliografie) zurückgreifen, die vor allem in der kumulativen CD-ROM- oder Online-Version nützlich und in den meisten Universitätsnetzen bzw. in Universitätsbibliotheken vorhanden ist, oder auf die *Bibliographie linguistique* (BL: *http://www.blonline.nl/*). Auch die Bibliografie der *Zeitschrift für Romanische Philologie* erscheint kumulativ auf CD-ROM. Zur italienischen Linguistik allgemein lohnt zudem die Arbeit mit Robert Anderson Halls *Bibliografia della linguistica italiana*. Die *Rivista italiana di dialettologia* enthält einen ‚Zettelkasten' (*schedario*) mit Neuerscheinungen über die Sprachen und Dialekte Italiens.

Zeitschriften

Die Universitätsbibliotheken weisen ihren Bestand im Allgemeinen in Online-Katalogen aus. Es reicht allerdings nicht aus, lediglich in einem Bibliothekskatalog zu recherchieren, denn dort sind keine Zeitschriftenbeiträge erfasst. Der wissenschaftliche Fortschritt manifestiert sich jedoch auch in den Geisteswissenschaften zunächst in Beiträgen in wissenschaftlichen Fachzeitschriften.

Graue Literatur

Bevor neue Erkenntnisse in Zeitschriften oder Büchern erscheinen, kursieren sie bereits in Manuskriptfassungen, die als ‚graue Literatur' bezeichnet werden (benannt nach dem schlechten Papier, auf dem sie früher kopiert waren). Solche Manuskriptfassungen wurden früher als Arbeitspapiere verschickt, heute erfolgt ihre Verbreitung vor allem über das Internet. Es ist für den Anfänger oft schwierig, im Bereich der grauen Literatur Brauchbares von Unbrauchbarem zu unterscheiden. Außerdem besteht die Gefahr, einen bereits publizierten Artikel in einer unfertigen Version zu zitieren. Mit grauer Literatur ist daher immer sehr vorsichtig zu verfahren. Im Zweifelsfall ist es besser, die Finger davon zu lassen.

Internetrecherche

Eine Suche mit gängigen Suchmaschinen führt bei der Literaturrecherche nicht immer zu Erfolg. Es empfiehlt sich, eine Suchmaschine zu verwenden, die speziell auf die Recherche von wissenschaftlicher Literatur zugeschnitten ist. Hier ist *Google Scholar* eine große Hilfe (*http://scholar.google.de/*). Man sollte allerdings gleich die erweiterte Suchfunktion nutzen. Um zu bewerten, wie einschlägig ein Beitrag ist, findet man eine Angabe, wie oft er zitiert wurde. Natürlich sind solche Angaben bei entlegenen Themen wenig hilfreich. Weiß man schon den Namen eines Autors, der sich mit einem Thema einschlägig beschäftigt hat, kann man mit Hilfe dieser Suchmaschine auch herausfinden, wo seine Werke zitiert wurden. Das Arbeiten mit Suchmaschinen kann jedoch nicht die Konsultation von Fachbibliografien ersetzen. Diese müssen auf jeden Fall zu Rate gezogen werden.

Wikipedia

Um einen ersten Zugang zu einem neuen Thema zu bekommen, wird häufig auch die Online-Enzyklopädie Wikipedia konsultiert. Dagegen ist an sich nichts einzuwenden, denn die Wikipedia kann durchaus hilfreich sein. Viele Artikel enthalten inzwischen Quellenangaben, Literaturhinweise und einschlägige Links. Allerdings sind nicht alle Artikel in der Wikipedia gut, insbesondere wenn sie sich mit selten nachgefragten Themen beschäftigen. Zudem wendet sich die Wikipedia an ein breites Laienpublikum und spiegelt daher gerade nicht die neueste Forschung wider. Auch ein guter Wikipedia-Artikel kann also nur einen Einstieg bieten und reicht für die Bestimmung des Forschungsstands nicht aus.

Plagiat

Das Internet bietet eine Menge von Material, das für die Themenstellung einer Arbeit verwertbar ist. Allerdings ist es nicht erlaubt, einfach Material aus dem Internet ohne Quellenangabe in die eigene Arbeit zu übernehmen. Fremde Texte als eigene auszugeben, wird als PLAGIAT bezeichnet. Findet man einen interessanten und für das eigene Erkenntnisinteresse verwertbaren Text, so sollte man ihn mit einer Quellenangabe in Auszügen zitieren, keinesfalls jedoch einfach in den eigenen Text hineinkopieren.

Übungen

2.4

1 Betrachten Sie noch einmal den Text *Fratelli d'Italia* aus der ersten Lehreinheit:

a) Welche INHALTSWÖRTER stehen in einem *syntagmatischen* Bezug zu *Italia,* sodass sie eine bestimmte Form annehmen müssen?
b) Welche Wörter stehen anstelle von *vittoria* (*paradigmatisch*)?
c) Welche Allomorphe von *di* finden sich im Text?

2 Welche Wörter sind in den Spalten der folgenden Tabelle (paradigmatisch) austauschbar, also in den Zeilen (syntagmatisch) kombinierbar? Warum sind bestimmte Kombinationen ausgeschlossen?

Paolo	*studia*	*molto.*
Dei nostri amici	*sono partiti*	*per Genova.*
Molte mie amiche	*sono già partite*	*per le vacanze estive.*
Francesca	*passeggia*	*volentieri.*
La mia ragazza	*è stata operata*	*in una clinica.*
Il suo ragazzo	*è stato operato*	*nella clinica privata di mio padre.*

3 Welche Präpositionen treten in den Beispielsätzen in verschiedenen Allomorphen auf?

2.5 | Literaturhinweise

Linguistik

Der hier fehlende Überblick über die Fachgeschichte kann und sollte durch die Lektüre des ersten Kapitels aus Tagliavini (1998) ergänzt werden. Eine besonders auf Romanisten zugeschnittene Einführung in die Linguistik auf strukturalistischer Grundlage bietet Pelz (1996). Zur Einführung in den Strukturalismus empfiehlt sich die Lektüre des Buches, das die strukturalistische Linguistik begründet, nämlich Ferdinand de Saussures: *Cours de Linguistique générale* (1916), das auch in deutscher Übersetzung vorliegt: aus diesem Buch stammen die französischen Termini dieses Abschnitts. Eine zusammenfassende Darstellung des Strukturalismus (mit einem Schwerpunkt auf Saussures Ansatz) enthält Sokol (2007). Lausberg (1967–72) ist ein komprimiertes Nachschlagewerk und daher – bis auf das Einleitungskapitel – eher für fortgeschrittene Studierende geeignet.

Italienkunde

Nützliches italienkundliches Wissen enthalten Große/Trautmann (1997) und Brütting (1997).

Varietätenlinguistik

Inhalt

3.1	Standard, Substandard, Dialekt	38
3.2	Die *Questione della lingua*	40
3.3	Varietäten	42
3.4	Sprachminderheiten	45
3.5	Übungen	50
3.6	Literaturhinweise	50

Überblick

In dieser Einheit steht die sprachliche Vielfalt Italiens im Vordergrund. Zunächst geht es um die italienische Standardsprache und mögliche Abweichungen davon. In einem historischen Exkurs wird dabei gezeigt, dass die Frage der sprachlichen Vielfalt in Italien schon seit dem Mittelalter von Interesse ist. Dann wird auf die verschiedenen Varietäten und Sprachminderheiten eingegangen. Die eigentliche Dialektologie ist jedoch späteren Lehreinheiten vorbehalten.

3.1 | Standard, Substandard, Dialekt

Definition

Mit Italienisch ist das STANDARDITALIENISCHE gemeint: dabei handelt es sich um ein (schriftsprachliches) MODELL, das in Grammatiken und Wörterbüchern festgeschrieben bzw. KODIFIZIERT ist und dem sich Sprecher und Schreiber mehr oder weniger annähern; in der mündlichen Kommunikation ist die Annäherung proportional zum Grad der Formalität und hängt darüber hinaus stark mit sozialen Faktoren zusammen.

Es gibt wohl kaum einen Sprecher, der genau dem Modell entsprechend spricht, zumal das Modell gewisse Schwankungen in der Aussprache zulässt, zum Beispiel:

- bei der Fortisierung (Verstärkung) von Anlautkonsonanten: so wird *che fai?* ‚was machst du?' in Oberitalien mit einem *f*, in Mittel- und Unteritalien jedoch *che ffai?* ausgesprochen;
- in Bezug auf den Öffnungsgrad der mittleren Vokale (*béne* im Norden und *bène* im Zentrum und im Süden) oder
- bei der Integration von Lehnwörtern: so überwiegt in Süditalien die Aussprache *barre* für *bar*; viele Italiener verwenden in informellen Situationen und sogar auf Preistafeln den Plural *euri* neben dem unveränderlichen *euro*.

Substandard, Dialekte

Die Sprachwissenschaft des Italienischen beschäftigt sich daher nicht nur mit dem Standarditalienischen als solchem, sondern auch mit Abweichungen vom Standard (SUBSTANDARD). Zur Sprachwissenschaft des Italienischen gehören außerdem alle VARIETÄTEN des DIALEKTKONTINUUMS Italiens (und angrenzender Gebiete). Auch die KONTAKTSPRACHEN des Italienischen, die nicht zum eigentlichen Dialektkontinuum gehören, werden in der Italianistik mit behandelt, vor allem wenn für sie keine andere Philologie zuständig ist (wie z. B. die Slawistik für Slowenisch und Kroatisch). Das gilt besonders für das Sardische und das Ladinisch-Friaulische.

Dialektgrenzen

Die Abgrenzung eines Dialekts vom nächsten ist ausgesprochen schwierig, da sich Dialekte im ländlichen Raum von Ort zu Ort, ja von Hof zu Hof immer nur leicht ändern. Die Dialekte gehen kontinuierlich ineinander über, bilden also ein räumliches KONTINUUM. Untersucht man gewisse Dialektmerkmale, so kann man unterschiedliche Ausprägungen dieser Merkmale auf einer Karte abbilden und dazwischen Linien einzeichnen, die ISOGLOSSEN (Grenzen sprachlicher Merkmalsausprägungen) genannt werden. Untersucht man zum Beispiel das System der definiten Artikel, so stellt man fest, dass es in einem Bereich in Mittelitalien einen Neutrumsartikel gibt. Die Nordgrenze des Gebiets verläuft durch Umbrien zwischen Nocera Umbra und den nördlichen Ausläufern von Foligno. Diese Isoglosse stimmt überein mit der nördlichen Isoglosse der mittelitalienischen Metaphonie (Umlautung, vgl. Einheit 11) und anderen Isoglossen. (Auf den gängigen Dialektkarten, die auf dem AIS beruhen, sind diese Isoglossen übrigens zu weit südlich eingetragen (südlich von Trevi). Das liegt an fehlerhaften Daten an einem Messpunkt des AIS, der noch dazu geografisch ungünstig ausgewählt ist.) Man kann von einem Isoglossenbündel sprechen, das auf einer Linie etwa von Rom nach Ancona verläuft. An dieser Stelle handelt es sich in der Tat um eine Dialektgrenze. Eine noch stärkere Dialektgrenze – vielleicht die klarste Dialektgrenze des Kontinuums der romanischen Sprachen (mit dem lateinischen Terminus Romania continua bezeichnet) – verläuft weiter nördlich entlang des Apenninenhauptkamms zwischen La Spezia an der Riviera und Rimini an der Adria (in Italien *linea La Spezia-Rimini* genannt). Diese „Dialektscheide" ist auch für den von Süden wie von Norden kommenden Reisenden deutlich an der Gebirgslandschaft erkennbar.

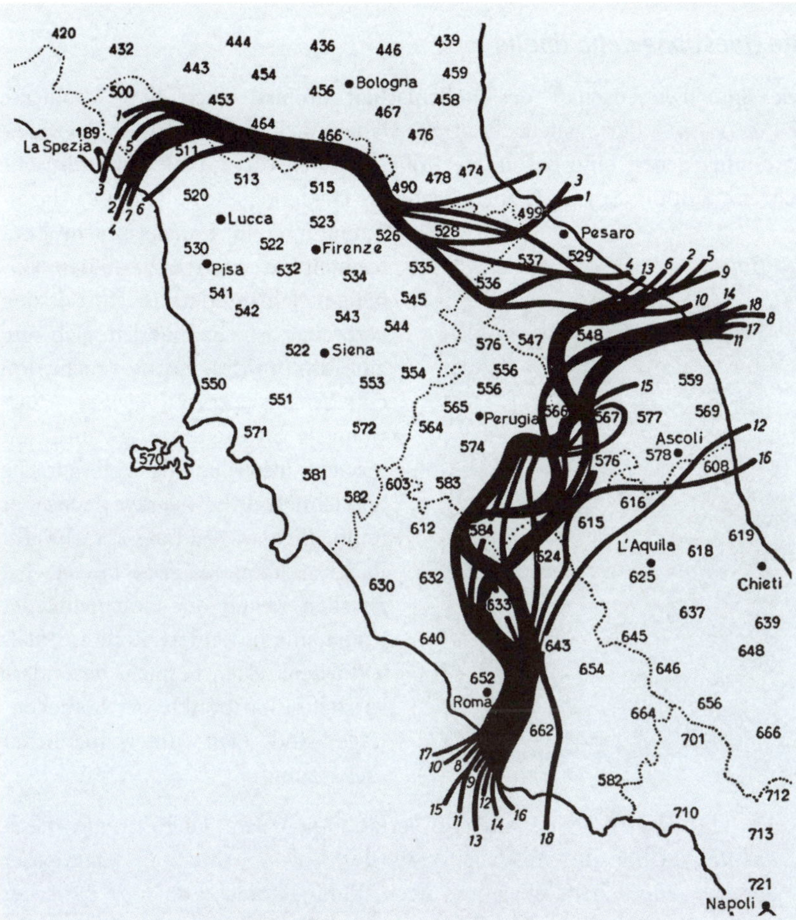

|Abb. 3.1
Einige Isoglossen im italienischen Sprachgebiet (nach Rohlfs 1937)

Ost-/Westromania

Entlang dieser Linie kann der gesamte romanische Sprachraum in ein westliches und ein östliches Areal eingeteilt werden. Somit verläuft die Trennlinie gerade mitten durch Italien: Die Dialekte Norditaliens zeigen starke Ähnlichkeiten mit anderen WESTROMANISCHEN Sprachen (2. Person Singular auf *-s*, unbetonte Subjektpronomina, zwischenvokalische Sonorisierung usw., vgl. Dialektologie in Einheit 12), die Dialekte Mittel- und Süditaliens jedoch viele Ähnlichkeiten mit der OSTROMANIA (vokalischer Plural, Erhalt zwischenvokalischer Konsonanten, Umlautung usw., vgl. Dialektologie in Einheit 13).

Das Standarditalienische ist eher ostromanisch aufgrund seiner dialektalen Basis (toskanisch-florentinisch), die südlich der Linie La Spezia-Rimini anzusiedeln ist. Allerdings zeigt es auch manche typisch ostromanischen Züge nicht (z. B. Umlautung).

3.2 | Die *Questione della lingua*

Sprachgeschichte

Die Sprachwissenschaft des Italienischen umfasst auch die Geschichte (DIACHRONIE) der Dialekte Italiens. Dabei spielt der Vorläufer des Standarditalienischen eine besondere Rolle, nämlich die auf die florentinische Schreibtradition (SCRIPTA) zurückgehende GEMEINSPRACHE (KOINÉ), die als Literatur- und Kanzleisprache (mit leichten Varianten) etwa ab dem frühen 16. Jahrhundert in ganz Italien verbreitet ist. Es handelt sich um eine BILDUNGSSPRACHE, nicht um eine VOLKSSPRACHE (*volgare*) – auch wenn sie zur Abgrenzung vom Lateinischen bisweilen als Volkssprache bezeichnet wird. Die Frage nach einer (einheitlichen) Bildungssprache für Italien (*Questione della lingua*) hat zu allen Zeiten der Geschichte der Koiné eine besondere Rolle in Intellektuellenkreisen gespielt; besondere Kristallisationspunkte der Sprachenfrage sind (mit unterschiedlicher Zielsetzung):

Abb. 3.2 | Die erste Seite der *Divina Commedia* mit einem Porträt von Dante Alighieri

- 13. Jahrhundert: Dante Alighieri verfasst unter dem Titel *De vulgari eloquentia* („Über die Ausdruckskraft der Volkssprache") in lateinischer Sprache eine Schrift über eine neue Bildungssprache auf der Basis der gesprochenen Sprache („Volkssprache" im Gegensatz zum Latein, das er *grammatica* nennt). Die neue Sprache soll sich nach seiner Auffassung am Florentinischen orientieren. Außerdem legt er ein großes literarisches Werk (*[Divina] Commedia*) in der „Volkssprache" vor, dessen Sprache Modellcharakter haben wird.

- 16. Jahrhundert: Die Notwendigkeit einer allgemeinen Bildungssprache (*Questione della lingua*) wird in der Folge der RENAISSANCE (*Rinascimento*) von Intellektuellen diskutiert. Eine Orientierung an den Werken toskanischer Schriftsteller des 13. und 14. Jahrhunderts ist bereits verbreitet und wird von Pietro Bembo als Norm vorgeschlagen.
- 19. Jahrhundert: Die Einigung Italiens bringt die Notwendigkeit einer nationalen Standardsprache mit sich (für das SCHULSYSTEM, die ARMEE und die allgemeine Verwaltung); unter den Sprachpflegern, die sich um die Ausarbeitung der Standardsprache bemühen, spielt Alessandro Manzoni, mit seinen exemplarischen Versionen des Romans *I promessi sposi* eine entscheidende Rolle (s. Abb. 3.3). Die Entwicklung der Standardsprache ist aber nicht diesem einzelnen Schriftsteller, sondern einer Fülle von Sprachpflegern, Akademien und sprachpflegerischen Vereinen sowie unzähligen Lehrern und Journalisten zu verdanken.

Tiziano Vecellio: *Porträt des Kardinals Pietro Bembo (1539–1540)*

Alessandro Manzoni (1785–1873)

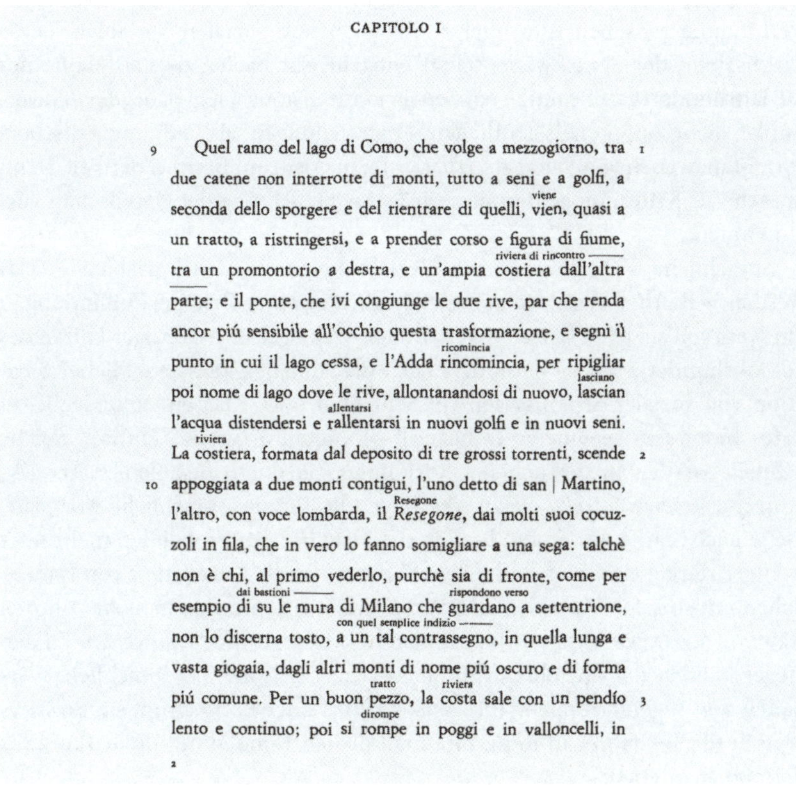

CAPITOLO I

9 Quel ramo del lago di Como, che volge a mezzogiorno, tra 1
due catene non interrotte di monti, tutto a seni e a golfi, a
viene
seconda dello sporgere e del rientrare di quelli, vien, quasi a
un tratto, a ristringersi, e a prender corso e figura di fiume,
riviera di rincontro
tra un promontorio a destra, e un'ampia costiera dall'altra
parte; e il ponte, che ivi congiunge le due rive, par che renda
ancor piú sensibile all'occhio questa trasformazione, e segni il
ricomincia
punto in cui il lago cessa, e l'Adda rincomincia, per ripigliar
lasciano
poi nome di lago dove le rive, allontanandosi di nuovo, lascian
allentarsi
l'acqua distendersi e rallentarsi in nuovi golfi e in nuovi seni.
riviera
La costiera, formata dal deposito di tre grossi torrenti, scende 2
10 appoggiata a due monti contigui, l'uno detto di san | Martino,
Resegone
l'altro, con voce lombarda, il *Resegone*, dai molti suoi cocuzzoli in fila, che in vero lo fanno somigliare a una sega: talchè
non è chi, al primo vederlo, purchè sia di fronte, come per
dai bastioni — rispondono verso
esempio di su le mura di Milano che guardano a settentrione,
con quel semplice indizio —
non lo discerna tosto, a un tal contrassegno, in quella lunga e
vasta giogaia, dagli altri monti di nome piú oscuro e di forma
tratto riviera
piú comune. Per un buon pezzo, la costa sale con un pendío 3
dirompe
lento e continuo; poi si rompe in poggi e in valloncelli, in

2

|Abb. 3.3

Alessandro Manzoni: *I promessi sposi*. Nelle sue edizioni del 1840 e del 1825 raffrontate tra loro dal Prof. Riccardo Folli. Milano 1880. In der Gegenüberstellung sieht man deutlich, dass Manzoni bei der Auflage von 1840 dialektale Sprachelemente (*vien, lascian* etc.) durch deren standardsprachliche Entsprechungen (*viene, lasciano*) ersetzt hat.

Andere Gemeinsprachen

Neben der toskanisch-florentinischen Schriftsprache haben sich eine Reihe von anderen Kanzlei- und Literatursprachen entwickelt. Eine besondere Rolle spielen die venezianische und die neapolitanische Literatursprache. Die Sprachen wichtiger städtischer Oberzentren (Rom, Florenz, Bologna, Mailand, Venedig, Neapel) haben über die Städte hinaus ausgestrahlt und zur Ausbildung neuer Varietäten geführt, die nicht mehr direkt auf das gesprochene Latein zurückzuführen sind, sondern im Gegensatz zu PRIMÄRDIALEKTEN des gesprochenen Lateins auf eine mehr oder weniger normierte Stadtsprache zurückgehen (SEKUNDÄRDIALEKTE). Beeinflusst von Primär- und Sekundärdialekten differenziert sich in neuerer Zeit auch die italienische Standardsprache in regionale Varietäten bzw. REGIONALSPRACHEN (TERTIÄRDIALEKTE).

3.3 Varietäten

Dialektologie und Soziolinguistik

Die DIALEKTOLOGIE und die SOZIOLINGUISTIK haben Methoden entwickelt, um die Homogenität synchroner Sprachsysteme zu überwinden und um die Beschreibung synchroner Variation zu erweitern. Die Dialektologie, die eine längere Tradition als der Strukturalismus hat, befasst sich mit der Variation im Raum (AREALE oder DIATOPISCHE VARIATION), die Soziolinguistik mit der Verbindung zwischen sprachlicher Variation und sozialen Variablen. Diese Teildisziplin der Sprachwissenschaft entsteht erst in der zweiten Hälfte des 20. Jahrhunderts als Reaktion auf den Strukturalismus. Liegt dabei der Schwerpunkt mehr auf gesellschaftlichen Fragestellungen als auf linguistischen, spricht man auch von SPRACHSOZIOLOGIE; dies ist zum Beispiel der Fall, wenn Sprache als Kriterium genommen wird, eine Schichtung der Gesellschaft vorzunehmen.

Soziale Variablen

Sprachliche Variation kann in Beziehung zu sozialen Variablen gesetzt werden, z. B. Alter, Geschlecht, Zugehörigkeit zu einer Gruppe, Einbindung in ein Netz von sozialen Beziehungen. In den sechziger und siebziger Jahren des 20. Jahrhunderts wurde besonders auch die Abhängigkeit sprachlicher Variation von sozialer Stratifikation (in Schichten oder Klassen) untersucht (in dafür besonders geeigneten industriell geprägten urbanen Zentren). Solche Modelle werden in der neueren Soziolinguistik durch flexiblere Netzwerkkonzepte ersetzt: Soziale Netzwerke zeigen bestimmte sprachliche Korrelate, die je nach Stärke der Einbindung in das Netz bei den Probanden mehr oder weniger stark ausgeprägt sind. Obwohl hierunter die Korrelation von sprachlichen mit sozialen Variablen aller Art gemeint ist, sprechen manche Autoren statt von SOZIALER VARIATION auch von DIASTRATISCHER VARIATION. Zu den Gegenständen der Soziolinguistik gehört zum Beispiel das sprachliche Verhalten von Jugendgruppen (JUGENDSPRACHE) oder Berufsgruppen. So ist es typisch für Taxifahrer in Rom, ihre männlichen Kunden mit *dotto'* (kurz für *dottore*) anzureden.

Individuelle Variation

Selbst ein einzelner Sprecher spricht abhängig von der Situation, in der er sich befindet, unterschiedlich: Abhängig vom Grad der Formalität werden verschiedene formelle REGISTER verwendet. Zu bestimmten Personen (z. B. Kindern, Fremden) wird in besonderen Registern gesprochen (AMMENSPRACHE, FREMDENJARGON). Diese Art der Variation wird auch als DIAPHASISCH bezeichnet. So wird statt *sigaretta* in informellen Situationen *cicca* verwendet; statt *macchina* wird in formellem Kontext *automobile* gebraucht.

Zu dieser Variation gehört auch der (graduelle) Unterschied zwischen LENTOSPRECHWEISE und ALLEGROSPRECHWEISE. Die Lentosprechweise ist deutlicher und meist langsamer artikuliert, während die Allegrosprechweise durch formale Verkürzungen (ALLEGROFORMEN) gekennzeichnet ist. Sie muss nicht unbedingt eine hohe Sprechgeschwindigkeit aufweisen.

Freie Variation

Nicht-standardsprachliche Sprachformen bzw. Varietäten (SUBSTANDARD) zeichnen sich durch starke individuelle, mehr oder weniger zufällige Variation aus. Solche FREIE VARIATION ist nicht zu verwechseln mit Variation, die von bestimmten sozialen Variablen (Alter, Geschlecht, Gruppenzugehörigkeit usw.) abhängt. Besonders typisch ist die freie Variation für instabile INTERIMSPRACHEN beim Spracherwerb, in Diglossiesituationen (s. S. 44, 54) und beim Sprachtod.

Mündlichkeit und Schriftlichkeit

Ein Sonderfall im Bereich der REGISTER stellt die Unterscheidung von Mündlichkeit und Schriftlichkeit dar. Dabei handelt es sich zunächst um eine Unterscheidung nach dem Kommunikationsmedium (GRAFISCHES, NICHT-GRAFISCHES MEDIUM. Das nicht-grafische Medium wird auch als *phonisch* bezeichnet. Die Bezeichnung nicht-grafisch ist insofern besser, als sie auch nicht-grafische visuelle Kommunikation mit einbezieht, etwa Gesten und Gebärden). Es zeigt sich aber, dass es Texte gibt, die unabhängig von dem tatsächlich verwendeten Medium Eigenschaften aufweisen, die man als KONZEPTIONELL SCHRIFTLICH oder KONZEPTIONELL MÜNDLICH bezeichnen kann. Feststehende Wendungen wie „Der redet wie gedruckt." machen das augenfällig. Texte lassen sich gemäß dieses Ansatzes auf einem Kontinuum zwischen schriftlicher („Distanzsprache") und mündlicher Konzeption („Nähesprache") anordnen. So ist ein Privatbrief mündlicher konzipiert als ein Gesetzestext, obwohl beide im grafischen Medium verfasst sind. Die Variation zwischen Mündlichkeit und Schriftlichkeit wird bisweilen auch als DIAMESISCH bezeichnet. Der Terminus ist analog zu *diaphasisch, diastratisch* und *diatopisch* geprägt worden, diese wiederum in Analogie zu *diachron(isch)* – s. Tab. 3.1.

Die Analogie kann als Merkhilfe dienen. Die Analogiebildungen täuschen jedoch leicht darüber hinweg, dass es sich erkenntnistheoretisch um sehr unterschiedliche Dinge handelt. So hat die Diachronie – die Untersuchung des Sprachwandels – nichts mit der soziolinguistischen Unterscheidung synchroner Varietäten zu tun. Die synchronen Varietäten sind Gegenstand der Soziolinguistik (Varietätenlinguistik), die Diachronie ist Gegenstand der historischen Linguistik. Hier ein anschauliches Beispiel für den Unterschied: Bei synchronen Varietäten liegt tatsächlich Variation vor, d.h. ein Merkmal hat zum gleichen Zeitpunkt unterschiedliche Ausprägungen. Die einen sagen etwa *béne*, die anderen *bène*. Bei der Diachronie dagegen liegt keine Variation vor, weil sie ungleichzeitig ist. Das Erkenntnisinteresse hier ist ein anderes, nämlich: wie erklärt sich das *-e* in dem Wort *donne* historisch? Es war vorher *-ae* wie in lat. *dominae*.

Tab. 3.1 Ebenen der sprachlichen Variation

Gegenstand	**Variation**
Zeit	diachronisch
Ort	diatopisch
Schicht	diastratisch
Situation	diaphasisch
Medium/Konzeption	diamesisch

Die soziolinguistische Perspektive umfasst auch individuelle Variation, wobei es der Soziolinguistik allerdings um Sprache als soziales Phänomen geht. Areale Variation kann als Sonderfall der sozialen Variation gesehen werden.

Dialektologie

Die DIALEKTOLOGIE untersucht die areale Variation innerhalb eines DIALEKTKONTINUUMS, dabei wird eine KORRELATION zwischen sprachlichen (dialektalen) MERKMALEN und dem Raum (AREAL) hergestellt. Außerdem geht es um die Klassifikation von arealen Varietäten (DIALEKTEN). Die Grundlage einer Klassifikation sind nicht Einzelmerkmale, sondern eine Kombination von Merkmalen (MERKMALKONFIGURATION). So kann sich das Dialektareal Mittel- und Unteritaliens nicht allein durch auffällige Umlaute (s. 11.3) begründen lassen, denn solche gibt es auch in Norditalien. Andere Lautveränderungen finden sich an verschiedenen Punkten in der Dialektlandschaft Italiens. Eine Veränderung von *nd* zu *nn* findet sich nicht nur in Mittel- und Unteritalien, sondern auch in der Gaskogne (Südwestfrankreich), ohne dass hier ein zwingender Zusammenhang bestehen muss (außer der der romanischen Sprachfamilie). Jedes Dialektareal wird vom Dialektologen auf Grund einer bestimmten Merkmalkonfiguration etabliert. Dass eine Aufteilung eines Kontinuums in deutlich getrennte Abschnitte immer problematisch ist, muss nicht extra ausgeführt werden.

Diglossie

Wie kaum ein anderes Land in Westeuropa ist Italien von einer DIGLOSSIESITUATION geprägt: Besonders in traditionellen meist ländlichen Gemeinschaften werden unterschiedliche Sprachsyseme verwendet, und zwar in Abhängigkeit vom Grad der Formalität der Kommunikation und davon, ob der oder die Gesprächspartner zur gleichen Gemeinschaft gehören:

Der VERNAKULÄRDIALEKT (LOKALDIALEKT, *vernacolo*) ist dasjenige Sprachsystem, das in einer Diglossiesituation zur vertrauten, informellen mündlichen Kommunikation innerhalb der lokalen (bäuerlichen) Sprachgemeinschaft verwendet wird (BINNENKOMMUNIKATION). Der Terminus Dialekt sollte dieser Varietät vorbehalten bleiben.

Dialekt

Daneben existiert meist eine REGIONAL-/AUSGLEICHSSPRACHE (*italiano regionale*) als dasjenige Sprachsystem, das in einer Diglossiesituation zur mündlichen Kommunikation außerhalb der lokalen (bäuerlichen) Sprachgemeinschaft verwendet wird (AUSSENKOMMUNIKATION).

Regionalsprache

Auch diese Varietät wird häufig als Dialekt bezeichnet. Da es sich aber um eine (instabile) regionale Varietät des Italienischen handelt, ist der Terminus REGIONALSPRACHE zutreffender. Aufgrund ihres instabilen Charakters kann sie auch als INTERIMSPRACHE bezeichnet werden. Sie stellt einen Kompromiss (Ausgleich) zwischen Standardsprache und Dialekt dar.

Dialekt und Sprache

Die Abgrenzung von Dialekt und Sprache ist also hier funktional begründet. Dialekt dient zur Binnenkommunikation, Sprache zur Außenkommunikation. Sprache hat dabei – auch im Sinne von Ausgleichssprache – immer einen Bezug zum Gemein- oder Standarditalienischen.

Stadtsprache

Die Situation in Städten stellt einen Sonderfall dar: Hier entwickelt sich in der Regel eine Ausgleichssprache der städtischen Kommunikation, bei der zwischen Außen- und Binnenkommunikation oft nicht klar unterschieden wird; es entsteht in den Städten meist eine sich vom ländlichen Umfeld abgrenzende STADTSPRACHE (*vernacolo/italiano di…*), ein innerhalb von lokalen städtischen Sprachgemeinschaften verwendetes Sprachsystem zur mündlichen (und ehedem auch schriftlichen) Kommunikation. In großen Städten ergibt sich dann eine sekundäre soziale sprachliche und möglicherweise sogar areale Differenzierung und eine gewisse Ausstrahlung auf das ländliche Umfeld. Die Stadtsprachen wichtiger Zentren (Florenz, Rom, Neapel, Mailand, Venedig usw.) haben eine eigenständige schriftsprachliche Tradition. Manche Städte erleben eine starke Zuwanderung („Schmelztiegel"), die zur Entstehung einer veränderten Gemeinsprache beiträgt (Rom, Turin).

Ein Beispiel: In Italien verbreitete süße längliche Krapfen (*frappe*) heißen im Veneto *galani* (Dialekt), in der Stadtsprache von Venedig jedoch *chiacchere*. Hierbei handelt es sich um ein nicht-dialektales Wort aus der Stadtsprache, denn sowohl der Anlaut [kja-] wie der Langkonsonant im Inlaut [k:] sind untypisch für den traditionellen Dialekt.

Sprachminderheiten 3.4

In Italien gibt es eine Reihe von SPRACHMINDERHEITEN, die nicht in das DIALEKTKONTINUUM eingeordnet werden. Für Sprachen, die einer nicht-romanischen Sprachfamilie angehören, ist die Aussonderung unproblematisch.

Anders sieht es mit romanischen Sprachminderheiten aus, die in älteren Darstellungen zum Teil ins italienische Dialektkontinuum eingeordnet werden: Problematisch sind das Rätoromanisch-Ladinisch-Friaulische und das Sardische. Das Sardische weicht allerdings in Grammatik und Lexikon stark von den Dialekten Italiens ab, zumal Sardinien auch eine eigenständige Geschichte gehabt hat. Bis auf ein Übergangsgebiet im Norden Sardiniens gibt es auch keine kontinuierlichen Übergänge zwischen Sardisch und anderen Dialekten. Daher kann es mit Fug und Recht aus dem Kontinuum ausgesondert werden. Schwieriger ist es mit dem Rätoromanisch-Ladinisch-Friaulischen. In Südtirol ergibt sich durch das Deutsche tatsächlich eine klare Abgrenzung zwischen dem romanischen Kontinuum und Ladinisch, in Friaul ist diese Abgrenzung nicht so klar. Da das Friaulische aber mit dem Rätoromanischen der Schweiz und dem Ladinischen des Dolomitenraums eng verwandt ist und in einem traditionell mehrsprachigen Kontext eine von den Nachbardialekten Norditaliens weitgehend unabhängige Entwicklung erfahren hat, wird auch diese Sprache von vielen Linguisten als eigenständig aufgefasst.

Sprachgesetz

Italien hat entsprechend der europäischen Sprachencharta ein Gesetz über sprachliche Minderheiten (*legge 482* vom 15. Dezember 1999) verabschiedet. Die somit anerkannten Minderheitssprachen sind:

- Albanisch (Sprachinseln in Mittel- und Unteritalien)
- Deutsch (Südtirol, Walser-Sprachinseln im Aostatal und Piemont und bairische Sprachinseln in Trient, Südtirol, Veneto und Friaul)
- Frankoprovenzalisch (im Aostatal und Sprachinseln in Mittel-/Unteritalien)
- Französisch (im Aostatal, Hochsprache der Frankoprovenzalen, es handelt sich also um die gleiche Minderheit!)
- Friaulisch (im Friaul)
- Griechisch (Sprachinseln in Unteritalien)
- Katalanisch (eine Sprachinsel auf Sardinien)
- Kroatisch (Sprachinseln in Molise, bis heute wird hier die Bezeichnung *Serbokroatisch* verwendet, neuerdings auch *Slavisanisch* oder *slavisano*, gebildet aus *slavo* und *molisano*, auch *croato-molisano* ist eine übliche Bezeichnung)
- Ladinisch (in den Südtiroler Dolomiten)
- Okzitanisch (Piemont, an der Grenze zu Frankreich und Sprachinsel in Mittel-/Unteritalien)
- Sardisch (auf Sardinien)
- Slowenisch (in der Gegend von Triest)

Im Gesetzentwurf war auch die Anerkennung des Romani, der Sprache der Roma, vorgesehen – wie schon in einem älteren Gesetz, das durch das neue Gesetz ersetzt wird (daher taucht die Sprache der Roma auch bisweilen in Listen der anerkannten Sprachen Italiens auf). Sie wurde aber in die endgültige Fassung des Gesetzes nicht aufgenommen. Auch die ITALIENISCHE GEBÄRDENSPRACHE (*lingua italiana dei segni*) ist nicht als Minderheitensprache anerkannt.

Sprachinseln

Die folgende Liste enthält die Sprachinseln Italiens, also solche Ortschaften, in denen eine Sprachform verwendet wird, die nicht in das Dialektkontinuum gehört, das die Ortschaft umgibt. Da es sich nicht um Sprachinseln im eigentlichen Sinne handelt, sondern um größere Dialektkontinua, enthält die Liste nicht das Tirolische in Südtirol, das Sardische, das Okzitanische an der Grenze zu Frankreich und das Frankoprovenzalische im Aostatal (vgl. hierzu die Liste der Minderheitensprachen in diesem Abschnitt). Die Liste enthält nur selbstständige Gemeinden (unter Umständen mit einem Hinweis, in welchem Teil der Gemeinde sich die Sprachinsel befindet).

Albanisch (*albanese [arbëresh(ë)]*, ca. 106000 Sprecher (die mit * gekennzeichneten Orte sind inzwischen romanisiert bzw. aufgegeben worden):

- Abruzzen (Provinz Pescara): Rosciano (Ortsteil: Villa Badessa)
- Molise: Campomarino [Kmarin], Montecilfone [Munxhufun], Portocannone [Portkanun], Ururi [Rur]
- Apulien
  - Provinz Foggia: *Casalnuovo Monterotaro [Katund ‚Dorf'], Casalvecchio di Puglia [Katund ‚Dorf'], Chieuti
  - Provinz Taranto: San Marzano di San Giuseppe
  - Kampanien (Provinz Avellino): Greci
  - Lukanien (Provinz Potenza): Barile [Barill], Ginestra [Shura], Maschito [Maskit], San Costantino Albanese [Shëkostantinë], San Paolo Albanese
- Kalabrien:
  - Provinz Cosenza: Acquaformosa [Firmozë], Castroregio [Kastërnexh], Cerzeto [Qanë], Cìvita [Çift], Falconara Albanese [Farkunarë], Firmo [Fermë], Frascineto [Frasnit], Lungro [Ungër], Plàtaci [Pllatan], San Basìle [Shën Vasilj], San Benedetto Ullano [Shën Bendhit], San Cosmo Albanese [Strigar], San Demetrio Corone [Shën Mitër], San Giorgio Albanese [Mbuzat], San Martino di Finita [Shënmerti], Santa Caterina Albanese [Picëlji], Santa Sofia d'Epiro [Shën Sofi], Spezzano Albanese [Spixanë], Vaccarizzo Albanese [Vakaric]
  - Provinz Catanzaro: Andali, Caraffa di Catanzaro, Maida (Ortsteil Vena), *Marcedusa, Lamezia Terme (Ortsteil: Zangarona)
  - Provinz Crotone: Carfizzi [Karfic], Pallagorìo [Puhëri], San Nicola dell'Alto [Shën Kog]
  - Provinz Reggio: Àfrico (Ortsteil Arietta)
- Sizilien (Provinz Palermo): Contessa Entellina [Kundisë], *Mezzojuso, Palazzo Adriano [Palac], Piana degli Albanesi [Hora të Arbreshëvet], Santa Cristina Gela [Shën Kristina]

Bairisch:

- Veneto:
  - Provinz Belluno: Sappada [Pladen]
  - Provinz Verona: Selva di Progno (Ortsteil: Giazza [Ljetzan])
  - Provinz Vicenza: Roana [Rowan], Rotzo [Rotz] (Hochplateau von Asiago)
- Trentino-Südtirol (Provinz Trient):
  - östlich von Rovereto an der Grenze zur Provinz Vicenza: Luserna [Lusern], Lavarone [Lafraun], Folgarìa [Vielgereut]
  - nordöstlich von Trient: Val dei Mòcheni [Fersental] mit den Ortschaften: Sant' Órsola Terme [Oechberg], Palù del Fèrsina [Palae], Frassilongo [Garait], Fierozzo [Vlarötz]
- Friaul-Julischvenezien (Provinz Udine):
  - Kanaltal/Val Canale (einziges viersprachiges Gebiet Italiens: Bairisch, Friaulisch, Slowenisch, Venezisch; das Friaulische wird hier als Verkehrssprache genutzt): Malborghetto-Valbruna, Tarvisio [Tarvis]
  - nördlich von Udine: Paluzza (Ortsteil Timau [Tischelwang]), Sauris [Zahre] (nicht weit von der Grenze zur Provinz Belluno).

Frankoprovenzalisch (*francoprovenzale*):
Apulien (Provinz Foggia): Celle di San Vito, Faeto

Griechisch (*greco [griko]*, mit * werden aufgegebene Ortschaften gekennzeichnet):

- Süd-Kalabrien (Provinz Reggio di Calabria), ca. 2000 Sprecher: Bova [Vùa], Condofuri [Kondohuri], Roccaforte del Greco [Vunì], *Roghudi [Rihudi], *San Lorenzo (Ortsteil Chorìo)
- Süd-Apulien/Salent (Provinz Lecce), ca. 17000 Sprecher: Calimera, Castrignano de' Greci [Kastriniàna], Corigliano d' Òtranto [Korijàna], Martano [Martanà], Martignano [Martiniàna], *Melpignano [Lipiniàna], Soleto, Sternatìa, Zollino

Katalanisch (*catalano [català]*):
Sardinien: Alghero [L' Alguer]

Molise-Kroatisch (*serbocroato, croato-molisano, slavisano*), ca. 2500 Sprecher:
Molise: Acquaviva Collecroce [Kruč], Montemitro [Mundìmitar], San Felice del Molise

Okzitanisch (*provenzale*):
Kalabrien (Provinz Cosenza): Guardia Piemontese

Walser-Deutsch (die mit * gekennzeichneten Orte sind inzwischen romanisiert bzw. aufgegeben worden):

- Aostatal
  - Ayas (Ortsteil: *Saint Jacques)
  - Lys-Tal: Gressoney-La-Trinité, Gressoney-Saint-Jean, *Gaby, Issime
- Piemont:
  - Anzascatal (Provinz Verbano-Cusio-Òssola): Macugnaga
  - Òssolatal (einschl. Antigorio-Formazza-Tal, Provinz Verbano-Cusio-Òssola): Formazza [Pomatt], *Ornavasso
  - Provinz Vercelli: Sésia- und Mastallonetal: Alagna Valsésia, Rima San Giuseppe (Ortsteil Rima), Rimella, *Riva Valdóbbia.
- Tessin: Bosco-Gurin (Maggiatal)

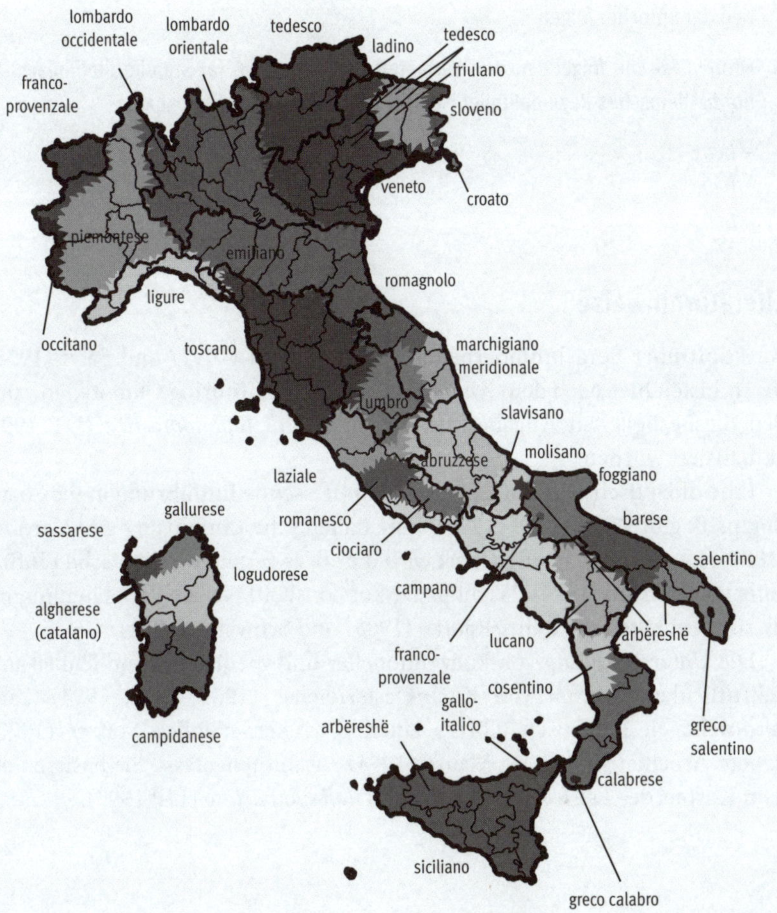

Abb. 3.4 Karte der in Italien gesprochenen Sprachen und Dialekte. Vor allen in Süditalien und auf Sizilien gibt es verschiedene Sprachinseln: das Arbëreshë und das Griechische, das Frankoprovenzalische und galloitalische Kolonien sowie das Katalanische auf Sardinien. (nach Wikimedia Commons, modifiziert von M. Haase)

3.5 | Übungen

1 Nachdem der böse Wolf Rotkäppchen (*Cappuccetto rosso*) gefressen hat, beendet die Erzählerin das Märchen wie folgt:

> *Allora dopo, la mamma non vede l'arrivare a casa la bambina, allora sta in pensiero. Allora manda un cacciatore; il lupo, l'ammazza, e la nonna e la bambina le stanno bene.*

Wie ist dieser Text in das Varietätenspektrum des Italienischen einzuordnen (Standard, Substandard, Regionalitalienisch, Dialekt...) und an welchen Merkmalen ist diese Einordnung zu erkennen?

2 In Übung 1.5.3 wurden drei Ausdrücke für ‚Schule schwänzen' genannt. Ordnen Sie diese in das Varietätenspektrum Italiens ein, indem sie den metasprachlichen Angaben der Sprecher folgen.

3 Ordnen Sie die folgenden drei Varianten den Varietäten (a) Standarditalienisch, (b) norditalienisches Regionalitalienisch, (c) norditalienischer Dialekt zu:

- *béne*
- *bène*
- *bén*

3.6 | Literaturhinweise

Sprachminderheiten

Auskunft über Sprachminderheiten geben Telmon (1992) und Salvi (1975), deren Listen hier nach dem *Annuario Generale* des Touring Club Italiano und den diesbezüglichen Angaben des *Dizionario di toponomastica* (DT 1997) aktualisiert wurden.

Soziolinguistik

Eine didaktisch sehr brauchbare und umfassende Einführung in die Soziolinguistik gibt Wardhaugh (1998). Eine italienische Einführung gibt Cardona (1987). Immer noch häufig zitiert wird die etwas veraltete italienische Einführung von Berruto (1974). Wichtige Diskussionsbeiträge zur Varietätenlinguistik sind enthalten in Holtus/Radtke (1983) und Schwarze (1981).

Mündlichkeit/Schriftlichkeit

Die Unterscheidung von konzeptioneller und medialer Mündlichkeit und Schriftlichkeit stammt von Koch/Oesterreicher (1985, 1990, 1994). Zum gesprochenen Italienisch gibt es einen Klassiker, nämlich Spitzer (1922), neuere Arbeiten sind in De Mauro (1994) zusammengefasst. Sie basieren auf dem Korpus des *Lessico di frequenza dell'italiano parlato* (LIP 1993).

Geschichte des Italienischen

Inhalt

4.1	Entwicklung des Italienischen	52
4.2	Lateinisch und Romanisch	55
4.3	Sprachkontakt	56
4.4	Übungen	60
4.5	Literaturhinweise	60

Überblick

Ohne im einzelnen auf die Lautentwicklung einzugehen, behandelt diese Lehreinheit die Geschichte des Italienischen. Dabei kommt dem Lateinischen eine besondere Rolle zu – zum einen als gesprochene Sprache, die sich zu den romanischen Sprachen weiterentwickelt, zum anderen als schriftsprachliches Modell des Italienischen. Schließlich wird der Kontakt zu anderen Sprachen in der Geschichte des Italienischen skizziert.

4.1 | Entwicklung des Italienischen

Periodisierung

In Anlehnung an die Literaturgeschichte wird in der Regel eine PERIODISIERUNG nach Jahrhunderten vorgenommen (Sprache des Trecento bzw. des 14. Jahrhunderts, des Quattrocento bzw. des 15. Jahrhunderts usw.); eine grobe Periodisierung kommt jedoch mit drei Perioden aus:

1. Dialektale Periode (Altitalienisch): von den Anfängen bis etwa 1500: Es gibt verschiedene dialektale Schreibtraditionen (SCRIPTAE), die wahrscheinlich auch ein sehr gutes Bild über die Verhältnisse der gesprochenen Sprache abgeben.

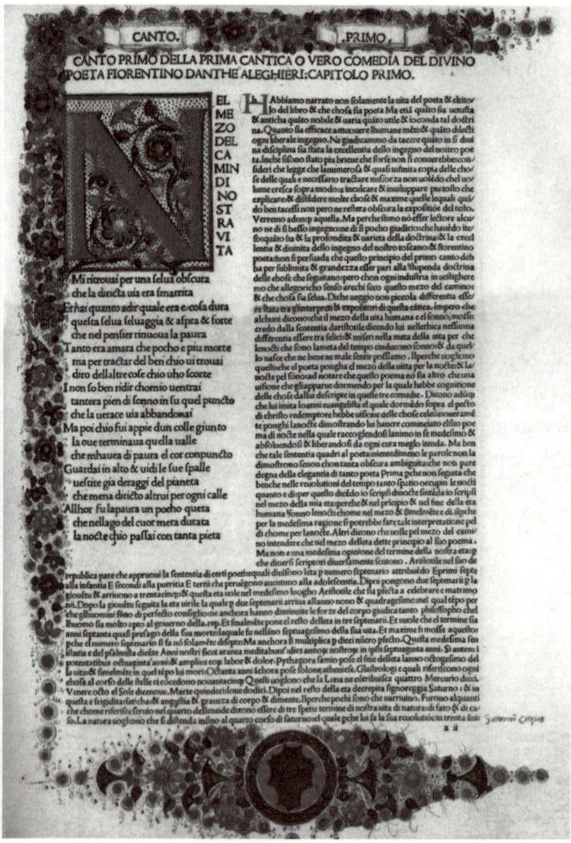
CANTO. PRIMO.

CANTO PRIMO DELLA PRIMA CANTICA O VERO COMEDIA DEL DIVINO POETA FIORENTINO DANTHE ALEGHIERI:CAPITOLO PRIMO.

EL MEZO DEL CAMIN DI NOSTRA VITA
Mi ritrouai per una ſelua obſcura
che la diricta uia era ſmarrita
Et hai quanto adir quale era e coſa dura
queſta ſelua ſeluaggia & aſpra & forte
che nel penſier rinuoua la paura
Tanto era amara che pocho e piu morte
ma per tractar del ben chio ui trouai
diro dellaltre coſe chio uho ſcorte
I non ſo ben ridir chomio uentrai
tantera pien di ſonno in ſu quel puncto
che la uerace uia abbandonai
Ma poi chio fui appie dun colle giunto
la oue terminaua quella ualle
che mhauea di paura el cor conpuncto
Guardai in alto & uidi le ſue ſpalle
ueſtite gia deraggi del pianeta
che mena diricto altrui per ogni calle
Allhor fu la paura un pocho queta
che nellago del cuor meta durata
la nocte chio paſſai con tanta pieta

Abb. 4.1 | Erste Seite des „Inferno" aus Dante Alighieris *Divina Commedia*

2. Koiné-Periode (Neuitalienisch): von 1500 bis zur Einigung Italiens in der zweiten Hälfte des 19. Jahrhunderts: Für diese Zeit ist die Verwendung einer gemeinitalienischen KOINÉ charakteristisch, die allerdings regionale Abweichungen zeigt. In sehr eigenständigen Zentren (Venedig, Rom, Neapel) sind die Abweichungen mitunter größer. Es besteht eine relativ große Distanz zwischen gesprochener und geschriebener Sprache.

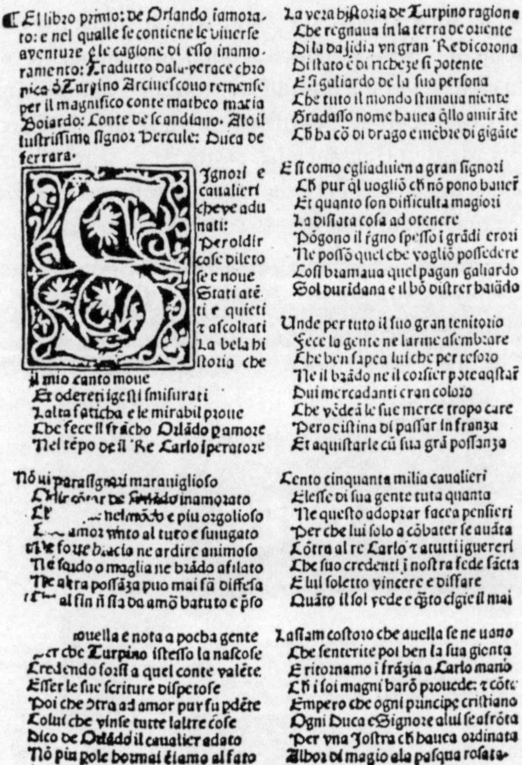
El libro primo: de Orlando inamora-
to: e nel qualle se contiene le diverse
aventure e le cagione di esso inamo-
ramento: Tradutto dala verace chro-
nica d Turpino Arcivescovo remense
per il magnifico conte Matheo Maria
Boiardo: Conte de Scandiano. Alo il-
lustrissimo Signor Hercule: Duca de
Ferrara.

Signori e cavalieri che ve aduunati:
Per oldir cose dilecto se e noue
Stati atē ti e quieti e ascoltati
La bela historia che il mio canto moue
Et oderenti gesti smisurati
Lalta fatica e le mirabil proue
Che fece il frächo Orlādo per amore
Nel tēpo del Re Carlo imperatore

Nō vi paia signori maraviglioso
[illegible] cantar de Orlādo inamorato
[illegible] nel mōdo e piu orgolioso
[illegible] amor vinto al tuto e subiugato
[illegible] forte bracio ne ardire animoso
Ne scudo o maglia ne brādo afilato
Ne altra possāza puo mai fā diffesa
[illegible] al fin nō sia da amō batuto e prso

[illegible] novella e nota a pocha gente
Per che Turpino istesso la nascose
Credendo forsi a quel conte valēte
Esser le sue scriture dispectose
Poi che contra ad amor pur fu pdēte
Colui che vinse tutte laltre cose
Dico de Orlādo il cavalier adato
Nō piu parole hormai ēiamo al fato

La vera historia de Turpino ragiona
Che regnava in la terra de oriente
Di la da Jndia vn gran Re di corona
Di stato e di richeze si potente
E si gagliardo de la sua persona
Che tuto il mondo stimava niente
Gradasso nome havea qllo amirāte
Chā ha cō di drago e mēbre di gigāte

E si como egli aduiene a gran signori
Chā pur ql voglion chē nō pono haver
E quanto son difficulta magiori
La disiata cosa ad otenere
Pōgono il rēgno spesso i grādi errori
Ne possō quel che vogliō possedere
Cosi bramava quel pagan gagliardo
Sol Duridana e il bō distrer baiārdo

Unde per tuto il suo gran tenitorio
Fece la gente ne larme asembrare
Che ben sapea lui che per tesoro
Ne il brādo ne il corsier poteaqstar
Dui mercadanti eran coloro
Che vedeā le sue merce tropo care
Pero destina di passar in Franza
Et aquistarle cū sua grā possanza

Cento cinquanta milia cavalieri
Elesse di sua gente tuta quanta
Ne questo adoprar facea pensieri
Per che lui solo a cōbater se avāta
Cōtra al re Carlo e atutti i guereri
Che suo credenti i nostra fede sācta
E lui soletto vincere e diffare
Quāto il sol vede e qto cigie il mar

Lassam costoro che avella se ne vano
Che senterite poi ben la sua gienta
E ritornamo i Frāza a Carlo mano
Chā i soi magni barō provede e cōte
Impero che ogni principe cristiano
Ogni Duca e Signore alui se afrōta
Per vna Jostra chā havea ordinata
Albor di magio ala pasqua rosata
a i

|Abb. 4.2
Beginn des ersten Buchs des *Orlando innamorato* von Matteo Maria Boiardo (1441–1494)

3. Standard-Periode (modernes Italienisch): Aus der Koiné entwickelt sich im 19. Jahrhundert eine moderne STANDARDSPRACHE, die nach der Einigung Italiens über das allgemeine Schulsystem, die Medien und die allgemeine Wehrpflicht mit mehr oder minder großem Erfolg allen Italienern vermittelt wird. Daneben halten sich aber die lokalen Dialekte als gesprochene Sprachen zur Kommunikation innerhalb der Familie bzw. der Dialektgemeinschaft. Etwa ab dem Ersten Weltkrieg entwickelt sich aber auch eine italienische Umgangssprache (*italiano colloquiale* oder noch „umgangssprachlicher“: *italiano popolare*), die sozial und regional differenziert ist (Tertiärdialekt) (s. Abb. 4.3).

Wenn man den Dialekt eines Ortes diachronisch, also in historischer Perspektive beschreibt, ergibt sich aufgrund der Quellen folgendes paradoxe Bild: Die ältesten Zeugnisse (erste Periode) ähneln den neuesten Zeugnissen sehr, während dazwischen liegende Zeugnisse stärker abweichen. Das bedeutet nicht, dass die Sprachentwicklung rückläufig ist (wie sollte es auch möglich sein, dass sich Sprachbenutzer an Untergegangenes erinnern?), sondern hängt damit zusammen, dass die Koiné den lokalen Dialekt in den schriftlichen Quellen verdeckt. Ab der zweiten Periode wird nämlich der lokale Dialekt in der Regel nicht mehr schriftsprachlich genutzt, es besteht eine funktionale Spezialierung (Diglossie): Für die mündliche Kommunikation wird der lokale Dialekt verwendet, während als Schriftsprache fast ausschließlich die Koiné und später der Standard in Gebrauch ist. Somit ist es sehr schwierig, an dialektale Zeugnisse aus der Koiné-Periode heranzukommen. Die Dialektologie ist für diese Zeit vor allem auf Rekonstruktion angewiesen.

Abb. 4.3 | homepage der italienischen Zeitschrift *L'espresso*

Altitalienisch

Die Bezeichnung Altitalienisch wird in erster Linie auf die Sprache der ersten Periode angewandt. Es handelt sich dabei aber zum Teil um sehr unterschiedliche Dialekte, die für heutige Leser schwer verständlich sein können. Eigentlich sind es keine Dialekte, sondern voneinander abweichende Schreibtraditionen (scriptae), zwischen denen nicht nur grammatische Unterschiede bestanden, sondern in denen auch verschiedene Laute unterschiedlich geschrieben und verschiedene Abkürzungen verwendet wurden. Anders verhält es sich mit dem Alttoskanisch-Florentinischen: Schon Dantes *Commedia* ist sprachlich für heutige Leser durchaus verständlich – insbesondere im Vergleich zu altfranzösischen Texten aus der gleichen Zeit. Aus diesem Grund wird in Bezug auf die Literatursprache oft kein Unterschied zwischen Alt- und Neuitalienisch gemacht.

Italiano del Duemila

Obwohl das heutige Standarditalienisch in seiner kodifizierten Form kaum Unterschiede zum Standard der letzten Jahrzehnte zeigt, wird das Italienische der Gegenwart gern als *Italiano del Duemila* bezeichnet.

Mer 05 luglio 2000 12:08
Parolenuove.it, il dizionario del Duemila
Parolenuove.it. È un nuovo programma di Radio 3 Rai, in onda dal lunedì al venerdì poco dopo le 14.00, in apertura di *Fahrenheit.* È nato per scoprire parole nuove o diventate di uso comune che stanno cambiando il modo di comunicare. Per scoprire le nuove frontiere della conoscenza e dei termini che la caratterizzano *Parolenuove.it* chiederà a specialisti (tra cui Mario Deaglio per l'economia, Franco Carlini per le nuove tecnologie, Gilberto Corbellini per le nuove scienze e il linguista Michele Cortelazzo) di spiegare il significato, di ricostruire la storia e di "giocare" con le nuove parole dell'italiano del Duemila. Per fare qualche esempio, e-book, mobbing, genomica, transegenico, clonazione, biotecnologia, xenotrapianto, bioinformatica. Le voci di questo neodizionario saranno anche disponibili sul sito di Radio 3 Rai www.radio3.rai.it.
Link:
Radio 3 Rai
Sezione: Appuntamenti
Parole chiave: Rai
Area Geografica: Italia

Abb. 4.4
Internet-Ankündigung der Sendung *parolenuove* auf Radio 3 Rai

Lateinisch und Romanisch

4.2

Italoromanisch

Für die Zeit vor dem Jahr 1000, für die nur wenige volkssprachliche Zeugnisse vorliegen, kann die Vorläufersprache des Italienischen (bzw. des Dialektkontinuums) vorsichtig als ITALOROMANISCH bezeichnet werden. Es ist aber praktisch nicht möglich, einen klaren Schnitt zwischen gesprochenem Latein, Italoromanisch und Italienisch vorzunehmen. Das kann an einem der ältesten Zeugnisse der italienisch-italoromanischen Volkssprache gezeigt werden, die ebenso gut als gesprochenes Latein bezeichnet werden könnte. Es handelt sich um eine Wandschrift aus der römischen Katakombe von Commodilla, die aus der folgenden Aufforderung besteht: *Non dicere ille secrita abboce.* ‚Sage jene Geheimnisse nicht mit (lauter) Stimme.' d. h. ‚Verrate jene Geheimnisse nicht.' Dieser Satz entspricht schriftlateinischem NOLI DICERE ILLA SECRETA AD VOCEM (mit Assimilation von DV zu Doppel-*b*; klassischer wäre allerdings der Ablativ VOCE statt AD VOCEM). Da das auslautende *-m* schon früh geschwunden ist, Verwechslungen zwischen Neutrum und Femininum und der Gebrauch der normalen Negationspartikel durchaus üblich sind, ist es völlig unproblematisch, den Satz als VOLKSLATEIN (VULGÄRLATEIN, diese in der Romanistik übliche Bezeichnung soll nichts anderes als ‚Volkslatein' oder gesprochenes Latein bedeuten) aufzufassen. Aller-

Abb. 4.5
Büste von Jesus. Wandgemälde in der Katakombe von Comodilla aus dem späten 4. Jahrhundert.

dings wird das Demonstrativpronomen hier schon wie ein Artikel verwendet; der negierte Imperativ (*non* + Infinitiv), das doppelte *b* in *abboce* und das *i* in *secrita* (möglicherweise ein lexikalisierter Umlaut) passen auch zum Altitalienischen römischer Prägung, weshalb dieser Satz auch als altitalienisches Dokument aufgefasst werden kann.

Latein und Romanisch

Es zeigt sich, dass das Italienische (und weniger deutlich die anderen romanischen Sprachen) die Fortsetzung des gesprochenen Lateins ist (mit einer neu ausgebauten Schriftsprache). Es ist daher eigentlich falsch, vom Sprachtod des Lateins zu sprechen, denn es lebt als gesprochene Sprache (Romanisch) und als Schriftsprache (Latein) weiter. So bedeutet das Adverb romanice, das Etymon von *romanzo* (‚romanisch'), auch eigentlich ‚römisch (sprechen)'. Die schon oben im räumlichen Sinn verwendete Bezeichnung Romania continua hat somit auch eine zeitliche Bedeutung.

4.3 Sprachkontakt

Substratinterferenz

Bei der Entwicklung des Italienischen und seiner Dialekte spielt der Kontakt zu anderen Sprachen eine Rolle. Die Dialektalisierung des gesprochenen Lateins bzw. die Ausgliederung der romanischen Sprachen aus dem Lateinischen findet im Rahmen eines Sprachwechsels statt: Die Sprecher anderer (vorrömischer) Sprachen geben diese zu Gunsten des (gesprochenen) Lateins auf. Bei der Erlernung des Lateins hinterlässt die jeweilige Ausgangssprache (Substrat, *sostrato*) Spuren, die als Substratinterferenz bezeichnet werden. Die romanischen Sprachen können als das Produkt einer Interaktion von Substrat und gesprochenem Latein angesehen werden. Die Interaktion kann als Lernprozess beschrieben werden: Die Sprecher einer Ausgangssprache (Substrat) wollen eine Zielsprache (Latein) erlernen, das Ergebnis ist eine besondere Form der Zielsprache (Romanisch). Dieses Szenario des unvollständigen Lernens erklärt auch, warum wir im Romanischen keine Entlehnungen aus den Ausgangssprachen finden. Diese Sprachen sollen ja aufgegeben werden, daher haben die Sprecher kein Interesse daran, aus ihnen zu entlehnen. An den Stellen, an denen sie mit dem Erwerb des Lateinischen Schwierigkeiten haben, wird es eher zu romanischen Innovationen kommen als zu Entlehnungen aus den aufgegebenen Sprachen. Lediglich ein kleiner Restwortschatz für spezifische lokale Begriffe (z. B. für Besonderheiten der Flora und Fauna), für die die neue Sprache keine Termini bereit hält, bleibt aus den Substratsprachen erhalten. Beispiele für Substratsprachen in Italien sind das Gallische im Norden (daher Galloitalisch, vgl. die Ausführungen über dieses Dialektareal in Einheit 12) oder der umstrittene Einfluss des vorindogermanischen Etruskisch in der Toskana (zur Erklärung der *gorgia toscana*, vgl. die Ausführungen zum Toskanischen in Einheit 12). Andere vorrömische Sprachen Italiens haben wahrscheinlich einen Einfluss auf das Lateinische gehabt und können deshalb als Substratsprachen des Lateinischen angesehen werden. Viele dieser Sprachen sind nur bruchstückhaft überliefert (Trümmersprachen). Da sie in der Italianistik vor allem in Italien eine gewisse Rolle spielen (in Deutschland werden sie in der Indogermanistik bzw. historisch-vergleichenden Sprachwissenschaft behandelt), folgt hier eine Liste:

- indogermanische Trümmersprachen (wahrscheinlich Substrate des gesprochenen Lateins):
  - Varietäten des Lateinischen, die sich früh an das Zentrum angepasst haben: Pränestinisch (südlich von Rom), Lanuv(in)isch, Faliskisch (Kontaktsprache des Etruskischen, d. h. etruskisch beeinflusste lateinische Varietät, s. u.),
  - das mit dem Lateinischen eng verwandte Oskisch-Umbrische (*osco-umbro*), das vor allem auf das auf dem Land gesprochene Latein eine gewisse Substratwirkung ausgeübt hat (zu unterscheiden vom modernen (Apenninen-) Umbrisch, einer Ausprägung des Dialektkontinuums Mittelitaliens),
  - Gallisch (Festlandkeltisch, *celtico*), vor allem in Norditalien (s. o.); das Gallische ist der indogermanische Nachbarzweig des Lateinischen;
  - Lepontisch (*lepontico*), indogermanische (möglicherweise keltische) Sprache in Norditalien,
  - Venetisch (*venetico*), alte indogermanische Sprache des Veneto, möglicherweise verwandt mit dem Gallischen (zu unterscheiden von den als Venezisch bezeichneten modernen Dialekten des Veneto und vom Venezianischen, der Stadtsprache von Venedig),
  - Südpikenisch (*piceno meridionale*): im Hinterland der Adriaküste gesprochen (Marken), daneben gibt es auch ein nicht-indogermanisches Nordpikenisch (s. u.),
  - Messapisch (*messapico*), eine Varietät des Illyrischen (Ursprache des Albanischen), die von der gegenüberliegenden Küste in vorrömischer Zeit nach Apulien gelangt ist,
  - Griechisch: Süditalien ist seit dem 8. Jahrhundert v. Chr. griechisch kolonisiert. Das Griechische (als Adstratsprache des Lateinischen) wird über lange Zeit nicht zu Gunsten des Lateinischen aufgegeben, weshalb die Substratwirkung auf das Lateinische bzw. Romanische eher gering ist, sondern vor allem Entlehnungskontakt vorliegt.
- nicht-indogermanische Trümmersprachen (wahrscheinlich Substrate des gesprochenen Lateins):
  - Etruskisch (*etrusco*): wichtigste vorrömische Sprache Italiens, die noch lange Zeit neben dem Lateinischen existiert (nördlich von Rom bis in die heutige Toskana, Etrurien),

- Rätisch (*retico*), in Oberitalien und dem Alpenraum, möglicherweise mit dem Etruskischen verwandt (jedenfalls etruskisches Schreibsystem),
- Ligurisch (*lìgure*): nur in Ortsnamen (Toponomastik) bezeugte alte Sprache Liguriens,
- Nordpikenisch (*piceno settentrionale*): im Hinterland der Adriaküste gesprochen (Marken), daneben gibt es auch ein indogermanisches Südpikenisch (s. o.),
- Paläosardisch, Nuragisch (*paleosardo, nuragico*): in der Toponomastik Sardiniens bezeugte nicht-indogermanische Sprache,
- Punisch (*punico*): auf den italienischen und maltesischen Inseln vor der Latinisierung verwendete semitische Sprache der Karthager.

► schwer einzuordnen sind die alten Sprachen Siziliens: Elymisch (*elimo*), Sikulisch (*siculo*) und Sikanisch (*sicano*): während Elymisch und Sikulisch möglicherweise mit (indogermanischen?) italischen Sprachen verwandt sind, ist die Einordnung des wahrscheinlich nicht-indogermanischen Sikanisch nicht möglich.

► Mittelmeersubstrat: Dabei handelt es sich um einen Sammelbegiff für vor allem in der Toponomastik des gesamten Mittelmeerraums wiederkehrende Elemente. Es muss sich dabei allerdings nicht um ein Substrat im eigentlichen Sinne handeln, sondern um den Reflex des über das Mittelmeer hinweg stattfindenden Sprachkontakts.

Adstrat, Entlehnung

Das Italienische wird auch in seiner weiteren Entwicklung durch andere Sprachen beeinflusst, die neben ihm existieren (Adstrat, *adstrato*) und die aufgrund ihres besonderen Prestiges (zu einer bestimmten Zeit) die Rolle einer Modellsprache für das Italienische übernehmen, das in dieser Konstellation als Replikasprache bezeichnet wird. Hierbei kommt es zum Phänomen der Entlehnung (*prèstito*). Vor allem im Wortschatz entlehnt die Replikasprache aus der Modellsprache; es kommt mitunter aber auch zur Entlehnung von Phonemen, die mit den Lehnwörtern eindringen (z. B. /ʒ/ als Lehnwortphonem des Italienischen, z. B. in *garage*) und zur Entlehnung grammatischer Strukturen (z. B. des französischen Teilungsartikels vgl. *del caffè*, vor allem in Norditalien). Wichtige Modellsprachen des Italienischen sind:

► das Schriftlatein: Übernahme zahlreicher Lehnwörter (z. B. *causa* ‚Grund' neben ererbtem *cosa* ‚Sache', *causa* enthält noch den im Erbwortschatz zu /ɔ/ veränderten Diphthong), hieraus ergibt sich neben den aus dem gesprochenen Latein ererbten Wörtern (Erbwortschatz) eine Lehnwortschicht aus schriftlateinischen Wörtern (Buchwortschatz, Gelehrtenwortschatz, Bildungswortschatz); über die Schleuse des Schriftlateins gelangen griechische Bildungswörter ins Italienische

(z. B. *ecclesiastico* ‚kirchlich'). Das GRIECHISCHE ist ein wichtiges ADSTRAT des Lateinischen;

- das FRANZÖSISCHE, das eine besondere Rolle gerade zur Zeit der Sprachnormierung des 19. Jahrhunderts gespielt hat und daher auch Spuren in der Grammatik hinterlassen hat (z. B. Teilungsartikel, s. o.),
- das ENGLISCHE, das in neuerer Zeit einen unvergleichlich starken Einfluss auf den italienischen Wortschatz ausübt (zahlreiche Lehnwörter mit spezifischer Lehnwortphonologie besonders im Bereich der Computertechnik, z. B. *il mouse* ‚[Computer-] Maus').

Anpassung

Die REPLIKASPRACHE passt die Lehnwörter an ihr Sprachsystem an. Neben der Anpassung an das Lautsystem (PHONOLOGISCHE ADAP(TA)TION) findet auch eine mehr oder weniger starke MORPHOLOGISCHE INTEGRATION statt, wobei in der Regel von einem peripheren phonologischen und morphologischen System Gebrauch gemacht wird. Dabei dient eine ältere Lehnwortschicht als Modell für die Integration (SCHLEUSENEFFEKT älterer Lehnwortschichten): Das französische *champagne* wird als *sciampagna* integriert, der Anlaut entspricht dem Französischen, der Auslaut rührt von einer Entsprechungsregel her: französisch *-e* entspricht lateinisch *-a*, also italienisch *-a*. Wie im Französischen bezeichnet *sciampagna* im Femininum die französische Region (dann mit Majuskel geschrieben), im Maskulinum *lo sciampagna* den Champagner (auch: *vino di Sciampagna*).

Dubletten

Ein italienisches Wort kann auf das gesprochene Latein zurückgehen (ERBWORT) und später (in anderer Bedeutung und anderer Form) noch einmal aus dem Schriftlateinischen als BUCHWORT entlehnt sein (Beispiele: *cosa* und *causa*, s. o., oder *mezzo* ‚halb', *medio* ‚mittel-'). Man spricht in solchen Fällen von DUBLETTEN.

Superstrat

Ein besonderer Fall des Adstrat- oder Entlehnungskontakts ist der des SUPERSTRATS (*superstrato*): Wenn eine verhältnismäßig kleine Gruppe von Eroberern eine Sprache in ein Land mitbringt, die aufgrund ihres Prestiges für eine gewisse Zeit einen Einfluss auf die Sprache der Bevölkerungsmehrheit hat (im Sinne eines Entlehnungskontakts) und dann aber wieder verschwindet, wird diese Sprache als Superstratsprache bezeichnet. Ein Beispiel aus Italien ist das Germanische (insbesondere das Langobardische), das auf die Entwicklung verschiedener Dialekte in Nord- und Mittelitalien einen gewissen Einfluss gehabt hat (vgl. die germanischen Wörter im Italienischen, z. B.: *gualdo* ‚Wald (in Ortsnamen)', *baldo* ‚kühn').

4.4 | Übungen

1 Welches Lehnwort, das nicht lateinischen Ursprungs ist, enthält das Gedicht in Übung 1.5.1?

2 Ergänzen Sie das entsprechende Erb- oder Buchwort in den anderen Wortarten dort, wo dies möglich ist:

Adjektiv	Verb	Substantiv
	vedere	
aureo	--- --- --- --- --- --- --- --- --- ---	
	--- --- --- --- --- --- --- --- --- ---	*chiesa*
	--- --- --- --- --- --- --- --- --- ---	*mese*
digitale	--- --- --- --- --- --- --- --- --- ---	

3 Welcher Unterschied besteht zwischen den folgenden Dubletten?

freddo	*frigido*
pesare	*pensare*
vescovile	*episcopale*

4.5 | Literaturhinweise

Sprachgeschichte

Eine sehr gut lesbare Sprachgeschichte ist Maiden (1995). Leider gibt es in deutscher Sprache kein vergleichbares Werk für Anfänger.

Sprachkontakt

Der siebte Band des *LRL* beschäftigt sich mit Problemen des Sprachkontakts und enthält auch allgemein-romanistische Beiträge. Als sehr gute Einführung in die Sprachkontaktforschung in deutscher Sprache sollte Bechert/Wildgen (1991) – neben Uriel Weinreichs Klassiker (1976) – hinzugezogen werden.

Textlinguistik und Pragmatik

Inhalt

5.1	Texte und Informationsstruktur	62
5.2	Implikatur und Präsupposition	69
5.3	Sprachliches Zeigen	71
5.4	Übungen	73
5.5	Literaturhinweise	73

Überblick

Diese Lehreinheit befasst sich mit Texten und mit der Struktur der in ihnen enthaltenen Information. Im weiteren Verlauf dieser Lehreinheit wird deutlich, dass man aus Texten über die Bedeutung von Wörtern und Sätzen hinaus noch mehr Informationen gewinnen kann. Schließlich wird vorgeführt, wie man mit Sprache auf Personen und Dinge in der Sprechsituation zeigen kann.

5.1 | Texte und Informationsstruktur

Definition

Textlinguistik und Pragmatik beschäftigen sich mit Problemen, die über die Satzgrenze (Textlinguistik) bzw. über die Wort- und Satzbedeutung, also über die Semantik, hinausgehen (Pragmatik). Während sich die Textlinguistik – wie der Name schon sagt – mit Texten auseinandersetzt, ist der Gegenstand der Pragmatik der Sprechakt, also eigentlich auch ein Text, allerdings eingebettet in seinen außersprachlichen Kontext. Aufgrund der Überschneidung im Gegenstandsbereich berühren sich die beiden Ansätze sehr stark.

Sprechakte, Texttypen

Die Pragmatik versucht sprachliches Handeln zu klassifizieren (Sprechakttheorie), vor allem vor dem Hintergrund, dass die Art des Sprechakts einen Einfluss auf die Sprachform hat. Parallel ist die Texttypologie ein Teil der Textlinguistik. Besonders in der Diachronie wird deutlich, dass das Aufkommen neuer Texttypen (oder Textsorten) eine Fülle von sprachlichen Innovationen mit sich bringt bzw. dass bestimmte Innovationen an bestimmte Texttraditionen gebunden sind. So steht zum Beispiel die Entwicklung des definiten Artikels in der Romania in enger Verbindung mit der Tradition juristischer Texte. Auch heute kann man beobachten, wie – gebunden an bestimmte Textsorten – Innovationen aufkommen: So haben Internet-Chats unter anderem zu einer neuen Tradition von Ideogrammen, den so genannten *Smileys* oder *Emoticons*, in der Schriftsprache geführt.

Abb. 5.1 | Verschiedene *Smileys* oder *Emoticons*

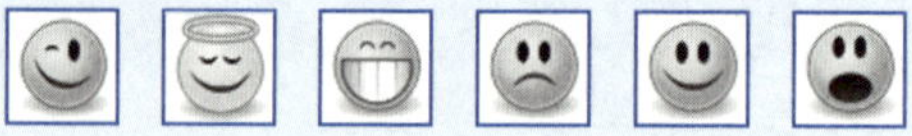

Informationsstruktur

Die Textlinguistik beschäftigt sich mit der Informationsstruktur von Texten. Insbesondere geht es um die Frage, wie neue Information an alte angebunden wird (Sequenzierung), wie also alte und neue Information über den Satz und über den Text verteilt sind.

Thetische Sätze

Thetische (Rhematische) Sätze enthalten als ganze neue Informationen. Sie sind besonders für den Anfang von Erzählungen typisch und fallen grammatisch durch die Nachstellung des Subjekts (Inversion) auf:

- *C'era una volta un re.* ‚Es war einmal ein König.'
- *È arrivato Giovanni.* ‚Giovanni ist angekommen.' (als Antwort auf Fragen wie: *Che cosa è accaduto?*, *Che succede? Che ti prende?* ‚Was ist passiert? Was ist los?')

Kategorische Sätze

Die meisten Sätze sind jedoch – was die Information angeht – zweigeteilt: Sie enthalten alte Information (Thema, Topik, *tema* [m.], englisch: *topic*; bitte beachten Sie: *tema* wird mit offenem *e* gesprochen), an die neue Information (Rhema, *rema* [m.], englisch: *comment*) anknüpft. Solche Sätze heißen kategorisch: *Maria l'ha aiutato.* ‚Maria hat ihm geholfen.' Dieser Satz zeigt die folgende Argumentationsstruktur:

1. *Maria* ist das Thema/Topik des Satzes, von ihr war vorher schon die Rede (alte Information). Das beste Topik ist eines, das gar nicht genannt wird: *L'ha aiutato.* Dieser Satz könnte auf die Frage antworten: *Che ha fatto Maria?* Wäre *Maria* eine neue Information (z. B. bei einer Kontrastierung), würde das Satzglied nachgestellt: *L'ha aiutato Maria.* Dieser Satz ist eine Antwort auf die Frage: *Chi l'ha aiutato?*
2. *l(o)* gehört ebenfalls zur thematischen Information, sonst könnte hier kein unbetontes Objektpronomen stehen.
3. *(ha) aiutato*: Hier am Ende des Satzes schließt sich die neue Information an.

Hier ein weiteres Beispiel in Form einer Tabelle:

Frage	Antwort	Thema	Rhema
Che cosa fanno i ferrovieri? ‚Was machen die Eisenbahner?	*I ferrovieri scioperano.* ‚Die Eisenbahner streiken.' *Essi scioperano.* ‚Die(se) streiken.'	*i ferrovieri* ‚die Eisenbahner' *essi* ‚die(se)'	*scioperano* ‚streiken'
Chi sciopera? ‚Wer streikt?'	*I ferrovieri scioperano.* ‚Die Eisenbahner streiken.' *Essi scioperano.* ‚Die streiken.'	*scioperano* ‚streiken'	*i ferrovieri* ‚die Eisenbahner' *essi* ‚die(se)'

Tab. 5.1
Thema und Rhema

Perspektivierung

Der Unterschied zwischen den Sätzen *Maria l'ha aiutato.* und *L'ha aiutato Maria.* zeigt, wie Information durch Veränderung der Wortstellung unterschiedlich perspektiviert werden kann, wobei die semantisch beschreibbare Bedeutung gleich bleibt (‚Maria hilft ihm.'). Die Hervorhebung eines Satzgliedes heißt Fokussierung (*ènfasi* [f.]); erfolgt die Hervorhebung durch Voranstellung eines Satzgliedes, wird manchmal auch von Topikalisierung gesprochen, was eigentlich ein unangemessener Terminus ist, denn das hervorgehobene Satzglied ist nicht unbedingt Thema/Topik; es ist im Gegenteil eher rhematisch. Die Terminologie erklärt sich aus Fokusstrukturen wie der folgenden: *Carlo ho visto.* ‚Carlo habe ich gesehen.' Diese Konstruktion kann zum Beispiel zur Kontrastierung verwendet werden: *Non c'era nessuno di voi, ma Carlo ho visto.* ‚Von euch war niemand da, aber *Carlo* habe ich gesehen.‘ *Carlo* wird in der Linksversetzung in Kontrast zum eigentlichen Thema *voi* gesetzt. Fokussierung kann auch durch Rechtsversetzung erfolgen: *Ha sbagliato Maria.* ‚*Maria* hat sich geirrt.‘ oder: *Lo dico io.* ‚*Ich* sage das.‘ Im Deutschen erfolgt hier die Hervorhebung lediglich durch die Intonation, die natürlich auch im Italienischen eine Rolle spielt, das heißt: eine Fokussierung ist auch ohne Veränderung der Wortstellung möglich.

Durch die Beibehaltung eines Themas entsteht ein kohärenter Text (Textkohärenz, Textkohäsion). Die beiden Termini können als gleichbedeutend angesehen werden; genau genommen bezieht sich *Kohäsion* mehr auf die konkreten Ausdrucksmittel (z. B. Konjunktionen) und *Kohärenz* mehr auf den inneren Zusammenhalt (Beibehaltung oder Wechsel des Themas):

> *Quando mi telefonò, Paola mi disse che sarebbe venuta a trovarmi. È una ragazza molto puntuale. L'aspettiamo a cena.* ‚Als sie mich anrief, sagte mir Paola, dass sie mich besuchen werde. Sie ist ein sehr pünktliches Mädchen. Wir erwarten sie zum Abendessen.‘

In diesem kurzen Beispieltext ist *Paola* Thema, auch wenn sie im letzten Satz als Objekt erscheint. Durch das gleichbleibende Thema erhält der Text seine Kohärenz. Die Textkohäsion wird im ersten Satz durch die Satzverknüpfung mit Konjunktionen (hier: *Quando, che*) erhöht.

Anapher

Auf das Thema kann mit Pronomina zurückverwiesen werden (Anapher, *anàfora*), zu diesem Zweck können auch anaphorische Nominale eingesetzt werden, das sind Nominale, deren Informationsgehalt vom Thema impliziert wird: Da man weiß, dass Romano Prodi der italienische Ministerpräsident ist, kann mit *il presidente del Consiglio (dei ministri)* auf ihn zurückverwiesen werden, z. B. um die Wiederholung des Namens zu vermeiden. Die Verwendung von anaphorischen Nominalen ist typisch für journalistische Texte. Ältere und formellere Sprachstufen weisen neben den Personalpronomina zahlreiche anaphorische Pronomina auf, die zum Teil auch attributiv (zusammen mit einem Nomen) verwendet werden können wie *(il) detto* oder *(il) suddetto, sopraddetto* (‚besagter, oben genannter‘). Sie sind – zum Teil bis heute – typisch für formale juristische Texte, in denen es bekanntlich auf eine genaue Referenzfestlegung ankommt.

Katapher

Die pronominale Vorwegnahme von später genannten Inhalten (Katapher, *catàfora*) ist hingegen selten. Hier ein Beispiel aus einem literarischen Text. Das letzte Wort des Abschnitts wird kataphorisch durch das wiederholte Pronomen *la* in *la vedeva* vorweggenommen:

> *Succedeva sempre che a un certo punto uno alzava la testa… e la vedeva. È una cosa difficile da capire. Voglio dire … Ci stavamo in più di mille, su quella nave, tra ricconi in viaggio, e emigranti, e gente strana, e noi … Eppure c'era sempre uno,*

uno solo, uno che per primo … ***la*** *vedeva. Magari era lì che stava mangiando, o passeggiando, semplicemente, sul ponte … magari era lì che si stava aggiustando i pantaloni … alzava la testa un attimo, buttava un occhio verso il mare … e* ***la*** *vedeva. Allora si inchiodava, lì dov'era, gli partiva il cuore a mille, e, sempre, tutte le maledette volte, giuro, sempre, si girava verso di noi, verso la nave, verso tutti, e gridava (piano e lentamente):* ***l'America****.* (Alessandro Baricco: *Novecento*; Hervorhebung M. H.)

‚Es geschah immer, dass an einem gewissen Punkt jemand den Kopf hob … und es sah. Es ist eine schwer verständliche Angelegenheit. Ich meine … Wir waren ja zu mehr als Tausend auf jenem Schiff, unter steinreichen Reisenden und Emigranten und fremden Leuten und eben wir … Und doch war es immer einer, nur einer, einer, der es als Erster sah. Vielleicht war er da gerade beim Essen oder einfach auf einem Spaziergang auf der Brücke … vielleicht zog er sich gerade die Hose zurecht … hob den Kopf einen Augenblick, warf einen Blick auf das Meer …. und sah es. Dann kniete er sich hin, da wo er gerade war, das Herz ging ihm über, und, immer, jedes verdammte Mal, ich schwöre, immer, drehte er sich zu uns um, zum Schiff, zu allen und rief (leise und langsam): Amerika.'

Üblicherweise wird vor allem das Demonstrativpronomen der Hier-Deixis (s. 5.3) kataphorisch verwendet (neben lexikalischen Mitteln wie *il seguente* ‚der/das Folgende'): *Carlo mi disse questo:* … (es folgt die Redewiedergabe) ‚Carlo hat mir Folgendes gesagt: …'

Andere Mittel

Andere Mittel zur Erhöhung der Textkohäsion sind die Konjunktionen (am wichtigsten: *e* ‚und'), die Gliederungsadverbien (Partikeln) und Temporaladverbien (*quindi, dunque* ‚also', *poi* ‚dann' usw.), Tempus und Aspekt (Imperfekt zum Anzeigen von Hintergrundsituation, perfektives Präteritum zur Markierung einer Handlungsfolge). Der definite (bestimmte) Artikel, der ja aus einem anaphorischen Pronomen (ille) entstanden ist, dient ebenfalls der Textkohärenz.

Themawechsel

Ein Wechsel des Themas erfordert unter Umständen eine besondere formale Markierung. Insbesondere der indefinite (unbestimmte) Artikel wird hierzu eingesetzt. Es ist typisch für das Italienische, dass die Unterscheidung zwischen definitem und indefinitem Artikel vor allem eine thematische Funktion hat (im Gegensatz zu anderen romanischen Sprachen und dem Deutschen):

a) *Lo straniero portava il cappello; era piuttosto piccolo.* ‚Der Fremde trug einen Hut. Er (der Fremde) war eher klein.'
b) *Lo straniero portava un (certo) cappello; (questo cappello/che) era piuttosto piccolo.* ‚Der Fremde trug einen Hut; der war eher klein.'

Im Unterschied zum Deutschen und zu den anderen romanischen Sprachen wird in a) der definite Artikel bei *cappello* verwendet, obwohl der Hut vorher nicht erwähnt worden ist, also noch nicht im Diskursrahmen präsent ist. In Beispiel b) wird die Aufmerksamkeit des Zuhörers durch die Verwendung des indefiniten Artikels (eventuell verstärkt durch *certo*) auf den Hut gelenkt, der zunächst Rhema ist und dann zum neuen Thema werden kann; zur Sicherheit kann das neue Thema noch einmal genannt werden – vorzugsweise mit einem anaphorischen Demonstrativpronomen (z. B. *un certo cappello; questo cappello* ...) oder einem Relativpronomen (*un certo cappello che* ...).

Satzverknüpfung

Um die TEXTKOHÄSION zu erhöhen, werden Mittel der SATZVERKNÜPFUNG (neuerdings auch JUNKTION genannt) eingesetzt. Hierbei spielen Konjunktionen eine besondere Rolle: *Lo straniero portava il cappello ed era piuttosto piccolo.* ‚Der Fremde trug einen Hut und war eher klein.' Zudem können GLIEDERUNGSADVERBIEN (auch PARTIKELN genannt) und TEMPORALADVERBIEN verwendet werden; im Folgenden die Transkription eines authentischen Texts aus Mittelitalien:

E poi [Konjunktion, Temporaladverb] *sono andata alla chiesa, che* [kausale Konjunktion] *una* [Indefinitpronomen, neues Thema] *ci aveva il telefono... Allora* [Gliederungsadverb] *quella donna è venuta qui. E* [Konjunktion] *io* [Kontrast zum anderen Thema] *sono andata giù ... E dopo* [Konjunktion, Temporaladverb] ... ‚[eine Frau erzählt:] Und dann bin ich zur Kirche gegangen, denn da hatte eine ein Telefon. Also, jene Frau kam her. Und ich bin runtergegangen ... und dann ...'

Viele Konjunktionen bestimmen die Art der modalen Satzverknüpfung (MODALER NEBENSATZ). Die folgende Tabelle gibt einen Überblick über die wichtigsten Konjunktionen im Italienischen:

Tab. 5.2 Die wichtigsten italienischen Konjunktionen

Nebensatz	Konjunktion	Beispiel
temporal	*mentre* ‚während'	*Mentre preparavo la cena, ascoltavo la radio.* ‚Während ich das Abendessen vorbereitete, hörte ich Radio.'
	dopo che ‚nachdem'	*Dopo che il ministro ha accusato la sinistra di brogli, è scoppiata una grossa polemica.* ‚Nachdem der Minister der Linken Manipulation vorgeworfen hat, brach eine heftige Auseinandersetzung aus.'
	quando ‚als, wenn'	*Quando sei andato via, ha telefonato Pippo.* ‚Als du weg warst, hat Pippo angerufen.'
	finché ‚solange'	*Non uscirai finché non avrai finito i compiti.* ‚Du wirst nicht rausgehen, solange du mit den Hausarbeiten nicht fertig bist.'

Tab. 5.2 (Fortsetzung)

kausal	*perché* (mit Indikativ), *poiché, dato che, visto che* ‚weil'	*Ho messo il maglione perché avevo freddo.* ‚Ich habe die Strickjacke angezogen, weil mir kalt war.' *Poiché non sono d'accordo, non sarò presente all'incontro.* ‚Da ich nicht einverstanden bin, werde ich bei dem Treffen nicht anwesend sein.' *Dato che hai studiato latino, aiutami!* ‚Da du Latein gelernt hast, hilf mir!' *Visto che domani c'è la partita, non voglio essere disturbato.* ‚Weil morgen das Spiel ist, möchte ich nicht gestört werden.'
konditional	*se* ‚wenn/falls'	*Se avessi la possibilità, farei il giro del mondo.* ‚Wenn ich die Möglichkeit hätte, würde ich eine Weltreise machen.'
	nel caso che ‚für den/im Fall, dass'	*Nel caso che tu arrivassi prima di me, compra il biglietto anche per me.* ‚Für den Fall, dass du vor mir ankommen solltest, kaufe auch für mich eine Eintrittskarte.'
	a patto che (veraltet: *sempreché*) ‚vorausgesetzt, dass'	*Ti perdonerò a patto che tu mi dica tutta la verità.* ‚Ich werde dir verzeihen, vorausgesetzt, du sagst mir die ganze Wahrheit.'
final	*perché, affinché* (mit Konjunktiv) ‚damit'	*Te l'ho detto affinché tu possa capire tutto.* ‚Ich habe dir das gesagt, damit du alles verstehen kannst.'
konsekutiv	*cosicche* ‚so dass'	*Mi sono svegliato tardi cosicché ho perso l'aereo.* ‚Ich bin spät aufgewacht, so dass ich das Flugzeug verpasst habe.'
adversativ	*ma* ‚aber'	*Ho lavorato tutto il giorno, ma non ho ancora finito la revisione della tesi.* ‚Ich habe den ganzen Tag gearbeitet, bin aber mit der Durchsicht meiner Arbeit noch nicht fertig.'
	però ‚(je)doch'	*È stato un bellissimo viaggio, però molto faticoso.* ‚Es war eine sehr schöne Reise, jedoch sehr anstrengend.'
konzessiv	*anche se* ‚wenn auch/auch wenn'	*Nessuno gli ha creduto, anche se aveva detto tutta la verità.* ‚Niemand hat ihm geglaubt, auch wenn er die ganze Wahrheit gesagt hat.'
	benché, sebbene, nonostante ‚obwohl'	*Benché/Sebbene/Nonostante avesse detto tutta la verità, nessuno gli ha creduto.* ‚Obwohl er die ganze Wahrheit gesagt hat, hat ihm niemand geglaubt.'

che

Besonders in der gesprochenen Sprache gibt es eine Konjunktion, die verschiedene Funktionen auf sich vereinigt, das POLYVALENTE *che* (*che polivalente*), das je nach Kontext an Stelle einer temporalen, kausalen, finalen oder konsekutiven Konjunktion stehen kann: *Togliti il cappotto che fa caldo.* ‚Zieh doch den Mantel aus, denn es ist warm.' (kausales *che*). *Avevo così tanta paura che non riuscivo ad alzarmi dal letto.* ‚Ich hatte so viel Angst, dass es mir nicht gelang, aus dem Bett aufzustehen.' (konsekutiv).

Konjunktionen, die Sätze mehr oder weniger locker und gleichberechtigt miteinander verbinden (und somit auch weglassbar sind), heißen KOORDINATOREN bzw. KOORDINIERENDE KONJUNKTIONEN (*e* ‚und', *o* ‚oder', *ma* ‚aber'). Die durch sie verbundenen Sätze haben Hauptsatzstatus, d.h. sie können alleine als Sätze verwendet werden. Man spricht in einem solchen Fall von KOORDINATION oder PARATAXE (*paratassi*, f.): *Ho mangiato e poi sono andato a riposare.* ‚Ich habe gegessen und habe mich dann aufs Ohr gelegt.' Das *e* ist hier weglassbar, sodass zwei Hauptsätze entstehen: *Ho mangiato. Poi sono andato a riposare.*

Koordination, Subordination

Konjunktionen, die einen NEBENSATZ (SUBORDINIERTEN SATZ) einleiten, also die Existenz eines Hauptsatzes, von dem sie abhängen, erfordern oder zumindest implizieren, heißen SUBORDINATOREN oder SUBORDINIERENDE KONJUNKTIONEN (*perché* ‚weil', *se* ‚falls', *che* ‚dass' usw.). Gelegentlich werden solche Konjunktionen auch als SUBJUNKTIONEN bezeichnet. Die Bildung von Nebensätzen wird als SUBORDINATION oder HYPOTAXE (*ipotassi*, f.) bezeichnet. So ist *Benché avesse detto tutta la verità.* kein vollständiger Satz.

Konditionalgefüge

Konditionalgefüge sind in der Regel zweiteilig. Sie enthalten eine Bedingung (*se*-Satz oder PRÒTASIS, *pròtasi*, f.) und eine Folge (APÒDOSIS, *apòdosi*, f.). Beide Bestandteile zeichnen sich durch die Anwendbarkeit unterschiedlicher Modi (bzw. Tempora) aus:

Tab. 5.3 Die Modi im italienischen Konditionalgefüge (*periodo ipotetico*)

Modus	Protasis	Apodosis
potential	Präsens, (Futur)	Futur, Präsens
irreal	Konjunktiv Präteritum	Konditional Präsens
irreal-präterital	Konjunktiv Plusquamperfekt *oder:* (Indikativ) Imperfekt	Konditional Anterior *oder:* (Indikativ) Imperfekt

In der Apodosis kann auch immer ein Imperativ stehen. Hier ein paar Beispielsätze:

Modus	Beispiel
potential	*Se domani piove, non faccio la gita in montagna.* *Se domani pioverà, non farò la gita in montagna.* ‚Wenn es morgen regnet, werde ich keinen Ausflug in die Berge machen.' *Se domani non sai cosa fare, chiamami.* ‚Wenn du morgen nicht weißt, was du tun kannst, ruf mich an!'
irreal	*Se fosse intelligente, non agirebbe così.* ‚Wenn er intelligent wäre, würde er nicht so handeln.' *Se (tu) riuscissi ad avere i biglietti per il concerto, chiamami!*[1] ‚Wenn es dir gelingen sollte, Konzertkarten zu bekommen, ruf mich an!' *Se (io) riuscissi ad avere i biglietti per il concerto, devo chiamarti?*[1] ‚Wenn es mir gelingen sollte, Konzertkarten zu bekommen, soll ich dich anrufen?'
irreal-präterital	*Se avessi avuto la possibilità, sarei andato a Cuba.* *Se avevo la possibilità, andavo a Cuba.* ‚Wenn ich die Möglichkeit gehabt hätte, wäre ich nach Cuba gereist.'

[1] Wie die Beispiele zeigen, schließt im Italienischen die irreale Protasis auch Bedingungen ein, deren Eintreten als hochgradig unwahrscheinlich angesehen wird.

Tab. 5.4
Beispiele für die Verwendung der Modi im italienischen Konditionalgefüge

Implikatur und Präsupposition

5.2

Implikatur

ADVERSATIVE und KONZESSIVE Funktion lassen sich nicht einfach semantisch beschreiben (zum Beispiel mit den Mitteln der AUSSAGENLOGIK). Sie nehmen Bezug auf den SPRECHAKT bzw. das WELTWISSEN und gehören somit in den über die Semantik hinausgehenden Bereich der Pragmatik. Sie implizieren eine bestimmte Erwartungshaltung des Hörers. Die IMPLIKATUREN, mit denen ihre Funktion beschreibbar ist, sind entweder KONVENTIONELL oder werden im Sprechakt hergestellt (KONVERSATIONELL):

- *Voleva venire, ma non è venuto.* ‚Er wollte kommen, ist aber nicht gekommen.': Es findet eine Gegenüberstellung zweier Fakten im Sprechakt statt (*ma* kann durch *e* problemlos ersetzt werden).
- *Voleva venire, ma era malato.* ‚Er wollte kommen, war aber krank.' Aufgrund unseres Weltwissens gehen wir davon aus, dass die Krankheit ihn an der Ausführung seines Wunsches gehindert haben könnte. Die Konjunktion *ma* impliziert, dass sein Wunsch nicht in Erfüllung gehen konnte.
- *È venuto, anche se era malato. È venuto benché fosse malato.* ‚Er ist gekommen, obwohl er krank war.' Impliziert ist, dass jemand, der krank ist, nicht kommen kann. In einem konzessiven Verhältnis impliziert der Nebensatz immer etwas, das in einem Gegensatz zur (dann überraschenden) Aussage des Hauptsatzes steht. Konzessivsätze verursachen offensichtlich einen

gewissen Aufwand bei der Diskursplanung, daher sind es eher Ausdrucksmittel der SCHRIFTLICHKEIT.

Rhetorik

Die Kunst, überzeugend zu reden und zu schreiben, wird in der RHETORIK vermittelt. In neuerer Zeit wird auch der Bereich der Textlinguistik, der sich mit argumentativen Strukturen beschreibend beschäftigt, als Rhetorik bezeichnet.

Textintention

Wie wir gesehen haben, reicht die semantische Analyse einer Äußerung oft nicht aus, um sie zu verstehen. Die Pragmatik versucht daher auch die kontextabhängige INTENTION des Sprechers (Schreibers) zu ermitteln. Jemand sagt z.B. in einem Raum, dessen Fenster trotz niedriger Außentemperatur geöffnet sind: *Fa freddo!* ‚Es ist kalt!'; in dieser Situation ist davon auszugehen, dass es sich um eine Aufforderung handelt, die Fenster zu schließen. In der Sprechakttheorie wird die Auskunft über die Temperatur in diesem Beispiel als LOKUTION bezeichnet.

Abb. 5.2 | Lokutionärer Akt

Als ILLOKUTION handelt es sich um den Wunsch das Fenster zu schließen.

Abb. 5.3 | Illokutionärer Akt

Auf der Seite des Hörers hat die Äußerung einen Effekt, der als PERLOKUTION bezeichnet wird, nämlich, dass der Hörer das Fenster schließt.

Abb. 5.4 | Perlokutionärer Akt: der Hörer schließt das Fenster

Lokution und Illokution können vom Sprecher gesteuert werden, die Perlokution, also den Effekt der Äußerung, kann er nicht direkt steuern, sondern nur indirekt durch sein sprachliches Handeln (Lokution) beeinflussen.

Präsuppositionen

Das Beispiel zeigt bereits, dass Äußerungen gewisse Voraussetzungen haben, die gegeben sein müssen, damit die Äußerung sinnvoll ist. Sie werden Präsuppositionen genannt. Eine grundsätzliche Präsupposition ist die der Existenz der Referenten (schließt eine fiktive Existenz ein). So präsupponiert eine Aussage über *il re di Francia* die (vielleicht fiktive) Existenz eines Königs von Frankreich (und genau genommen auch die Existenz von Frankreich). Im Folgenden wird die bereits diskutierte Sprachaufnahme auf ihre Präsuppositionen untersucht:

> *E poi sono andata* [weibliche Sprecherin] *alla chiesa* [Existenz], *che una* [Existenz, Frau] *ci aveva il telefono... Allora, quella donna* [Existenz] *è venuta qui* [Sprecherin befindet sich an dem Ort]. *E io sono andata giù* [weibliche Sprecherin, oben-unten] ... *E dopo* ... ‚[eine Frau erzählt:] Und dann bin ich zur Kirche gegangen, denn da hatte eine ein Telefon. Also, jene Frau kam her. Und ich bin runtergegangen ... und dann ...‘

Die Präsuppositionen sind hier nicht erschöpfend erfasst: Die Wahl der Konjunktion und des Adverbs am Anfang präsupponiert einen Auslöser für die geschilderte Handlung, die Bewegungsverben, dass sich die Referenten bewegen können usw.

Abgrenzung

Neben den Präsuppositionen enthält der Text andere mitverstandene Information: So kann aus *che una ci aveva il telefono* (‚denn da hatte eine ein Telefon‘) geschlossen werden, dass die Sprecherin kein funktionierendes Telefon hat(te), denn sie ist zur Kirche gegangen, weil die Frau dort über ein Telefon verfügte. Dieser Schluss (Implikatur) ist aber wahrscheinlich keine Präsupposition. Es könnte auch sein, dass die Sprecherin nur zu Leuten mit Telefon geht, um zum Beispiel immer erreichbar zu sein. Ob wirklich eine Präsupposition vorliegt, kann man testen, indem man den Satz verneint. Präsuppositionen werden dabei nicht verändert: *E poi non sono andata alla chiesa.* (‚Und dann bin ich nicht zur Kirche gegangen.‘) ändert nichts an der Präsupposition der Existenz einer Kirche; die Negation des Relativsatzes *che una non ci aveva il telefono* (‚denn da hatte eine kein Telefon‘) macht deutlich, dass der Besitz eines Telefons keine Präsupposition ist, während die Existenz der Nachbarin (*una*) nicht in Frage gestellt wird, also eine Präsupposition ist.

5.3 Sprachliches Zeigen

Kontext

Im Gegensatz zur Semantik beschäftigt sich die Pragmatik mit sprachlichen Äußerungen in ihrem Kontext. Damit ist vor allem der situative außersprachliche Kontext gemeint, aber auch – zum Beispiel bei der Beschreibung von Ana- und Kataphorik – der innersprachliche, der bisweilen als KOTEXT bezeichnet wird.

Deixis

Zahlreiche Ausdrucksmittel stellen einen direkten Bezug zur außersprachlichen Wirklichkeit her: so verweisen *io* bzw. *ich* auf den Sprecher, *tu* bzw. *du* auf den Hörer (desgleichen die entsprechenden Verbalendungen), Lokaladverbien auf den Ort des Kommunikationsakts (*qui* ‚hier' beim Sprecher, *lí* ‚da' vom Sprecher entfernt), Temporaladverbien und Tempusformen auf den Zeitpunkt des Sprechaktes (*adesso* ‚jetzt', *domani* ‚morgen' usw.). Solche Ausdrucksmittel, deren Funktion sich situationell verschiebt (englisch: *shifter*), werden zum Bereich der DEIXIS (*deissi*, f.) gezählt. Der Punkt, auf den sie sich beziehen, die Sprechsituation (manchmal mit den lateinischen DEIKTIKA (*deittici*): *hic-nunc-ego* bezeichnet), wird manchmal als die ORIGO oder das CENTRUM DEICTICUM bezeichnet. Deiktische Ausdrucksmittel entsprechen Zeigegebärden und werden bisweilen (besonders im Italienischen) durch solche begleitet. Im Italienischen (wie im Französischen) gibt es ein besonderes deiktisches Ausdrucksmittel, das Präsentativ *ecco*, mit dem auf etwas (zumindest virtuell) Sichtbares gezeigt wird.

Abb. 5.5 | *Hic-nunc-ego-Origo* als Orientierungszentrum

Deiktische Stufen

Die LOKALDEIXIS (*deissi spaziale*) des Deutschen ist zweistufig: es gibt eine Hier-Deixis und eine Dort-Deixis (*hier, da/dort* bzw. *dieser, jener*). Das Italienische verfügt indessen über ein dreistufiges System, das sich an den drei Personen orientiert:

Tab. 5.5 | Deiktische Stufen im Italienischen

Hic-nunc-ego-Origo:	**Nähe** →		**Ferne**
Deiktische Ausdrucksmittel	**Deixis der 1. Person (Proximal)**	**Deixis der 2. Person (Medial)**	**Deixis der 3. Person (Distal)**
Lokalabverb	*qui* oder *qua* ‚hier'	*costì* oder *costà* ‚da, bei dir'	*lì* oder *là* ‚dort' (entfernt von Sprecher und Hörer)
Demonstrativpronomen	*questo* ‚dieser',	*codesto* ‚jener, das da bei dir' oder als substantivisches Demonstrativpronomen: *costui* ‚jener bei dir'	*quello* ‚jener'

Die mediale Deixis stellt einen besonderen Fall da, nämlich die Entfernung vom Sprecher und die Nähe zum Hörer (besonders MERKMALHAFTIG) und ist daher verhältnismäßig selten. Es gibt jeweils ein Paar von Lokaladverbien, deren Unterschied nur schwer zu fassen ist. Die *i*-haltige Form hat tendenziell einen eher punktuellen Bezug, während sich die *a*-haltige Form eher auf Räume, Flächen oder Bewegungen bezieht.

Höflichkeit

Als SOZIALE DEIXIS werden grammatische Höflichkeitsformen bezeichnet (grammatische Kategorie des RESPEKTS). Im Italienischen wird das deiktische Respektpronomen *Lei* verwendet (eigentlich die dritte Person Singular), das etymologisch ein heute nur noch in formellen Texten anzutreffendes *la vostra Signoria* ‚eure Herrschaft' aufgreift. Eine Respektunterscheidung im Plural (*Loro*, der Plural von *Lei* statt *voi*) ist heute eher ungewöhnlich.

Übungen

5.4

1 Analysieren Sie die folgenden Sätze in Bezug auf ihre Informationsstruktur bzw. funktionale Satzperspektive:

a) *Una volta c'era un re.* ‚Es war einmal ein König.'
b) *Maria va a Roma domani.* ‚Maria fährt morgen nach Rom.'

2 Ermitteln Sie die Präsuppositionen der folgenden Sätze:

a) *Carlo è molto dimagrito.* ‚Carlo hat stark abgenommen.'
b) *Prima della sua malattia, mangiava gli spaghetti ogni volta che veniva a casa nostra.* ‚Vor seiner Krankheit hat er jedes Mal, wenn er zu uns gekommen ist, Spaghetti gegessen.'

3 Bestimmen Sie jeweils Thema und Rhema:

a) *Che cosa fanno i soldati? – I soldati combattono.*
b) *Chi combatte? – I soldati combattono.*

4 Welche Art von modalem Nebensatz liegt jeweils vor?

a) *Perché fiorisca, questa pianta ha bisogno di molto sole.*
b) *Non so perché non è venuto.*
c) *Non è venuto perché è malato.*

Literaturhinweise

5.5

Textlinguistik, Pragmatik

Romanisten erhalten den besten Zugang zur Textlinguistik über Weinrich (1988). Als knappes Lehrbuch (allerdings anhand deutscher Beispiele) empfiehlt sich im übrigen Vater (1994), ausführlicher ist De Beaugrande/Dressler (1981). Eine Einführung in die Pragmatik bieten Bertucelli Papi (1993) und Levinson (1985). Die Grammatikalisierung von Höflichkeit behandelt Haase (1994).

Syntax

Inhalt

6.1	Grundlagen	76
6.2	Dependenzanalyse	77
6.3	Konstituentenanalyse	81
6.4	Optimalitätstheorie	85
6.5	Übungen	87
6.6	Literaturhinweise	87

Überblick

In dieser Lehreinheit geht es um die Analyse von einfachen, also nicht zusammengesetzten (komplexen) Sätzen. Es werden drei Analysemethoden vorgestellt: die Dependenzanalyse, bei der die Beziehungen zwischen Wörtern im Vordergrund stehen, die Konstituentenanalyse, die Sätze in kleinere Einheiten zerlegt, und die Optimalitätstheorie, die syntaktische Strukturen aufgrund von Beschränkungen erklärt.

6.1 | Grundlagen

Definition

> Die SYNTAX (Satzlehre, *sintàssi*) beschäftigt sich mit dem Aufbau von Sätzen, also der Kombination von Ausdrucksmitteln oberhalb der Wortebene.

Satz

Wer einmal versucht hat, einen gesprochenen Text zu transkribieren, wird feststellen, dass es nicht einfach ist, ihn in Sätze zu zerlegen. Der SATZ ist nämlich vor allem ein KONSTRUKT der SCHRIFTSPRACHE. Um grammatisch vollständig und in Bezug auf die schriftsprachliche Norm korrekt zu sein (kurz: um GRAMMATISCH zu sein), muss ein Satz im Regelfall mindestens ein Verb enthalten.

Syntaktische Analyse

Die SYNTAKTISCHE ANALYSE kann aus zwei unterschiedlichen Perspektiven vorgenommen werden:

- DEPENDENZANALYSE: Man geht von den Wörtern aus und fragt, welche Beziehungen (RELATIONEN) zwischen ihnen bestehen. Die Perspektive ist also von den Teilen, den Wörtern auf das Ganze, den Satz als Verkettung von Wörtern, ausgerichtet. Die Beziehungen zwischen den Wörtern sind hierarchisch, d. h. die Wahl bestimmter Wörter oder Wortformen wird von anderen Wörtern (bzw. Wortformen) eingeschränkt. Die Aufdeckung solcher Abhängigkeiten (DEPENDENZ) ist Gegenstand der Analyse.
- KONSTITUENTENANALYSE: Man unterteilt den Satz in KONSTITUENTEN, die ihrerseits wieder in Konstituenten analysiert werden, so lange, bis eine weitere Aufteilung nicht mehr möglich ist. Diese Analyserichtung (vom Satz zu seinen Bestandteilen, also vom Ganzen zu den Teilen) muss nicht an der Wortgrenze aufhören, sondern kann bis zu den kleinsten bedeutungstragenden Einheiten fortgesetzt werden (MORPHEME); in diesem Fall spricht man auch von MORPHOSYNTAX als Verbindung von MORPHOLOGIE und SYNTAX. Gegenstand der Analyse ist die Aufdeckung der Konstituenten.

Der Unterschied zwischen den beiden Analysen besteht vor allem darin, dass die Dependenzanalyse im Gegensatz zur Konstituentenanalyse keine Einheiten zwischen Wort und Satz zulässt (KONSTITUENTEN, SYNTAGMEN); auch der Satz ist schließlich nichts anderes als eine Kette von Wörtern. Viele Grammatiktheorien lassen allerdings Analysen zu, die aus einer Verknüpfung von Dependenz- und Konstituentenstrukturen bestehen

Beispiel

Die Vorgehensweisen lassen sich am besten an einem Beispiel erläutern:

> *Un mio amico incontrò la sorella di Giovanni a Roma.* ‚Ein Freund von mir traf Giovannis Schwester in Rom.'

Dependenzanalyse

6.2

Verbale Dependenzstrukturen

Die Dependenzanalyse stellt das Verb in den Mittelpunkt des Satzes (andere hier nicht behandelte Ansätze das Subjekt). Jedes italienische Verb (mit Ausnahme von Witterungsverben) muss mindestens ein ARGUMENT bzw. einen AKTANTEN haben, der als SUBJEKT bezeichnet wird und nicht unbedingt explizit genannt werden muss. Darüber hinaus hat zum Beispiel *incontrare* eine zweite obligatorische Argumentposition, es verlangt ein DIREKTES OBJEKT. Das Verb erfordert also zwei ARGUMENTE (d. h. notwendige Aktanten), die auch als KOMPLEMENTE des Verbs bezeichnet werden: ein Subjekt und ein direktes Objekt. Solche Verben werden als TRANSITIV bzw. allgemeiner als ZWEIWERTIG (BIVALENT) bezeichnet:

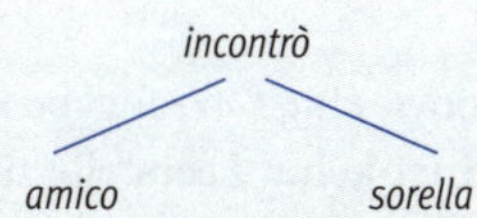

Abb. 6.1
Vereinfachte Dependenzanalyse: die beiden Argumentpositionen von *incontrò*

Rektion

Das Verb eröffnet zwei Leerstellen, die unbedingt besetzt sein müssen, wobei die eine Leerstelle (das Subjekt) auch implizit besetzt sein kann, also nicht durch ein Substantiv oder ein Pronomen ausgefüllt wird: *Incontrò la sorella di Giovanni.* Die Relation zwischen dem Verb und seinen ARGUMENTEN wird als REKTION bezeichnet: das Verb REGIERT seine Argumente.

Modifikation

Die beiden Aktanten *amico* und *sorella* werden weiter MODIFIZIERT, nämlich durch ATTRIBUTE:

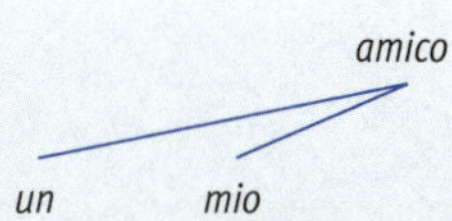

Abb. 6.2
Die Attribute/Modifikatoren des Aktanten *amico* im Syntagma *un mio amico*

Dabei hat *amico* zwei MODIFIKATOREN *un* (indefiniter Artikel) und *mio* (Possessivpronomen). Dass es sich hierbei um eine andere Art von Relation handelt, ist einsichtig: *mio* ist nicht aufgrund irgendwelcher Eigenschaften von *amico* erforderlich, sondern gibt eine zusätzliche Information (MODIFIKATION). Das Substantiv könnte auch durch ein Adjektiv modifiziert werden: *buon amico.* Statt des indefiniten Artikels könnte auch der definite Artikel *il* verwendet werden. An dieser Stelle ist ein Artikel unbedingt erforderlich, jedoch ergibt sich diese Notwendigkeit nicht allein aus dem Substantiv, das in anderen Kontexten auch ohne Artikel verwendet werden könnte, es handelt sich hier nicht um eine Rektion, sondern ebenfalls um eine Modifikation.

Abb. 6.3 | Die Attribute/Modifikatoren des Aktanten *sorella* im Syntagma *la sorella di Giovanni*

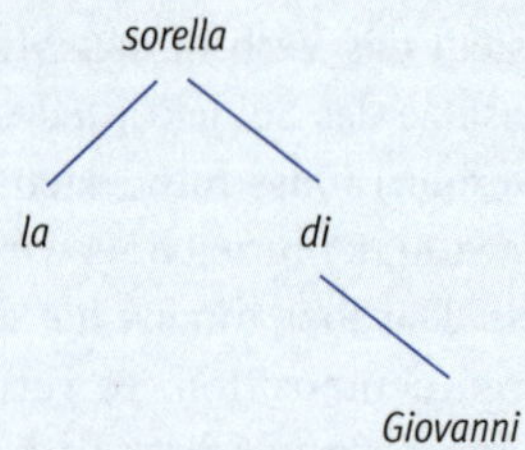

Präpositionen

Außer durch den definiten Artikel wird *sorella* durch eine Präposition modifiziert, die ihrerseits ein ARGUMENT erfordert. Ähnlich wie Verben eröffnen auch Präpositionen Leerstellen für Argumente; es handelt sich bei dieser Relation wieder um REKTION.

Adjunkte

Zudem enthält der Satz noch eine Ortsangabe *a Roma*. Sie wird vom Verb nicht regiert; das Verb eröffnet keine Leerstelle für die lokale Präposition *a*, die das Argument *Roma* regiert. Das Verb wird lediglich modifiziert; solche Modifikatoren werden als ADJUNKTE bezeichnet.

Die Analyse des gesamten Satzes kann in einem Baumdiagramm (STEMMA, Plural: Stemmata) dargestellt werden:

Abb. 6.4 | Stemmatische Darstellung des Satzes *Un mio amico incontrò la sorella di Giovanni a Roma*

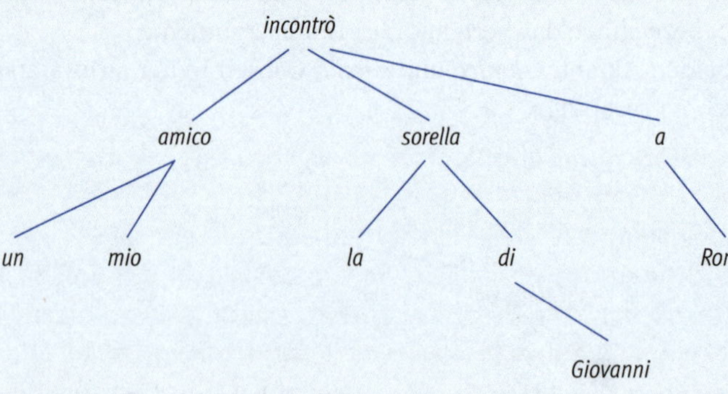

Valenz

Wenn man das Dependenzstemma von links nach rechts liest, ergibt sich die lineare Abfolge der Wörter.

Die Wertigkeit (VALENZ) eines Verbs gibt an, wie viele Argumente es erfordert. Die folgende Tabelle zeigt verschiedene Beispiele für Verben mit unterschiedlichen Valenzen (jeweils in einen Beispielsatz eingebettet):

Valenz	Argumentstruktur	Beispiel	Funktion der Argumente
nullvalent/nullwertig		*Piove.*[1]	
monovalent/einwertig	intransitiv	*Giovanni dorme.*	Subjekt
bivalent/zweiwertig	intransitiv	*Maria va a Roma.*	Subjekt, Richtungsangabe
bivalent/zweiwertig	transitiv	*Monica incontra Maria.*	Subjekt, direktes Objekt
bivalent/zweiwertig	transitiv absolut	*Stefano mangia.*	Subjekt, Objekt implizit
trivalent/dreiwertig	transitiv mit indirektem Objekt	*Monica dà il libro a Maria.*	Subjekt, direktes und indirektes Objekt

[1] Meteorologische Verben sind in der Regel nullwertig. Sie werden aber im Italienischen (ähnlich wie im Deutschen) formal wie einwertige intransitive Verben gebildet. Es sieht also so aus, als hätten sie ein Subjekt. Ein solches kann aber nicht eingesetzt werden.

Tab. 6.1 Übersicht über die Valenz der italienischen Verben

Valenzgrammatik

Die Valenz eines Verbs bzw. die Argumentstruktur ist ein Teil der Verbbedeutung; wenn man z. B. das Verb *dare* bzw. deutsch *geben* semantisch beschreiben will, muss man angeben, dass es einen Geber (Subjekt), ein Gegebenes (Objekt) und einen Empfänger (indirektes Objekt) regiert. Valenz und Argumentstruktur werden daher im Wörterbuch angegeben (es gibt auch spezielle Valenzwörterbücher). Trotz der Bezeichnung VALENZGRAMMATIK handelt es sich um einen Bereich, der zwischen Grammatik und Lexikon liegt. Es wird auch deutlich, dass das Lexikon nicht einfach eine Wörterliste ist, sondern auch grammatische Informationen enthält, z. B. Informationen über die Verbvalenz.

Selektionsrestriktionen

Das Lexikon enthält zudem genauere Informationen über die Art der Argumente. So erfordert das Verb *uccidere* ein belebtes oder instrumentales Subjekt bzw. einen Umstand als Subjekt und ein belebtes Objekt.

Subjekt	Beispielsatz
Belebt	*Marito uccide la moglie.* ‚Mann tötet Ehefrau.' (Zeitungstitel)
Umstand	*Il freddo ha ucciso i senzatetto.* ‚Die Kälte tötete die Obdachlosen.'
Instrument	*Un'arma da fuoco ha ucciso Giuliano.* ‚Eine Feuerwaffe hat Giuliano getötet.'

Tab. 6.2 Argumentstruktur des Verbs *uccidere*

Solche Einschränkungen werden als SELEKTIONSRESTRIKTIONEN bezeichnet. Man sagt, ein Verb SELEGIERT ein bestimmtes Argument.

Komplementsätze

Das Verb *dire* selegiert neben einem nominalen Objekt üblicherweise die Konjunktion *che*, die wiederum das finite Hauptverb eines subordinierten Satzes selegiert; man vergleiche den Satz: *Luigi dice che verrà domani.* ‚Luigi sagt, dass er morgen kommen werde.'

Abb. 6.5 | Stemmatische Darstellung eines Hauptsatzes mit durch *che* eingeleitetem Komplementsatz

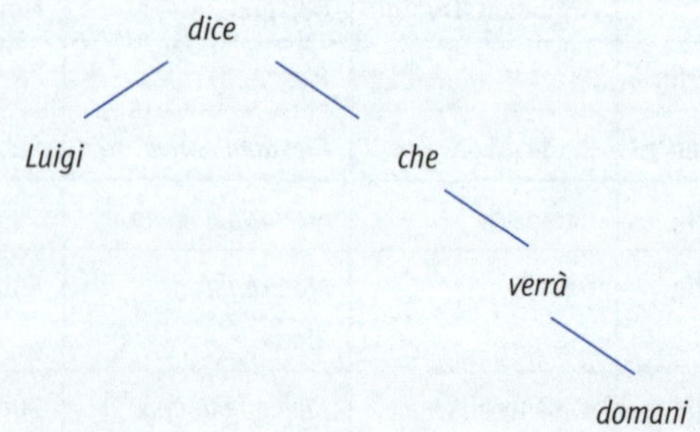

Ein solcher Nebensatz wird als KOMPLEMENTSATZ bezeichnet, da die ihn einleitende Konjunktion eine Komplementposition des Verbs besetzt. Das Verb *verrà* eröffnet natürlich auch eine Leerstelle für ein Subjekt (hier auch *Luigi*). Das Subjekt wird allerdings nicht noch einmal genannt, sondern ist lediglich an der Verbform (3. Person Singular) zu erkennen. In der Regel werden solche zugrunde liegenden Argumente nicht in das Stemma eingetragen.

Relativsätze

Die Beschreibung von RELATIVSÄTZEN ist besonders schwierig, da das RELATIVPRONOMEN zum einen die Funktion eines Subordinators hat, zum anderen aber auch eine Leerstelle im subordinierten Satz ausfüllt: *Non conoscevo il ragazzo che incontrai.* ‚Ich kannte den Jungen nicht, den ich traf.' Man muss das Relativpronomen zweimal in das Stemma einbauen, was zu einer von der Dependenzgrammatik eigentlich nicht erlaubten Abstraktheit der Dependenzstruktur führt:

Abb. 6.6 | Stemmatische Darstellung eines Hauptsatzes mit durch *che* eingeleitetem Relativsatz

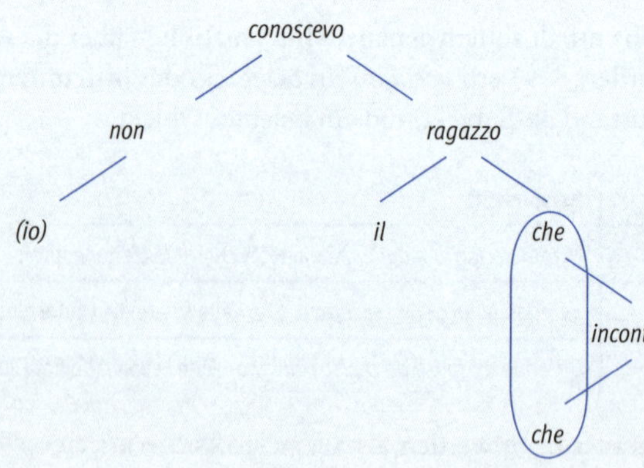

Um solche Probleme zu lösen, machen verschiedene Versionen der Dependenzanalyse Anleihen bei der Konstituentenanalyse und arbeiten mit HYBRIDEN STRUKTUREN, d. h. mit Strukturen, die zum Teil Dependenz-, zum Teil Konstituentenstrukturen sind.

Konstituentenanalyse

6.3

Proben

Durch Umstellungs- und Ersetzungsproben (Permutationsprobe, auch Kommutationsprobe genannt, und Substitutionsprobe) wird schnell deutlich, dass der Beispielsatz *un mio amico incontrò la sorella di Giovanni a Roma.* drei unmittelbare Konstituenten enthält:

1. *un mio amico* (als Ganzes weglassbar, ersetzbar durch ein Pronomen, zum Beispiel *lui* oder *quello*), es handelt sich um ein Nominalsyntagma (NP). (Im Deutschen wie im Italienischen werden überwiegend die auf dem Englischen basierenden Abkürzungen verwendet: NP für *noun phrase*, VP für *verb phrase*, PP für *prepositional phrase*; entsprechend hört man auch die Ausdrücke Nominalphrase usw.; im Italienischen jedoch immer *sintagma* (maskulin, Pl.: *sintagmi*) oder *gruppo nominale* usw.)
2. *incontrò la sorella di Giovanni* (als Ganzes durch ein intransitives Verb ersetzbar, zum Beispiel *dorme*), es handelt sich um ein Verbalsyntagma (VP). In neueren Ansätzen werden Syntagmen, die ein flektiertes (finites) Verb enthalten, auch als Flexionssyntagmen bezeichnet (engl. *inflection phrase*, IP).
3. *a Roma* (als Ganzes weglassbar, ersetzbar durch ein Pronomen, verschiebbar), es handelt sich um ein Präpositionalsyntagma (PP).

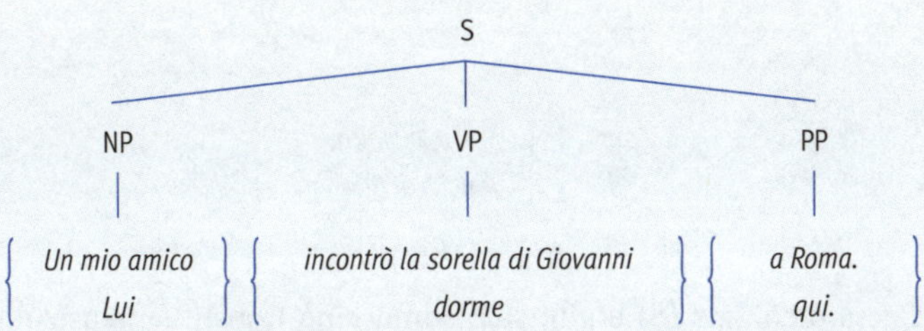

Abb. 6.7

Erster Schritt der Konstituentenanalyse

Nominalsyntagma und Verbalsyntagma bilden zusammen den Satz (S). In neueren Grammatiktheorien wird auch der Satz als Wortgruppe oder Syntagma aufgefasst, die durch eine Konjunktion eingeleitet werden kann. Die Position der Konjunktion bleibt allerdings bei Hauptsätzen im Italienischen unbesetzt und wird nur in Nebensätzen gefüllt; Hauptsätze werden dann wie Nebensätze als ‚Konjunktionalsyntagmen' bezeichnet (engl. *complementizer phrase*, CP).

Rekursion

Das Verbalsyntagma enthält neben dem Verb als Kern (*nucleo*) oder Kopf (*testa*) ein weiteres komplexes Nominalsyntagma (*la sorella di Giovanni*), das seinerseits wieder ein Präpositionalsyntagma enthält, dessen Kern wieder ein Nomen ist. Anstelle dieses Nomens könnte auch wieder ein Nominalsyntagma stehen. Wenn eine Struktur in der gleichen Struktur wieder enthalten sein kann (also ein Nominalsyntagma innerhalb eines Nominalsyntagmas) spricht man von Rekursion; Konstituentenstrukturen sind rekursiv.

Komplexe Sätze

KOMPLEXE SÄTZE zeichnen sich dadurch aus, dass die Kategorie S im Satz noch einmal auftritt, also rekurriert, und zwar:

- statt eines Nominalsyntagmas (NP) im Falle von KOMPLEMENTSÄTZEN: *Giovanni dice che verrà domani.* ‚Giovanni sagt, dass er morgen kommen werde.' (statt NP, hier besetzt mit einem Demonstrativpronomen: *Giovanni dice questo.*),
- statt eines attributiven Adjektivs (A) bzw. Adjektivalsyntagmas (AP) im Falle von RELATIVSÄTZEN: *il ragazzo che dorme* ‚der Junge, der schläft' (statt: *il ragazzo dormente* ‚der schlafende Junge'),
- statt eines Adverbialsyntagmas (AdvP) im Falle von MODALEN NEBENSÄTZEN: *È arrivato mentre stavamo lavorando.* ‚Er kam an, als wir gerade arbeiteten.' (statt *È arrivato ieri.* ‚Er kam gestern an.').

Nominalsyntagmen

Das Nominalsyntagma *un mio amico* enthält die durch Substitution ermittelbaren Konstituenten *un* und *mio amico* (ersetzbar durch ein einfaches Nomen); *mio amico* – bestehend aus einem adjektivischen Possessivpronomen (A) und einem Nomen – kann als (unvollständiges) Nominalsyntagma bezeichnet werden (manchmal auch NOMINAL genannt); den gleichen Status wie *mio amico* hat auch *fratello di Giovanni* bzw. *sorella di Giovanni* (hier ist natürlich der feminine Artikel erforderlich). Nominalsyntagmen mit Artikeln werden von manchen Autoren auch als DETERMINATORSYNTAGMA (DP) bezeichnet.

Abb. 6.8 | Die Konstituentenstruktur des Nominalsyntagmas

{ *un*	{ *mio amico*
il }	*fratello di Giovanni* }

Für den gesamten Satz (S) ergibt sich somit eine Konstituentenstruktur, die sich leicht in einem Baumdiagramm darstellen lässt:

Abb. 6.9 | Die Konstituentenstruktur des Satzes

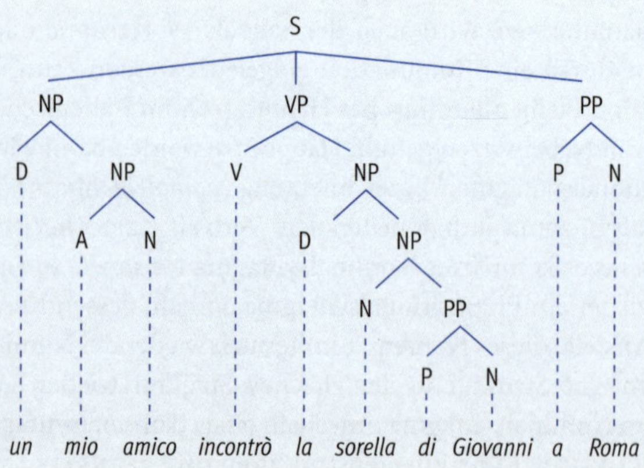

Kategorien

Die mit Buchstaben bezeichneten Punkte im Baum werden Knoten genannt. Ein Knoten, der sich nicht weiter verzweigt, heißt terminal. Die terminalen Knoten (z. B. A, N oder D) bezeichnen Wortarten (syntaktische Kategorien), während die ihnen übergeordneten, sich verzweigenden Knoten (z. B. NP, VP) in manchen Grammatiktheorien funktionale Kategorien genannt werden.

Syntaktische Funktionen

Mit den Kategorien der Konstituentengrammatik lassen sich die syntaktischen Funktionen der Satzglieder definieren: Das Subjekt ist das direkt unter S angesiedelte Nominalsyntagma (NP): im Beispielsatz ist das die NP *un mio amico.* Das direkt unter S befindliche Verbalsyntagma (VP) heißt Prädikat (hier: *incontrò la sorella die Giovanni*). Objekte zweigen hingegen erst innerhalb von VP ab, wobei im Italienischen NP unter VP ein direktes Objekt ist (hier: *la sorella di Giovanni*), während PP unter VP entweder eine Richtungsangabe (zum Beispiel: *a Roma* in *Vado a Roma.* Im obigen Beispielsatz gehört *a Roma* nicht unter VP) oder ein indirektes Objekt darstellt (zum Beispiel *a Gianni*: *Darò il libro a Gianni.* ‚Ich werde Gianni das Buch geben'). Dieser Zusammenhang spiegelt den etymologischen Befund wider, dass die indirekte Objektmarkierung aus einer Richtungsangabe entstanden ist. Bei PP unter NP handelt es sich wie bei A(P) unter NP um ein Attribut (*attributo*), A(P) unter VP (z. B. *bello* in *Lo trovo bello.* ‚Ich finde ihn/es schön.') ist jedoch ein Prädikatsnomen (*complemento predicativo*). Die Bestimmung der syntaktischen Funktionen (funktionale Analyse) ist traditioneller Bestandteil der Schulgrammatik und wird auch als logische Analyse bezeichnet, obwohl sie nichts mit der Logik als Bereich der Mathematik zu tun hat. Sie umfasst im übrigen auch die Bestimmung der Nebensätze in ihrem Verhältnis zum Hauptsatz (kausaler, temporaler usw. Nebensatz).

Abgeleitete Strukturen

Der weiter oben analysierte Satz *Un mio amico incontrò la sorella di Giovanni a Roma.* ist sehr einfach. Er könnte auch wie folgt lauten: *Incontrò a Roma la sorella di Giovanni.* Hierbei handelt es sich lediglich um eine andere Perspektivierung des gleichen Sachverhalts. Will man diesen Satz im Rahmen der Konstituentenanalyse untersuchen, ergibt sich die Schwierigkeit, dass eine Konstituente, nämlich *a Roma*, in eine andere (nämlich VP) eingeschoben ist; VP ist eine diskontinuierliche Konstituente. Da in einem Baumdiagramm keine Äste zugelassen sind, die sich überschneiden, lässt sich ein solcher Satz nicht analysieren. Man muss ihn zunächst umformen, nämlich zu *(Lui) incontrò la sorella di Giovanni a Roma.* Dabei ist hier auch ein explizites Subjekt hinzugefügt worden, das von der Verbalendung impliziert wird. Ein auf Konstituentenanalysen basierendes Modell muss also eine zugrunde liegende Form neben einer Oberflächenrealisierung zulassen. Die Oberflächenrealisierung ist dann aus der zugrunde liegenden Repräsentation ableitbar. Das entspricht der Vorstellung, dass die Satzstellung die Aussage (in semantischer Hinsicht) eigentlich nicht verändert, sondern nur (in pragmatischer Hinsicht) perspek-

TIVIERT. Verschiedene Varianten der GENERATIVEN GRAMMATIK arbeiten mit einem solchen zweistufigen Modell, das aus (zugrunde liegender) TIEFENSTRUKTUR (*struttura profonda,* englisch: *deep structure*) und abgeleiteter OBERFLÄCHENSTRUKTUR (*struttura superficiale,* englisch: *surface structure*) besteht.

Ambiguität

Eine Oberflächenstruktur kann zwei Tiefenstrukturen haben: *Ho visto mangiare un coniglio.* Diesem Satz entsprechen zwei Tiefenstrukturen:

a) *Ho visto un coniglio mangiare.* ‚Ich habe ein Kaninchen (fr)essen sehen.' oder:

b) *Ho visto qualcuno mangiare un coniglio.* ‚Ich habe jemanden ein Kaninchen essen sehen.'

Der Oberflächensatz weist eine strukturelle AMBIGUITÄT (Mehrdeutigkeit) auf. Die tiefenstrukturelle Analyse, die letztlich eine semantische ist (SEMANTOSYNTAX), kann solche Ambiguitäten aufzeigen.

Abb. 6.10 | Tiefenstrukturelle Analysen des mehrdeutigen Satzes *Ho visto mangiare un coniglio.*

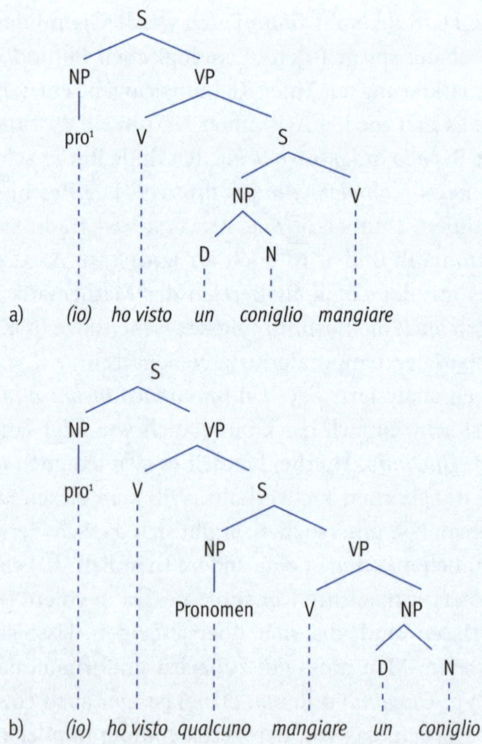

¹ pro steht für das in der Flexion angezeigte zugrunde liegende Pronomen

Transformation

Ältere Versionen der generativen Grammatik, die als TRANSFORMATIONSGRAMMATIK bezeichnet werden, enthalten ein spezielles Ableitungsmodul, das diejenigen TRANSFORMATIONEN (Umwandlungen) umfasst, mit denen man von den Tiefenstrukturen zu den Oberflächenstrukturen gelangen kann. Neuere Versionen sprechen von einem einheitlichen Mechanismus der Bewegung (*movimento*, englisch: *movement*).

Optimalitätstheorie

6.4

Das postgenerative Modell der Optimalitätstheorie (*teoria della ottimalità*, englisch: *optimality theory*) kommt mit einer Ebene aus: Alle möglichen Wortstellungen sind gleichberechtigt, unterliegen jedoch bestimmten Beschränkungen (*costrizioni*, englisch: *constraints*), die auch aus dem Bereich der Pragmatik kommen können (Fokussierung, Informationsstruktur). Die beste Wortstellung wird dann nach der Gewichtung der Beschränkungen ausgewählt.

Beschränkungen

Die folgenden Beschränkungen spielen in der Syntax des Italienischen eine wichtige Rolle:

1. Adjazenz: Was zusammengehört, steht auch zusammen: Besonders im Zusammenhang mit Klitika (s. 8.1) ist es zu vermeiden, eine Konstituente durch Sprachmaterial aus einer anderen Konstituente zu unterbrechen, also zum Beispiel das finite Verb zwischen Artikel und Nomen der Subjekts-NP zu schieben (**la dorme signora*). Eine solche allgemeine Beschränkung gilt (mehr oder weniger stark) in allen Sprachen.
2. Verb-Objekt-Folge (VO): Das Verb hat eine Tendenz, vor dem (nicht-pronominalisierten) Objekt zu stehen. Im Italienischen gibt es zahlreiche Beispiele für den umgekehrten Fall, der immer dann eintritt, wenn das Objekt besonders betont ist (***Carlo** ho visto.*), woran man erkennt, dass diese Beschränkung nicht so stark ist wie die Adjazenzbeschränkung.
3. Alte Information steht in der Regel vor neuer Information. Dieses Prinzip der Informationsstruktur gilt übereinzelsprachlich, jedoch spielt es im Italienischen gegenüber den bereits genannten Beschränkungen eine weniger wichtige Rolle.
4. Progressive Länge: In den romanischen Sprachen steht die kürzere von zwei ansonsten gleichwertigen Wortgruppen tendenziell vor der längeren. Im Vergleich zu den genannten Beschränkungen ist diese weniger wichtig.

   Als Beispiel sei der folgende Satz betrachtet: *Incontrò Carlo a Roma.*

   a) **A incontrò Carlo Roma.* Dieser Satz ist völlig ausgeschlossen aufgrund der Beschränkung, dass etwas, das zusammengehört, nicht auseinander gerückt wird (Adjazenz). Der Einfachheit halber wird auf alle anderen Möglichkeiten der Abtrennung der Präposition in dieser Darstellung verzichtet. Solche Sätze sind ungrammatisch (angezeigt durch den Asterisken/Sternchen). Streng genommen müsste auch noch diskutiert werden, warum die Präposition *vor* ihrem Bezugswort steht. Der Einfachheit halber setzen wir diese starke Beschränkung voraus.

b) **Incontrò a Roma Carlo.* Dieser Satz ist ausgeschlossen aufgrund der Beschränkung der progressiven Länge (längere Syntagmen stehen nach kürzeren). Dabei stehen sogar zwei längere Konstituenten (jeweils dreisilbig) vor einer kürzeren (*Carlo* zweisilbig). Nur wenn eine pragmatische Beschränkung höher gewichtet wird (Kontrastierte Syntagmen werden vorzugsweise an den Satzrand verschoben), könnte dieser Satz möglich sein.

c) **Carlo incontrò a Roma.* Der Satz ist im Prinzip möglich, wenn *Carlo* als betontes Objekt (in Kontrast) an den Satzanfang gestellt worden wäre, ansonsten gilt das VO-Prinzip. Daher kann diese Lösung hier nicht zur Anwendung kommen.

d) **A Roma incontrò Carlo.* Dieser Satz könnte unter Umständen richtig sein, da er der Beschränkung entspricht, dass alte Information vor neuer angeordnet wird. Nun ist aber im fraglichen Kontext *a Roma* die neue Information. Somit ergibt sich als einzige Möglichkeit:

e) *Incontrò Carlo a Roma.* Da *a Roma* die neue Information ist, widerspricht dieser Satz keiner der genannten Beschränkungen.

Tab. 6.3 Optimalitätstabelle

	Adjazenz	VO	alt vor neu	progressive Länge
A incontrò Carlo Roma.	*!			*
Incontrò a Roma Carlo.				**!
A Roma incontrò Carlo.			*!	*
Carlo incontrò a Roma.		*!		
☞ *Incontrò Carlo a Roma.*				*

Die Sternchen in der Tabelle zeigen Verstöße gegen die Beschränkungen an. Da in einem Fall zwei längere Konstituenten vor einer kürzeren stehen, sind hier sogar zwei Sternchen einzutragen. Die Beschränkungen sind nach zunehmendem Gewicht von rechts nach links angeordnet, d. h. je weiter links eine Beschränkung steht, um so gewichtiger ist sie. Mit dem Ausrufungszeichen ist gekennzeichnet, welcher Verstoß zum Ausschluss der jeweiligen Version des Satzes führt. Die Beschränkungen „VO“ und „alt vor neu“ können durch eine stärker gewichtete Beschränkung über die Verteilung von hervorgehobenen Satzgliedern „überrannt“ werden, wenn z. B. *Carlo* hervorgehoben werden soll. Der „Gewinner“ wird mit einer kleinen Zeigehand (☞) gekennzeichnet. Das Beispiel zeigt, dass die Optimalitätstheorie Syntax, Pragmatik und Phonologie integriert, denn „Adjazenz“ und „VO“ sind syntaktische Beschränkungen, „alt vor neu“ eine pragmatische, die progressive Länge jedoch eine phonologische Beschränkung.

Übungen

6.5

1 Analysieren Sie die folgenden Sätze jeweils mit einer Konstituenten- und einer Dependenzanalyse.

1. *I pazienti dell'ospedale pretendono la soluzione dei loro numerosi problemi.*
2. *I miei studenti universitari pagheranno più di 600 euro di tasse universitarie.*
3. *I figli del mio zio americano studiano lettere antiche e moderne.*
4. *I nostri lettori inviano oltre duemila segnalazioni.*

2 Argumentieren Sie optimalitätstheoretisch, warum in den folgenden Sätzen gerade diese Wortstellung zu wählen ist.

1. *Gianni va spesso al cinema.*
2. *Giorgia prende il caffè al ristorante.*

Literaturhinweise

6.6

Syntax

Die immer noch beste allgemeine Einführung in die strukturalistische Syntax (vor allem der Konstituentenanalyse) bietet Lyons (1995, auch in deutscher Übersetzung). Die romanistische Perspektive kann mit Pelz (1996) ergänzt werden. Etwas anspruchsvoller, aber umfassend ist Matthews (1982). Eine Darstellung der Dependenzanalyse anhand des Französischen bietet Tesnière (1969), eigentlich der Klassiker der Dependenzanalyse, der aber bereits hybride Strukturen annimmt; sein Erfolg hängt wohl auch mit dem didaktischen Charakter des Buches zusammen. Speziell an Romanisten wendet sich eine Einführung in die generative Grammatik von Müller/Riemer (1998), die für den Anfänger vielleicht nicht ganz einfach ist, dafür aber aufgrund ihrer vergleichend romanistischen Perspektive besonders interessant. Eine Einführung in die Optimalitätstheorie ist Archangeli (1998).

Grammatiken

Die große Referenzgrammatik von Renzi et al. (1988–95) ist syntaktisch orientiert. Sie eignet sich weniger zum schnellen Nachschlagen von Zweifelsfällen. Dazu ist eher eine didaktisch angelegte Grammatik geeignet wie Reumuth/Winkelmann (1993), die erfreulich viele Beispiele enthält. Eine hervorragende (syntaktisch orientierte) wissenschaftliche Grammatik des Italienischen ist Schwarze (1995).

Semantik

Inhalt

7.1	Bedeutung und Bezeichnung	90
7.2	Bedeutungsrelationen	91
7.3	Homonymie und Polysemie	93
7.4	Etymologie	94
7.5	Übungen	95
7.6	Literaturhinweise	96

Überblick

Diese Lehreinheit beschäftigt sich mit der Bedeutung von Wörtern. Nachdem zunächst näher einzugrenzen ist, was unter Bedeutung zu verstehen ist, geht es um die Beziehungen zwischen den Elementen eines Wortschatzes. Daran schließt sich ein kleiner Einblick in die Wortgeschichte, die Etymologie, an.

7.1 | Bedeutung und Bezeichnung

Definition

SEMANTIK (Bedeutungslehre, *semantica*): Dieser Bereich der Sprachwissenschaft beschäftigt sich mit der Bedeutung der sprachlichen Zeichen.

Lexem

Die LEXIKALISCHE SEMANTIK beschäftigt sich mit der Bedeutung von LEXEMEN (*lessema*, m.) bzw. LEXIKALISCHEN WÖRTERN. Das sind selbstständige sprachliche Zeichen (so genannte freie MORPHEME, die manchmal auch als MONEME bezeichnet werden), die eine LEXIKALISCHE BEDEUTUNG haben (und nicht nur eine GRAMMATISCHE FUNKTION) und somit das LEXIKON (die offene Gesamtmenge aller Lexeme) konstituieren, z. B. *tavola* ‚Tisch', *lavorare* ‚arbeiten', *grande* ‚groß', *spesso* ‚oft' usw. Man nennt die Lexeme auch Lexikoneinträge, obwohl der Terminus Lexikon nicht unbedingt ein WÖRTERBUCH meint (so wie unter Grammatik nicht unbedingt ein Buch zu verstehen ist). Ein Wörterbucheintrag wird als LEMMA bezeichnet.

Bedeutung

In der STRUKTURALISTISCHEN SEMANTIK berechnet sich die BEDEUTUNG (*significato*, auch WERT, *valore*, französisch: *valeur*, genannt) eines Lexems aus dem, was es nicht bedeutet, weil jedes einzelne Element innerhalb des Systems das ist, was die anderen nicht sind: So ist *telefono* ein Instrument (also kein Ort, Abstraktum, menschliches Wesen usw.) zum Telefonieren, also nicht zum Radiohören (wie *radio*), zum Schneiden (*coltello*) usw. Zu diesen anderen Lexemen steht *telefono* in OPPOSITION. Der Nutzen dieser „Bedeutungsberechnung" wird im kontrastiven Sprachvergleich deutlich: so stehen im Deutschen *Blume* und *Blüte* in Opposition (eine *Blume* ist keine *Blüte* und umgekehrt), während im Italienischen *fiore* in keiner solchen Opposition steht, es lässt sich manchmal mit ‚Blüte' und manchmal mit ‚Blume' wiedergeben. Umgekehrt gibt es im Deutschen keine Entsprechung zur italienischen Opposition von *lingua* und *linguaggio*, die beide mit ‚Sprache' zu übersetzen sind; *lingua* und *Sprache* sind somit nicht gleichbedeutend, da es im Italienischen eben noch *linguaggio* gibt und *lingua* auch in Kontexten verwendet wird, wo im Deutschen *Zunge* Verwendung fände.

Tab. 7.1 | Kontrastiver Sprachvergleich zwischen dem Italienischen und dem Deutschen

linguaggio	*Sprache*
lingua	*Sprache*
lingua	*Zunge*

Bezeichnung

Von der aus den Oppositionen berechenbaren Bedeutung eines Lexems ist die BEZEICHNUNG (*denotazione, denotato*) zu unterscheiden. Ein Lexem kann aufgrund seiner Bedeutung einen bestimmten Gegenstand der Wirklichkeit bezeichnen: In der Äußerung: *Guarda quel fiore!* bezeichnet *fiore* (im Kontext des Demonstrativpronomens) eine bestimmte Blume (auf die der Sprecher wahrscheinlich zeigt). Die Darstellung des Sprachzeichens (s. Abb. 2.3) kann daher um diesen außersprachlichen Referenten erweitert werden. Man spricht hier vom SEMIOTISCHEN DREIECK:

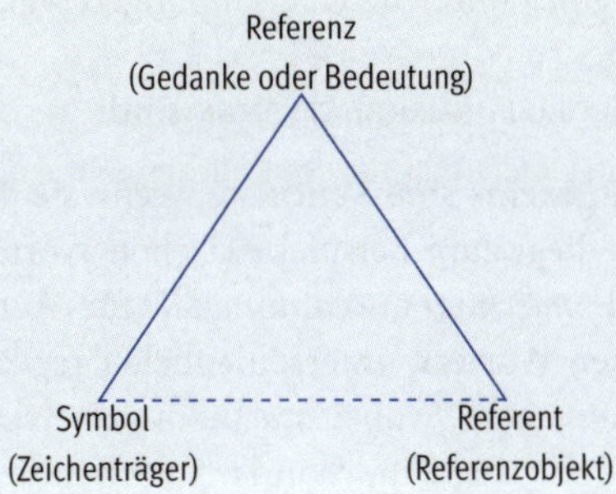

Abb. 7.1
Das semiotische Dreieck in Anlehnung an Ogden & Richards (1970)

Semasiologie, Onomasiologie

Die Ermittlung der Bedeutung von Lexemen, also die Perspektive, die einer Frage wie „Was bedeutet *telefono*?" zugrunde liegt, wird als Semasiologie bezeichnet; die Ermittlung der zu einem zu bezeichnenden Gegenstand gehörigen Lexeme („Wie nennt man das [auf ein Telefon weisend]?") heißt Onomasiologie.

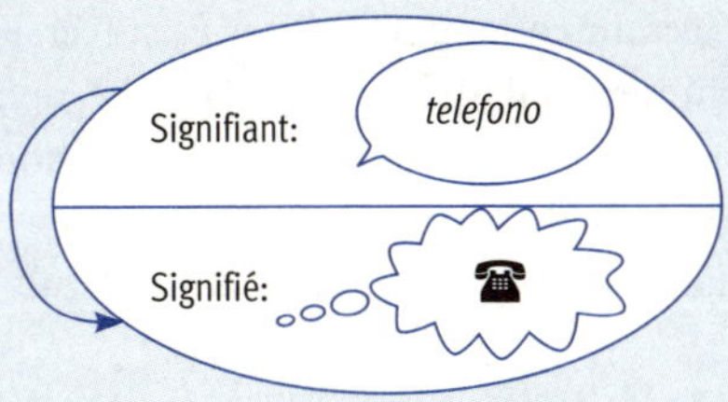

Abb. 7.2
Semasiologie: untersucht die Beziehung von Signifiant zu Signifié

Abb. 7.3
Onomasiologie: untersucht die Beziehung von Signifié zu Signifiant

7.2 Bedeutungsrelationen

Wortfeld

Im strukturalistischen Modell wird das Lexikon durch die Beziehungen der Wörter in einem Netz aus Oppositionen strukturiert, man nennt diese Beziehungen auch Bedeutungsrelationen. Ein Ausschnitt des Lexikons, der eng miteinander verbundene Lexeme enthält, heißt Wortfeld (*campo semantico*). Zum Wortfeld *albero* ‚Baum' gehören zum Beispiel: *bosco* ‚Wald', *radura* ‚Lichtung', *branca* ‚Zweig', *foglia* ‚Blatt', *quercia* ‚Eiche', *poppio* ‚Pappel', *sega* ‚Säge', *boscaiuolo* ‚Holzfäller, Waldarbeiter' usw. Die Grenzen des Wortfelds sind fließend und es gibt zahlreiche Überlappungen (vgl. Wortfeld ‚Baum' mit Wortfeld ‚Wald').

Bedeutungsrelation

Die wichtigsten Bedeutungsrelationen sind:

- Synonymie: Zwei Lexeme sind synonym, wenn sie die gleiche Bedeutung haben. Synonymie liegt zum Beispiel zwischen Wörtern unterschiedlicher Register vor (vgl. *macchina* und *automobile* für ‚Auto', informell und formell) oder zwischen Wörtern unterschiedlicher regionaler Varietäten (*ora* und *adesso* für ‚nun, jetzt', wobei *ora* besonders typisch für die Toskana ist, aber neben *adesso* auch im Standard verwendet werden kann). Der zwischen Synonymen beobachtbare Unterschied wird als Konnotation bezeichnet. Der konnotative Unterschied kann sehr gering sein (vgl. *ora* und *adesso* oder ihre deutschen Entsprechungen *jetzt* und *nun*). Häufig besteht der Unterschied darin, dass bei einem Synonym eine emotionale Wertung enthalten ist: vgl. *mamma* und *madre*. Solche emotionale Wertungen können natürlich auch bei Wörtern vorliegen, die keine Synonyme haben; so ist *libertà* im Allgemeinen emotional positiv bewertet, und es wird in diesem Zusammenhang auch von positiver Konnotation gesprochen. Streng genommen ist das aber nicht dasselbe, denn wenn es zu einem Wort keine Synonyme gibt, lässt sich eine Konnotation nicht mit den Mitteln des Strukturalismus eindeutig feststellen.
- Antonymie: Es können drei Arten von Antonymie unterschieden werden:
  - komplementäre Antonymie (*complementarietà*): Hiermit sind Wortpaare gemeint, bei denen das eine Lexem die Verneinung des anderen darstellt: *tacere* ‚schweigen' (entspricht *non parlare*) im Gegensatz zu *parlare* ‚reden', *vivo* ‚lebendig' im Gegensatz zu *morto* ‚tot' (entspricht *non vivo*). Komplementär antonyme Adjektive sind in ihrer Grundbedeutung nicht steigerbar (graduierbar); in übertragener Bedeutung ist eine Steigerung (Komparation oder Gradation) möglich (*più vivo* entsprechend *più vivace* ‚lebhafter'). Hier einige Beispiele:

Tab. 7.2 Komplementäre Antonymie

vivo	*morto*
parlare	*tacere*
cielo	*terra*

  - graduelle Antonymie (*antonimia graduale*): Hiermit sind Wortpaare gemeint, die Pole auf einem Kontinuum bezeichnen: *piccolo* ‚klein' und *grande* ‚groß'. Zwischen den beiden Wörtern besteht ein Kontinuum (Dimension der ‚Größe'), die Antonyme sind graduierbar: *(molto) più grande* ‚(sehr viel) größer'. Eines der beiden Antonyme ist merkmallos, das heißt: es kann (z. B. in Fragen) an Stelle des anderen zur Bezeichnung der Gesamtdimension verwendet werden: *Quant'è grande questa macchina?* ‚Wie groß ist dieses Auto?' (die Frage kann sich auch auf ein kleines Auto beziehen). Weitere Beispiele:

Die sich zwischen zwei Antonymen aufspannende Skala kann mit weiteren Lexemen abgestuft werden:

gelato ‚eiskalt'	*freddo* ‚kalt'	*tiepido* ‚lauwarm'	*caldo* ‚warm, heiß'	*bollente* ‚kochend heiß'

Tab. 7.3 Graduelle Antonymie

- Konverse Antonymie (*conversione*): In dieser Relation stehen sich Wörter paarweise gegenüber, die z. B. die Umkehrung einer Handlung ausdrücken, ohne dabei in einer Negationsbeziehung zu stehen: *vendere* ‚verkaufen' und *comp(e)rare* ‚kaufen', *padre* ‚Vater' und *figlio* ‚Sohn'.

► Hyperonymie, Hyponymie: Besonders wichtig für die Strukturierung des Wortschatzes sind Hyperonymie bzw. Hyponymie: Unter Hyperonymen versteht man Oberbegriffe, unter Hyponymen untergeordnete speziellere Lexeme, die das Hyperonym implizieren, sofern es überhaupt ein lexikalisiertes Hyperonym gibt: so implizieren Lexeme wie *rosa* ‚Rose', *garofano* ‚Nelke' usw. das Hyperonym *fiore*. Die beiden Termini *Hyperonym* und *Hyponym* bilden untereinander selbst eine konverse Antonymie.

Homonymie und Polysemie

7.3

Homonymie

Lexeme, die eine völlig unterschiedliche Bedeutung haben, aber die gleiche Form, werden als Homonyme bezeichnet. Zeigen sie nur die gleiche lautliche Form bei unterschiedlicher Grafie (z. B. bei der Präposition *a* und der dritten Person Singular von *avere*: *ha*), spricht man von Homophonie, umgekehrt bei gleicher Schreibung und unterschiedlicher Lautung von Homografie (*pesca* ‚Fisch (-fang, -gericht)' und *pesca* ‚Pfirsich'). Es besteht im Italienischen eine Tendenz zur Vermeidung von Homografien (z. B. durch die fakultative Setzung eines Akzents: *pèsca* ‚Pfirsich').

Polysemie

Unter Polysemie versteht man die Bedeutungsbreite oder die Summe aller möglichen Bedeutungsvarianten eines Lexems. So ist *casa* in dem Sinne polysem, dass es in manchen Kontexten ‚Haus' bedeutet, in anderen jedoch ‚Wohnung' oder ‚Haushalt'. Mit Hilfe der Zeugma-Probe kann eine Polysemie aufgedeckt werden. Das Zeugma ist eine rhetorische Figur, bei der zwei Kontexte kombiniert werden, die unterschiedliche Bedeutungen eines Lexems implizieren: *È uscito di casa, ma non dalla casa.* ‚Er ist aus seiner Wohnung, aber nicht aus dem Haus gegangen.' Von der Polysemie ist die Extension zu unterscheiden: Darunter versteht man die Menge von Objekten, die ein Lexem bezeichnen kann. Mit dem Lexem *libro* ‚Buch' sind mehr Objekte zu bezeichnen als mit dem Wort *manuale* ‚Lehr-, Handbuch'. Dafür enthält *manu-*

ale mehr Information als *libro*, die Darstellung der Bedeutung von *manuale* erfordert einen größeren Aufwand, kurz: seine INTENSION ist größer. Wenn man vom Sonderfall der EIGENNAMEN und DEIKTIKA absieht, verhalten sich EXTENSION und INTENSION umgekehrt proportional: je größer die INTENSION, desto kleiner die EXTENSION.

Viele Wörter, die man aus heutiger synchronischer Perspektive eher als HOMONYM bezeichnen würde, sind diachron polysem: z. B. *ora* ‚jetzt' und *ora* ‚Stunde' von lateinisch HORA ‚Stunde'.

Obwohl sie meist in einem Atemzug mit den Bedeutungsrelationen genannt werden, sind Polysemie und Homonymie selbst keine Bedeutungsrelationen. Homonymie ist die Eigenschaft zweier Wörter (oder Formative) auf der Ausdrucksseite übereinzustimmen, Polysemie ist die Eigenschaft eines Wortes (oder Formativs), mehr oder weniger viele Bedeutungsvarianten zu haben.

7.4 | Etymologie

Etymologie

Die Erforschung der Geschichte von Wörtern (Lexemen) wird ETYMOLOGIE genannt. Sie ermittelt den Ursprung eines Wortes (ETYMON, Plural: ETYMA) und zeigt die formale wie inhaltliche Entwicklung des Wortes. Es müssen sich systematische Beziehungen zwischen den Wörtern und den Etyma ergeben. Wenn sich solche systematischen Entwicklungen nicht zeigen und sich dies nicht erklären lässt, muss die Etymologie revidiert werden. Die Etyma werden durch Kapitälchen (das sind Großbuchstaben in der Größe von Kleinbuchstaben, siehe das Beispiel HORA) gekennzeichnet. So entwickelt sich HORA lautlich völlig systematisch bzw. regelmäßig (Wegfall des H schon im gesprochenen Latein), die Bedeutung der Substantive HORA und *ora* stimmt zudem (weitgehend) überein. Die Sonderentwicklung des Adverbs lässt sich über adverbiale Verwendungen des lateinischen Ablativs HORĀ (mit langem Ā) ‚zur Stunde' (= ‚jetzt') erklären.

Metapher

Bei der Beschreibung von Bedeutungsentwicklungen (diachronische Semantik) sind die Prozesse der METAPHER und der METONYMIE wichtig; bei der Metapher (*metàfora*) handelt es sich um den Prozess der Bedeutungsübertragung durch (impliziten) Vergleich: so beruht *segreteria telefonica* ‚Anrufbeantworter' auf dem Vergleich der Maschine mit einem Sekretariat, wo man Nachrichten für jemanden hinterlassen kann.

Metonymie

Man kann drei Spielarten der METONYMIE (*metonimia*, Bedeutungsverschiebung) unterscheiden, wovon die ersten beiden auch als SYNEKDOCHE (*sinèddoche*, f.) bezeichnet werden:

- ein Teil eines Ganzen wird zur Benennung des Ganzen verwendet (lateinisch: *pars pro toto*): *piatto* ‚Platte, Teller' metonymisch auch für ‚Gericht' (schließt also auch das ein, was auf dem Teller liegt),

- ein Ganzes wird zur Benennung eines Teils eingesetzt (lateinisch: *totum pro parte*): *amministrazione* ‚Verwaltung' für die verantwortlichen Sachbearbeiter,
- alle anderen Bedeutungsverschiebungen, die ähnlich wie die bereits genannten funktionieren, bei denen es aber schwierig ist, von einer Teil-Ganzes-Beziehung zu sprechen: z. B. bei der Verallgemeinerung von Markennamen zur Bezeichnung eines Produktes: *espresso* ‚Espresso' entsteht aus dem Namen einer Kaffeemaschine. Diese Entwicklung besteht aus einer doppelten Metonymie: der Verwendung des Namens der Maschine für das damit hergestellte Getränk und die Verallgemeinerung auf auch mit anderen Maschinen und inzwischen mit völlig anderen Verfahren hergestellten Kaffee bzw. sogar das Kaffeepulver, das zur Herstellung des Kaffees nötig ist.

Grammatikalisierung

Bei der Etymologie geht es zwar vorrangig um Wortgeschichte, aber man verfolgt auch grammatische Formative zurück, wenn diese auf ein lexematisches Etymon zurückführbar sind. Die Entwicklung eines Formativs aus einem Lexem wird als GRAMMATIKALISIERUNG (*grammaticalizzazione*) bezeichnet. So geht zum Beispiel die Adverbendung *-mente* auf das lateinische feminine Lexem MENS, Genitiv: MENTIS, in der Bedeutung ‚Art, Weise' zurück. Als Etymon ist die Form MENTE (Akkusativ/Ablativ) anzusetzen; RAPIDA MENTE bedeutet also ‚auf schnelle Art und Weise'. Inzwischen ist auf dem Weg der Grammatikalisierung ein Wort aus diesem Syntagma geworden, nämlich ein Adverb; *-mente* hat heute im Italienischen keinen Wortstatus mehr, sondern ist ein Formativ, mit dem Adverbien aus Adjektiven abgeleitet werden können.

Übungen

7.5

1 Welche Antonyme hat *vecchio*, welche Art von Antonymie liegt vor (mit Test)?

2 Inwiefern ist *vecchio* polysem?

3 Geben Sie drei Hyponyme von *fiore* an und ein Hyperonym.

4 Erklären Sie aus der Sprachgeschichte, warum abgeleitete Adverbien im Italienischen immer auf der femininen Form des Adjektivs basieren.

5 Wie man heute noch an den Formen erkennt, ist das italienische Futur aus einem Infinitiv und eine Form von ‚haben' entstanden (*farò, farai, farà* usw.). Wie lässt sich die Entwicklung von ‚zu tun haben' zum Futur semantisch erklären?

6 Welche Beziehung besteht zwischen *letto* ‚Bett' und *letto* ‚gelesen'?

7.6 | Literaturhinweise

Die umfassendste Darstellung der Semantik ist Lyons (1977). Die Bedeutung eines Worts ermittelt man am besten über ein großes einsprachiges Wörterbuch. Für das Italienische stehen eine Reihe zur Verfügung. Besonders offen für neuere Entwicklungen auch im Bereich des Lehnwortschatzes ist Devoto/Oli (1996); dieses Wörterbuch enthält auch brauchbare etymologische Hinweise. Ältere etymologische Wörterbücher (wie das *Dizionario etimologico italiano,* DEI) werden inzwischen in den Schatten gestellt durch das entstehende neue und umfassendste *Lessico etimologico italiano* (Einheit 1), das leider noch lange nicht abgeschlossen sein wird. Für eine einfachere Handhabung wird man jedoch am *Dizionario etimologico della lingua italiana* (DELI) und an Devoto (1995) festhalten.

Flexion

Inhalt

8.1	Wort und Morphem	98
8.2	Flexion	99
8.3	Historische Morphologie	104
8.4	Übungen	105
8.5	Literaturhinweise	105

Überblick und Definition

In den Einheiten 8 und 9 werden wir uns mit der Morphologie der italienischen Sprache beschäftigen. Die MORPHOLOGIE befasst sich mit der Form von Wörten (und bedeutungstragenden Teilen von Wörtern) und wird unterteilt in den Bereich der WORTBILDUNG (*formazione delle parole,* lexikalische Morphologie) und den der FLEXION (*flessione,* Flexionsmorphologie, *morfologia flessiva*) oder ‚Beugung'. Wir beginnen in dieser Einheit mit der Flexion. Zuvor jedoch einige Erläuterungen zum Begriff ‚Wort'.

8.1 | Wort und Morphem

Wort

Im semantischen Kontext versteht man unter WORT einen Lexikoneintrag (LEMMA, Plural: LEMMATA) bzw. eine lexikalische Einheit (LEXEM). In der MORPHOLOGIE ist das Wort die Einheit für morphologisch beschreibbare Prozesse (kurz: MORPHOLOGISCHE PROZESSE): So kann ein Wort z. B. im Singular oder im Plural verwendet werden; die Ableitung des Plurals aus dem Singular (Pluralisierung) ist ein morphologischer Prozess, z. B. *casa – case, uomo – uomini* usw.

Phonologisches Wort

Im phonologischen Sinn versteht man unter Wort (PHONOLOGISCHES WORT) eine Lautfolge, die allein vorkommen oder wenigstens relativ frei im Satz verschoben werden kann und einen Akzent trägt: So besteht der Satz: *Domani tornerò.* aus zwei Wörtern, die jeweils einen Akzent tragen und auch umgestellt werden können: *Tornerò domani.* Als Antwort auf die Frage: *Quando tornerai?* kann *domani* allein stehen, wie auch *tornerò* allein stehen kann, z. B. als Antwort auf die Frage: *Che farai domani?*

Klitika

Lautfolgen, die keinen Akzent tragen können und sich daher an ein benachbartes Wort anlehnen müssen, werden als KLITIKA (Singular: KLITIKON, *clitico*) bezeichnet. Klitika sind z. B. der definite Artikel des Italienischen, die Negation *non* usw., sie bilden zusammen mit dem folgenden Wort (PROKLITISCH) eine Akzenteinheit (PHONOLOGISCHES WORT). Die unbetonten Objektpronomina können sowohl PROKLITISCH als auch ENKLITISCH sein, da sie proklitisch mit dem folgenden finiten Verb (*mi dica!* ‚sagen Sie mir') und enklitisch mit dem vorangehenden infiniten Verb oder Imperativ eine Akzenteinheit bilden können (*dirmi* ‚mir (zu) sagen', *dimmi!* ‚sag mir').

Morphem

Oben wurde ausgeführt, dass z. B. in *case* durch den morphologischen Prozess der Pluralbildung aus *casa* ein Wort im Plural entstanden ist. Damit ist klar, dass *case* ein komplexes Zeichen ist, das aus einem Element, das ‚Haus' bedeutet, und einem Pluralzeichen besteht. Die Zerlegung in *cas-* + *-e* ist zwar problematisch, weil *cas-* nicht allein stehen kann, aber es ist klar, dass es unterhalb der Wortebene noch bedeutungstragende Elemente gibt. Die identifizierten Zeichen *cas-* und *-e* sind ihrerseits aber nicht weiter in kleinere bedeutungstragende Teile zu zerlegen.

Definition

Die kleinste bedeutungstragende Einheit einer Sprache wird als MORPHEM bezeichnet.

In der Analyse von *case* ist *cas-* ein lexikalisches Morphem mit der Bedeutung ‚Haus' und *-e* ein grammatisches Morphem, das den Plural eines femininen Substantivs anzeigt. Manche feminine Substantive haben als Pluralzeichen jedoch *-i* (z. B. *mano, mani* oder *lezione, lezioni*). Es liegen offensichtlich zwei Morphemvarianten vor. Solche Morphemvarianten werden als ALLOMORPHE bezeichnet.

Als sprachliches Zeichen hat das Morphem eine Ausdrucksseite (Form), die im Falle von Allomorphie variieren kann, und eine Inhaltsseite (Bedeutung). So verfügt das unbetonte Objektpronomen im Femininum Singular über die Allomorphe *le* (wenn es ohne folgendes Objektpronomen auftritt) und *glie-* vor einem weiteren Objektpronomen, z. B. *lo*: *glielo*. Diese Morphemvariante ist identisch mit dem im gleichen Kontext verwendeten Allomorph des Maskulinums (*gli* + *lo* → *glielo*), z. B.:

***Le** ho prestato il libro di linguistica.*	‚Ich habe ihr das Linguistik-Buch geliehen.'
***Glielo** ho prestato.*	‚Ich habe es ihr geliehen.'
Morphem	**Allomorphe**
unbetontes Objektpronomen im Femininum Singular (‚ihr')	*le* (ohne weiteres Objektpronomen) *glie-* + weiteres Objektpronomen

Tab. 8.1 Morphem und Allomorphe

Flexion

8.2 Flexion

Typisch für das Italienische ist, dass Wörter in Bezug auf bestimmte Kategorien (s. u.) verändert, d. h. flektiert (= gebeugt) werden können. Die Flexion der Wörter erfolgt vor allem durch Endungen (synthetisch); die Endungen betreffen meist mehr als eine Kategorie (hoher Fusionsgrad). Wird von einem Wort die Endung abgezogen, bleibt die sogenannte Wortwurzel übrig (*canto* ‚ich singe' – *-o*, 1. Person Singular' = *cant-*). Viele Endungen enthalten einen immer wiederkehrenden Vokal, der für die Flexionsklasse typisch ist (z. B. das *-a-* in *cantare* ‚singen'). Genau genommen gehört dieser Vokal gar nicht zur Endung, sondern bildet zusammen mit der Wortwurzel den Wortstamm; deshalb spricht man auch von Stammvokal (Themavokal). Das flektierbare morphologische Wort hat daher den folgenden Aufbau (oft wird im Italienischen jedoch der Stammvokal auch zur Endung gerechnet; man spricht dann von Endung mit Stammvokal):

Wurzel +	Stammvokal +	Endung (ohne Stammvokal)
cant-	*-a-*	*-re*
cred-	*-e-*	*-re*
sent-	*-i-*	*-re*

Tab. 8.2 Bestandteile der Infinitivformen italienischer Verben

Synthetisch vs. analytisch

Im Verbalbereich gibt es neben der synthetischen Flexion (in einer Wortform zusammen realisiert; z. B. *credo*) auch eine analytische (= aufgelöste), bei der infinite Verbformen mit finiten Verbformen außerhalb eines Wortverbands kombiniert werden, so in *ho cantato* ‚ich habe gesungen': diese analytische Flexionsform setzt sich aus dem finiten Hilfsverb *ho* und dem Partizip *cantato* zusammen.

Paradigma

Eine Liste von Flexionsformen (synthetischer oder analytischer Art) wird als Paradigma (meist auf dem *i* betont, manchmal auch wie im Italienischen auf dem zweiten *a*, *paràdigma*, m.) bezeichnet. Hier ein Beispiel:

Tab. 8.3 Flexionsparadigma der Präsensformen von *cantare*

Numerus	Person	Form
Singular	1	*canto*
	2	*canti*
	3	*canta*
Plural	1	*cantiamo*
	2	*cantate*
	3	*cantano*

Nominale Kategorien

Die nominalen Flexionskategorien sind Numerus (Plural: Numeri, italienisch *numero*) und Genus (Plural: Genera, italienisch: *gènere*, m.). Die Nominalflexion wird auch als Deklination bezeichnet. Die Numeri des Italienischen sind Singular und Plural, die Genera sind Maskulinum und Femininum (nicht „männlich" und „weiblich"!). Während sich Adjektive (einschließlich der Partizipien) nach dem Genus und Numerus des Substantivs richten, auf das sie sich beziehen (Kongruenz), ist das Genus dem Substantiv inhärent, das heißt: das Genus des Substantivs richtet sich nicht nach dem eines Bezugswortes.

Tab. 8.4 Flexionsparadigma einiger regelmäßiger Nomina

Numerus	Singular	Plural
Maskulines Genus	*libro* *cuore*	*libri* *cuori*
Feminines Genus	*casa* *lezione*	*case* *lezioni*

Motion

Lediglich im Bereich des so genannten „natürlichen" Geschlechts (Sexus, *sesso*) gibt es bei bestimmten Substantiven die Notwendigkeit, besondere weibliche oder männliche Formen abzuleiten. Diese besondere Form der Derivation heißt Motion oder Movierung. Für das Wortfeld der familiär-sozialen Beziehungen stellt das Lexikon typischerweise sexuspaarige Substantive zur Verfügung: *cugino/cugina* (‚Cousin/Cousine'), *amico/amica* (‚Freund/Freundin').

Merkmalhaftigkeit

Dabei zeigt sich, dass eine der beiden Formen (vor allem die maskuline Form) in vielen Kontexten in Bezug auf die Kategorie Sexus nicht festgelegt ist: *i miei amici* ‚meine Freunde' umfasst nicht nur männliche Personen, *le mie amiche* ‚meine Freundinnen' umfasst jedoch explizit nur weibliche Personen. Man sagt, die feminine Form *amiche* ist in Bezug auf Sexus MERKMALHAFT, während die maskuline Form *amici* MERKMALLOS ist. Auch für das Wortfeld der Tiere (vor allem im Bereich der Haustiere) ist das Nebeneinander einer merkmallosen und einer merkmalhaften Form typisch: *gatto* ‚Katze, Kater', *gatta* ‚weibliche Katze', *cavallo* ‚Pferd', *cavalla* ‚Stute' usw. Ähnliches gilt für das Wortfeld der Inhaber von Berufen oder sozialen Rollen: *studente* ‚Student, Studierender', *studentessa* ‚Studentin', *professore* ‚Professor (männlich oder sexusneutral)', *professoressa* ‚Professorin'. Manche solcher Wörter können keine spezielle feminine Form bilden: *insegnante* ‚Lehrer, Lehrender', *pilota* ‚Pilot, Steuermann', *amante* ‚Liebhaber' usw.

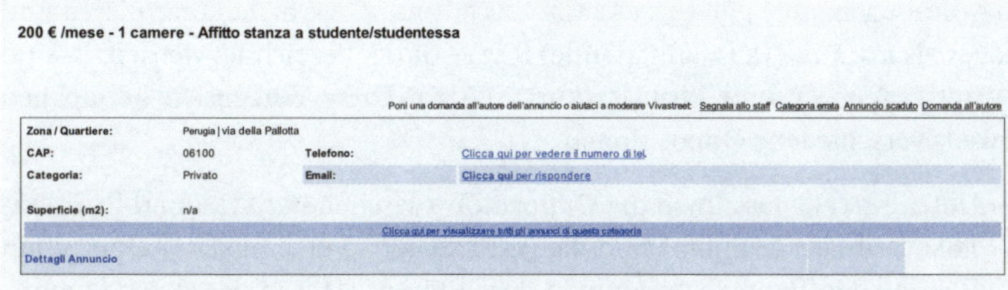

Abb. 8.1
In diesem Zimmerangebot für Studierende in Perugia wird die maskuline (merkmallose) Form offensichtlich nur auf männliche Personen bezogen.

Verbale Kategorien

In den romanischen Sprachen ist die VERBALFLEXION (KONJUGATION) reichhaltiger als die NOMINALFLEXION. Die VERBALEN FLEXIONSKATEGORIEN sind:

- PERSON (*persona*), NUMERUS (*numero*),
- TEMPUS (*tempo*), ASPEKT (*aspetto*), MODUS (*modo*).

Gelegentlich wird – in Orientierung am Lateinischen – die Unterscheidung von Aktiv und Passiv (DIATHESE, *diàtesi*, f., oder GENUS VERBI) ebenfalls als Flexionskategorie aufgefasst. Die Diathese kann im Italienischen jedoch rein syntaktisch beschrieben werden. Wir werden sie daher im Folgenden nicht als eigene Flexionskategorie betrachten.

Personalkongruenz

Im Italienischen kongruiert das FINITE VERB mit seinem Subjekt, das heißt: es nimmt je nach Subjekt eine bestimmte Form an. Die KONGRUENZ (= Übereinstimmung) besteht in Person und Numerus. Die drei PERSONEN sind im Singular: der Sprecher (erste Person Singular), der Hörer (zweite Person Singular) und der/die/das Besprochene (dritte Person Singular); im Plural sind zu unterscheiden: der Sprecher und Andere (erste Person Plural), der Hörer und Andere mit Ausnahme des Sprechers (zweite Person Plural) und mehrere Besprochene (dritte Person Plural). Nur in der dritten Person handelt es sich also um eine echte NUMERUS-Unterscheidung, während bei den ersten beiden Personen ein komplexerer Unterschied vorliegt (‚wir' ist nicht ‚ich' + ‚ich', ‚ihr' nicht ‚du' + ‚du'). Daher sprechen manche Autoren auch von vierter (‚wir') und fünfter (‚ihr') Person.

Tab. 8.5 | Paradigma der Perfektformen von *lavorare*

Numerus	Person	Form
Singular	1	*ho lavorato*
	2	*hai lavorato*
	3	*ha lavorato*
Plural	1	*abbiamo lavorato*
	2	*avete lavorato*
	3	*hanno lavorato*

TAM (Tempus – Aspekt – Modus)

Neben den Kongruenzkategorien des Verbs (manchmal auch Akzidenzkategorien genannt) gibt es verbale Kategorien, die nicht kongruieren und daher als inhärente (= anhaftende) Kategorien bezeichnet werden: Es sind Tempus, Aspekt und Modus (kurz: TAM). Diese Kategorien bezeichnen jeweils verschiedene Oppositionen:

- Unter Tempus fasst man die Opposition zwischen Präsens und Präteritum (primäre Tempora) und die Anterior (= Vorzeitigkeits)-Opposition (sekundäres Tempus) zusammen. Das Präsens stellt in der ersten Opposition den merkmallosen Fall dar (so kann das historische Präsens auch mit Bezug auf die Vergangenheit verwendet werden), in der zweiten Opposition ist Nicht-Anterior der merkmallose Fall. Anteriorformen werden besonders markiert; das Präsens Anterior wird in der Regel als Perfekt bezeichnet (nicht mit perfektiv, s. u., zu verwechseln), das Präteritum Anterior als Plusquamperfekt.

  In traditionellen Darstellungen wird das Futur ebenfalls als Tempus-Kategorie aufgefasst. Es steht aber zwischen Tempus und Modus, da es immer auch oder sogar in erster Linie eine modale Komponente hat. Deutlich wird das etwa an folgenden Beispielsätzen: *Non ucciderei.* ‚Du sollst nicht töten.' oder *Sarà come dice Lei.* ‚Sie mögen Recht haben.' Daher wird es in der neueren Forschung entweder als Tempus-Kategorie behandelt oder als eigenständig angesehen.

  Hier nun eine bildliche Darstellung der Kategorie Tempus:

Abb. 8.2 | Kategorie Tempus

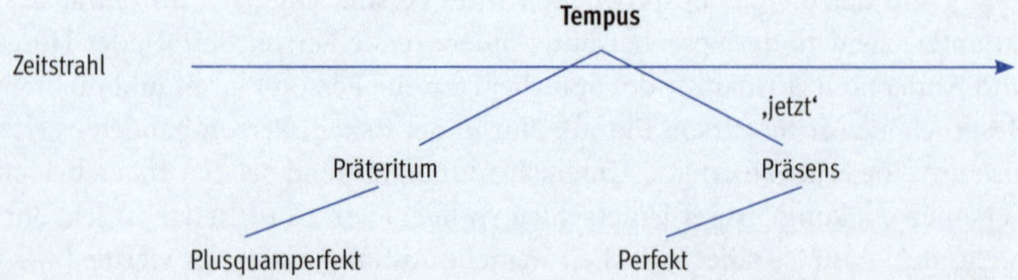

- Bei ASPEKT geht es um die PERFEKTIV-IMPERFEKTIV-Opposition. Im Italienischen besteht die Opposition nur im Präteritum, so dass ein PERFEKTIVES PRÄTERITUM und ein IMPERFEKTIVES PRÄTERITUM (kurz: IMPERFEKT) unterschieden werden. Eine punktuell dargestellte Handlung/Ereignis oder ein Zustandswechsel wird mit dem PERFEKTIVEN PRÄTERITUM ausgedrückt, ein Zustand oder eine zustandsähnliche Hintergrundhandlung mit dem IMPERFEKTIVEN PRÄTERITUM (z. B. *Il padre leggeva il giornale quando arrivò Alessandra.* ‚Der Vater las gerade die Zeitung, als Alessandra ankam.'). Auch der PROGRESSIV (*sta facendo* ‚er/sie/es ist dabei zu tun') ist ein Aspekt, allerdings ist seine Anwendung optional, also nicht völlig grammatikalisiert, so kann man auch sagen: *Il padre stava leggendo il giornale quando arrivò Alessandra.* Hier wird noch besonders betont, dass Alessandras Ankunft genau in dem Moment erfolgte, als der Vater die Zeitung las. Man kann diese besondere Bedeutung im Deutschen nachahmen, indem man den Satz wie folgt übersetzt: ‚Der Vater war noch dabei, die Zeitung zu lesen, als Alessandra eintraf.' Die besondere Betonung des Verlaufs kann unter anderem dazu eingesetzt werden, eine überraschende Wendung anzuzeigen (im Deutschen durch ‚noch' angedeutet).
- Mit MODUS sind eine Reihe von morphologischen Oppositionen gemeint: Dem merkmallosen INDIKATIV stehen die Modi IMPERATIV (für überwiegend an die zweite Person Singular/Plural gerichtete Befehle), KONJUNKTIV (in abhängigen Sätzen nach bestimmten Verben), FUTUR (für wahrscheinliche Ereignisse und Zustände, daher auch: PROBABILITÄTSFUTUR/POTENTIALFUTUR) und KONDITIONAL (für irreale oder unwahrscheinliche Ereignisse und Zustände) gegenüber.

Übersicht

Die folgende Tabelle fasst die Kategorien zusammen (mit Ausnahme des Anteriors):

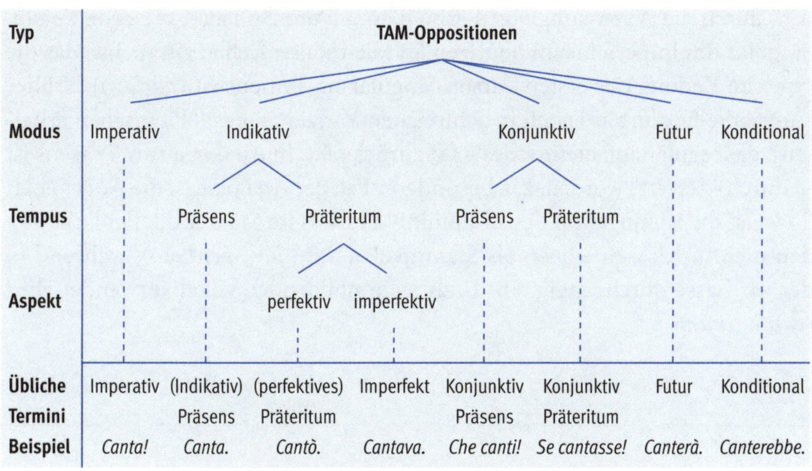

Tab. 8.6
Die TAM-Kategorien des italienischen Verbs *cantare*

Anterior

Alle hier aufgeführten (Sub-) Kategorien – die landläufigen Termini stehen in der vorletzten Zeile – verfügen auch über ANTERIORFORMEN. Im Präsens spricht man statt von ANTERIOR auch von PERFEKT; das PLUSQUAMPERFEKT ist eine andere Bezeichnung für IMPERFEKTIVES PRÄTERITUM ANTERIOR.

8.3 | Historische Morphologie

Historische Morphologie

Neben der synchronischen Beschäftigung mit der morphologischen Struktur einer Sprache kann man Morphologie auch diachronisch betreiben. Dabei geht es besonders um die Entstehung morphologischer Formen aus anderen morphologischen Formen oder aus nicht-grammatischen Ausdrucksmitteln (das sind in der Regel Lexeme). Die Entstehung von grammatischen Ausdrucksmitteln aus nicht-grammatischen wird als GRAMMATIKALISIERUNG bezeichnet. So entstehen die romanischen Futur- und Konditionalformen aus der Kombination des ‚haben'-Verbs mit dem Infinitiv (vgl. ‚zu tun haben', FACERE-HABEO-Konstruktion), die romanischen Anteriorformen gehen zum Teil ebenfalls auf das ‚haben'-Verb zurück, das mit dem Partizip verknüpft wird (HABEO-FACTUM-Konstruktion). Die Nachfolge dieser analytischen Konstruktion bleibt allerdings analytisch, während die Bildungen vom Typ FACERE HABEO zu einer synthetischen Form geworden ist (*farò* ‚ich werde tun'). Gleichzeitig hat das italienische Futur die obligative Bedeutungskomponente der FACERE-HABEO-Konstruktion verloren (vgl. ‚ich habe zu tun', das diese Bedeutungskomponente noch zeigt); es ist ein reines PROBABILITÄTSFUTUR (lat. *probabilis* = wahrscheinlich). Daneben kommen – zunächst wohl nur in der Umgangssprache – eine neue Obligativkonstruktion (*ho da fare* ‚ich habe zu tun') und ein neues intentionales (nahes) Futur auf (*vado/vo a fare* ‚ich gehe tun').

Analogie

Das Formeninventar einer Sprache verändert sich auch durch ANALOGIE, d.h. durch die Anpassung von Formen an andere: So lautet die erste Person Singular des Imperfekts im heutigen Standarditalienischen auf *-o* aus, das die typische Endung der ersten Person Singular im Präsens ist (*parlavo*). Früher lautete die Endung *-a* (noch in zahlreichen Varietäten des Italienischen erhalten), das regulär auf lateinisches –AM zurückgeht. In Analogie zum Präsens ist *-a* durch *-o* ersetzt worden. Ein besonderer Fall der Analogie ist die ALTERITÄT: So weist die Konjugation des Konjunktiv Präsens im Standarditalienischen in den nicht-*a*-Klassen ein *-a-* als Stammvokal auf (*dica, perdano*), während in der *-a*-Klasse durchgängig ein *-i-* als stammbildender Vokal verwendet wird (*canti, cantino*).

Übungen

8.4

Se la moglie di Giuseppe mi dava una sberla, io li prendevo tutt'e due per il collo.
‚Wenn Giuseppes Frau mir eine Ohrfeige gegeben hätte, wäre ich ihnen beiden an die Gurgel gegangen.'

1 Bestimmen Sie die Verbformen. Welche Funktion(en) haben die Formen in diesem Beispiel?

2 Listen Sie alle Klitika des Satzes auf. Analysieren Sie die Verbformen des Textes morphologisch.

3 Benutzen Sie andere funktional äquivalente Verbformen.

4 Welche ungebundenen Morpheme dieses Satzes haben Allomorphe?

Literaturhinweise

8.5

Eine Einführung in das morphologische Modell der Merkmalhaftigkeit („natürliche Morphologie") gibt Mayerthaler (1981). Die TAM-Kategorien des italienischen Verbs werden ausführlich diskutiert in Bertinetto (1986). Eine textlinguistische Auseinandersetzung mit der Kategorie Tempus unternimmt Weinrich (1994, in erster Auflage schon 1971 erschienen).

Eine Einführung in das Grammatikalisierungsmodell (historische Morphologie) gibt Lehmann (1985, ausführlicher: 1995), das durch die Lektüre zumindest der Einführung aus Lüdtke (1980) ergänzt werden sollte.

Wortbildung

Inhalt

9.1	Verfahren der Wortbildung	108
9.2	Komposition	108
9.3	Derivation	109
9.4	Andere Verfahren	118
9.5	Übungen	119
9.6	Literaturhinweise	120

Überblick

Diese Lehreinheit befasst sich mit einem weiteren Bereich der Formenlehre (Morphologie): Während es in der vorangegangen Einheit um grammatische Morphologie ging, werden wir uns nun damit beschäftigen, wie der Wortschatz durch Wortbildungsverfahren erweitert werden kann (lexikalische Morphologie). Zu diesen Verfahren gehören die Komposition (Wortzusammensetzung) und die Derivation (Ableitung) sowie andere Verfahren, bei denen es sich überwiegend um Sonderfälle der Derivation handelt.

9.1 | Verfahren der Wortbildung

Wortschatzerweiterung

Das Lexikon einer Sprache ist offen, d. h.: es kann (außer im Bereich der Funktionswörter, dazu zählen z. B. Präpositionen wie *da* ‚von, aus', Determinatoren wie *il* ‚der' oder Konjunktionen wie *e* ‚und') ständig erweitert werden. Aus alten Wörtern können dabei neue gebildet werden, indem jene verändert (DERIVATION, *derivazione* = Ableitung) oder zu neuen Wörtern zusammengesetzt werden (KOMPOSITION = Zusammenfügung). Während das Deutsche einen starken Gebrauch von kompositorischer WORTBILDUNG macht, verfügen die romanischen Sprachen vor allem über ein ausgefeiltes Inventar an Derivationselementen, so genannten AFFIXEN (*affisso*, z. B. *co-*, *con-* oder *–ino*, *-uccio*). Werden Affixe am Anfang eines Wortes angefügt, spricht man von PRÄFIXEN (*prefisso*, z. B. *cominciare* → ***ri****cominciare* ‚von vorn/wieder anfangen'), werden sie am Ende eines Wortes angefügt, von SUFFIXEN (*suffisso*, z. B. *mano* → *man****ino*** ‚Händchen').

9.2 | Komposition

Es gibt eine Reihe von Beispielen für Komposita (*composti*), die aus zwei Nomina (N+N) oder zwei Adjektiven bestehen (A+A): *cartamoneta* ‚Papiergeld', *autostrada* ‚Autobahn' (N+N) und *agrodolce* ‚süßsauer' (A+A). Dabei fällt auf, dass die N+N-Konstruktion dem Erstglied eine modifizierende Funktion zuweist (*moneta di carta* ‚Münzen aus Papier' bzw. *strada per auto(mobili)* ‚Straße für Autos', das Erstglied bestimmt das zweite also näher, solche Komposita werden als DETERMINATIVKOMPOSITA bezeichnet; bei den A+A-Komposita liegt hingegen eher eine Addition verschiedener Eigenschaften vor (ADDITIVKOMPOSITA), etwa in *chiaroscuro* ‚helldunkel' oder *bianconero* ‚schwarzweiß'. Bei N+A-Komposita liegt hingegen überwiegend EXOZENTRISCHE KOMPOSITION vor, d. h.: das Kompositum bezeichnet jemanden oder etwas, der/das die Eigenschaft hat, die mit dem Kompositum ausgedrückt wird: so ist *pellerossa* ‚Rothaut' jemand, der durch seine „rote" Haut charakterisiert wird.

In den romanischen Sprachen ist die Komposition vom Typ V+N besonders ausgeprägt: *apriscatole* ‚Dosenöffner' (wörtlich: ‚öffne Dose'), *asciugamano* ‚Handtuch' (‚trockne Hand') usw. Genau genommen handelt es sich um eine Kombination aus dem Verbstamm (identisch mit dem Imperativ Singular) und dem Komplement (Objekt) des Verbs in einem Verbalsyntagma, aus dem das Kompositum entstanden ist. Die Entstehung von neuen Lexemen aus Syntagmen (vgl. auch *pellerossa* aus dem Nominalsyntagma *pelle rossa*) wird als LEXIKALISIERUNG bezeichnet. Ein Wort gilt dann als lexikalisiert, wenn es ins Lexikon/Wörterbuch einer Sprache aufgenommen wurde, also wenn es sich nicht einfach um eine spontan gebildete Wortgruppe handelt, sondern Bestandteil eines Wortfeldes geworden ist (über Bedeutungsrelationen mit anderen Wörtern). In diesem Fall wird es in der Regel auch in gedruckte Wörterbücher aufgenommen, im Deutschen zum Beispiel in den Duden. Für das Italienische kommt eine ähnliche Funktion den großen einsprachigen Wörterbüchern zu (Zingarelli bzw. Devoto/Oli).

Univerbierung

Die Bildung von Komposita aus Verbalsyntagmen (V+N, siehe oben) oder Präpositionalsyntagmen wird als Sonderfall einer Lexikalisierung, die über den Nominalbereich hinausgeht, auch als UNIVERBIERUNG bezeichnet: *al di là* ‚jenseits' → *l'aldilà* ‚das Jenseits'.

Derivation

9.3

Die Bildung neuer Lexeme erfolgt, wie oben bereits erwähnt, in den romanischen Sprachen vor allem mit AFFIXEN, das sind Elemente, die an einen Stamm angeheftet werden.

Wir beginnen diesen Abschnitt mit den Präfixen, dies sind die Morpheme, die vorne an ein Wort angeheftet werden. Wie Sie sehen, verfügt das Italienische über ein beeindruckendes Inventar an Präfixen, die im Grunde alle noch aktiv sind, d.h. zur Bildung neuer Wörter dienen können:

Tab. 9.1
Liste der wichtigsten Präfixe im Italienischen

Präfix	**Deutsche Entsprechung, Bedeutung**	**Beispiel**
a-, an-	a-, an- Negation (sog. Privativpräfix)	*amorale* ‚unmoralisch', *anarchia* ‚Anarchie'
a- (danach Konsonanten-verdoppelung)	Annäherung	*accorrere* ‚herbeilaufen', *attirare* ‚anziehen', *apporre* ‚hinzufügen'
aero-	aero-, Luftfahrt	*aeronautica* ‚Luftfahrt', *aeroplano* ‚Flugzeug', *aeroporto* ‚Flughafen'
agri-	agri-, Landwirtschaft	*agriturismo* ‚Agriturismus' (‚Ferien auf dem Bauernhof'), *agricoltore* ‚Landwirt'
allo-	anders	*allopatia* ‚Allopathie', *allofono* ‚Allophon'
ambi-	beid-, ambi-	*ambivalente* ‚ambivalent', *ambidestro* ‚beidhändig'
ana-	gegen, wieder	*analogia* ‚Analogie', *anabattista* ‚Wiedertäufer'
ante-, anti-	vor	*antefatto* ‚Vorgeschichte', *anteguerra* ‚Vorkriegszeit'

Tab. 9.1 (Fortsetzung)

Präfix	Deutsche Entsprechung, Bedeutung	Beispiel
anti-	anti-, gegen	*anticostituzionale* ‚verfassungsfeindlich', *anticristo* ‚Antichrist'
archi-	erz-, archi-	*arcangelo* ‚Erzengel', *architrave* ‚Architrav, Sturz (Architektur)'
arci-	erz-, in großem Maß	*arcicontento* ‚grundzufrieden'
auto-	auto-, selbst	*autodidatta* ‚Autodidakt', *autocritica* ‚Selbstkritik'
bio-	bio-	*biologia* ‚Biologie', *bioinformatica* ‚Bioinformatik'
bis- / bi-	zwei(mal), zwie-	*bisnonno* ‚Urgroßvater', *biscotto* ‚Zwieback', *bisettimanale* ‚zweiwöchentlich'
circum-	zirkum-, herum	*circumterrestre* ‚zirkumterrestrisch', *circumnavigare* ‚umschiffen'
cis-	diesseitig	*cisalpino* ‚diesseits der Alpen'
co-	zusammen	*coinquilino* ‚Mitmieter', *coassiale* ‚koaxial', *coabitare* ‚zusammenwohnen'
con-	zusammen	*condirettore* ‚Mitdirektor', *connazionale* ‚Landsmann', *convivere* ‚zusammenleben'
contro-	gegen	*controfattuale* ‚den Fakten widersprechend', *controbattere* ‚widerlegen, erwidern'
cripto- / critto-	krypto-, geheim-	criptonimo ‚Deckname', crittografia ‚Kryptografie'
dattilo-	Finger, Schreibmaschine	*dattilografo* ‚Schreibkraft', *dattiloscritto* ‚maschinegeschrieben, Typoskript'
de-	de-, ent-	*deumidificare* ‚trockenlegen'
demo-	demo-, Volks-, demokratisch	*demoscopia* ‚Demoskopie', *democristiano* ‚Christdemokrat', *demoproletario* ‚Anhänger der Democrazia Proletaria'

Präfix	Deutsche Entsprechung, Bedeutung	Beispiel
dis-	auseinander, Negation	*disarmonia* ‚Disharmonie', *disabile* ‚behindert', *disfare* ‚auseinandernehmen'
eco-	Umwelt	*ecologia* ‚Ökologie'
es-	aus-	*escludere* ‚ausschließen', *esportare* ‚exportieren'
ex(-)	ex	*exmoglie*, *ex-moglie* ‚Exfrau', *ex-presidente* ‚Expräsident'
extra-	sehr, in hohem Maß	*extralucido* ‚Hochglanz-'
fono-	phono-, Schall	*fonografo* ‚Phonograph', *fonologia* ‚Phonologie'
geo-	geo-	*geologia* ‚Geologie', *geocentrico* ‚geozentrisch'
idr(o)-	Wasser-, hydro-	*idrofilia* ‚hydrophil', *idroscafo* ‚Tragflügelboot'
in-	ein-, in-	*immettere* ‚einfädeln, einführen', *importare* ‚importieren'
in-	in-, Negation (sog. Privativpräfix)	*inesperienza* ‚Unerfahrenheit', *incapace* ‚unfähig'
infra-	infra-	*infrastruttura* ‚Infrastruktur', *infrarosso* ‚infrarot'
inter-	inter-, zwischen	*interregno* ‚Interregnum', *intercorrere* ‚dazwischenliegen'
intra-	intra-, unter-	*intramolecolare* ‚intramolekular', *intraprendere* ‚einschlagen, unternehmen'
iper-	hyper-, in (zu) hohem Maß, über-	*ipermercato* ‚großer Supermarkt', *iperattivo* ‚hyperaktiv', *ipernutrire* ‚überernähren'
ipo-	hypo-, unter-	*ipoalimentazione* ‚Unterversorgung', *ipocalorico* ‚kalorienarm', *iponutrirsi* ‚sich unterernähren'
iso-	iso-, gleich	*isocrono* ‚isochron', *isoscele* ‚gleichschenkelig'

Tab. 9.1 (Fortsetzung)

Tab. 9.1 (Fortsetzung)

Präfix	Deutsche Entsprechung, Bedeutung	Beispiel
macro-	macro-	*macromolecola* ‚Makromolekül', *macrocosmo* ‚Makrokosmos'
maxi-	maxi-, groß	*maxitaglia* ‚Übergröße', *maxiprocesso* ‚Maxiprozess'
mega- / megalo-	mega-, megalo-, sehr groß	*megafono* ‚Megaphon', *megalomania* ‚Größenwahn, Megalomanie'
melo-	melo-, Musik, Gesang	*melodramma* ‚Melodram', *melofobo* ‚melophob, Musikhasser'
meta-	meta-	*metalinguaggio* ‚Metasprache', *metagiuridico* ‚metajuristisch'
micro-	mikro-	*microscopio* ‚mikroskopisch', *microeconomia* ‚Mikroökonomie'
mini-	mini-	*minigonna* ‚Minirock', *minigolf* ‚Minigolf'
mono-	mono-, ein-	*monocellulare* ‚einzellig', *monolito* ‚Monolith, monolithisch (aus einem Stein)'
multi-	multi-, viel	*multicolore* ‚vielfarbig', *multiforme* ‚vielförmig'
neo-	neo-, neu	*neonazista* ‚Neonazi', *neologismo* ‚Neologismus', *neolitico* ‚Neolithikum (Jungsteinzeit), neolithisch'
oltre-	jenseitig, über-	*oltretomba* ‚Jenseits', *oltremarino* ‚überseeisch', *oltrepassare* ‚überschreiten'
omo-	homo-, gleich-	*omosessuale* ‚homosexuell', *omonimo* ‚homonym, gleichnamig'
onni-	all-	*onnipotente* ‚allmächtig', *onnivoro* ‚Allesfresser'
paleo-	paläo-, ur-	*paleontologo* ‚Paläontologe', *paleocristiano* ‚Urchrist'
para-	para-	*paramedico* ‚paramedizinisch, hilfsmedizinisch', *paranormale* ‚paranormal'

Tab. 9.1 (Fortsetzung)

Präfix	Deutsche Entsprechung, Bedeutung	Beispiel
pluri-	pluri-, mehr-	*plurilingue* ‚mehrsprachig', *pluricentrico* ‚plurizentrisch'
poli-	poly-	*polivalente* ‚polyvalent'
post-	post-, nach-	*postmoderno* ‚postmodern', *postdatare* ‚vorausdatieren'
pre-	prä-, vor(aus)-	*preguerra* ‚Vorkriegszeit', *prematrimoniale* ‚vorehelich', *prevedere* ‚voraussehen'
pro-	pro-	*proaborto* ‚abtreibungsbefürwortend, abreibungsfreundlich', *proamericano* ‚proamerikanisch, amerikafreundlich'
pro-	pro-, ur-, vor-	*proscimmia* ‚Halbaffe'
proto-	proto-, vor-	*protoromanzo* ‚vorromanisch', *prototipo* ‚Prototyp'
pseudo(-)	pseudo-, schein-	*pseudonimo* ‚Pseudonym', *pseudo prestito* ‚Scheinentlehnung'
re- / ri-	re-, wieder	*ridiscutere* ‚wieder/neu diskutieren'
retro-	retro-, zurück-, hinter-	*retrobottega* ‚Hinterzimmer', *retroattivo* ‚rückwirkend', *retrodatare* ‚zurückdatieren'
s-	ent-, Negation (sog. Privativpräfix), (her)aus-	*sblocco* ‚Entschärfung, Freigabe', *sfortunato* ‚unglücklich', *sbalzare* ‚(heraus-) schleudern'
semi-	semi-, halb-	*semicerchio* ‚Halbkreis', *semideserto* ‚halbverlassen'
sopra-	über-	*sopraddetto* ‚obengenannt', *sopraeccitare* ‚überregen'
sotto-	unter-, zu wenig	*sottocommissione* ‚Unterausschuss', *sottostimato* ‚unterschätzt'
sovra-	über-	*sovraccarico* ‚überlastet, Überlastung', *sovrastruttura* ‚Aufbau, Überbau', *sovrapporre* ‚überlappen'

Tab. 9.1 | (Fortsetzung)

Präfix	Deutsche Entsprechung, Bedeutung	Beispiel
stra-	über-, in hohem Maß	*stragrande* ‚riesig', *stravedere* ‚übersehen, sich täuschen, doppelt sehen'
sub-	sub-, unter-	*subalpino* ‚subalpin', *subaffittare* ‚unter(ver)mieten'
super-	super-, über-	*superburocrate* ‚Oberbürokrat', *supermodesto* ‚überbescheiden', *supervisionare* ‚überwachen'
sur-	sur-, über-	*surreale* ‚surreal', *surriscaldare* ‚überhitzen'
tele-	tele-, Fernseh-	*televisore* ‚Fernseher', *teletrasporto* ‚Teletransport, Beamen', *telefilm* ‚Fernsehfilm', *telecamera* ‚(Fernseh-) Kamera'
tra-, tras-	tra-, trans-, über-, durch-, um-	*travestito* ‚Transvestit', *tradurre* ‚übersetzen', *traforare* ‚durchbohren', *trascorrere* ‚durcheilen, durchsehen, zu weit gehen', *trasportare* ‚transportieren'
trans-	trans-, über-, um-, jenseitig	*transcodifica* ‚transkodieren', *transalpino* ‚jenseits der Alpen'
ultra-	ultra-	*ultrasuono* ‚Ultraschall', *ultravioletto* ‚Ultraviolett'
vice(-)	vize-	*vice re* ‚Vizekönig'

Typischerweise verändert sich die Wortart bei Präfixbildungen nicht (*dire* ‚sagen' → *contraddire* ‚widersprechen', *nazionale* ‚national' → *internazionale* ‚international', *passaggio* ‚Durchgang' → *sottopassaggio* ‚Unterführung' usw.). Bei manchen Suffixbildungen bleibt die Wortklasse auch erhalten, nämlich bei den DIMINUTIVEN (*diminutivi*), AUGMENTATIVEN (*accrescitivi*) und FREQUENTATIV- und INTENSIVBILDUNGEN (*alterati verbali*):

Diminutiv- und Augmentativbildungen

Unter DIMINUTIVEN versteht man „Verkleinerungs-" oder „Verniedlichungsformen"; durch Diminutivsuffixe erhalten die Wörter eine emotional positive Konnotation: *ragazzo* ‚Junge' → *ragazzino* ‚kleiner Junge'. AUGMENTATIVE dienen hingegen der expressiven Vergrößerung: *libro* ‚Buch' → *librone* ‚Schwarte'. Die beiden produktiven Suffixe der Diminutiv- und Augmentativbildung sind IKONISCH, d. h.: es besteht eine Verbindung zwischen den Ausdrucksmitteln und ihrem Inhalt: Das Diminutivsuffix *-in-* enthält einen geschlossenen Vokal (geschlossener, kleiner Mundraum), während das Augmentativsuffix *-ón-* einen offeneren Vokal enthält (offenerer, größerer Mundraum). Diminutive und Augmentative werden im Italienischen häufig verwendet; sogar Adverbien sind betroffen: *tardi* ‚spät' → *tardino, tarduccio* ‚etwas verspätet'. Häufig ist auch die Suffixakkumulation: *tavolinuccio* (Diminutive: *-in-* + *-ucci-*) ‚kleiner, hübscher Tisch', *giovanottino* (Diminutive: *-ott-* + *-in-*) ‚kleiner Jugendlicher', wobei auch unterschiedliche Suffixe akkumuliert werden können: *giovanottaccio* ‚Halbstarker' (Diminutiv + pejoratives Augmentativsuffix). Manche solcher Bildungen (besonders solche mit weniger produktiven Suffixen) sind lexikalisiert: *tagliatelle* ‚Tagliatelle (Bandnudelart)', *tortellini* (mit Suffixakkumulation) ‚Tortellini (kleine Törtchennudeln)' neben *tortelloni* ‚Tortelloni (große Törtchennudeln)', *giovanotto* ‚junger Mann' (in der Regel älter als *ragazzo*; *ragazzino* ‚kleiner Junge').

Frequentativ- und Intensivbildungen

Den Diminutiv- und Augmentativbildungen des Nominalbereichs entsprechen die Frequentativ- und Intensivbildungen des Verbalbereichs. Der Ablauf einer Handlung oder eines Ereignisses (Aktionsart) wird hierdurch charakterisiert, die meisten dieser Bildungen sind lexikalisch festgelegt, also nicht produktiv: *saltare* ‚springen' → *saltellare* oder *saltarellare* ‚hüpfen, hopsen' oder *salticchiare* ‚herumspringen', *parlare* ‚reden' → *parlottare* ‚flüstern, raunen'.

Denominale Verbalableitungen

Viele Suffixe dienen dem Wortklassenwechsel: So können aus Nomina Verben abgeleitet werden (daher: denominal – vom Nomen her), indem man sie mit einer Infinitivendung versieht: *viaggio* ‚Reise' → *viaggiare* ‚reisen'; manche müssen mit einem komplexeren Suffix versehen werden, z. B.: *onda* ‚Welle' → *ondeggiare* ‚(sich) wellen' (ob und welches stammerweiternde Suffix zu verwenden ist, beruht auf lexikalischer Festlegung und ist nicht vorhersagbar). Mit der Ableitung von Verben aus Adjektiven verhält es sich ähnlich (*calmo* ‚ruhig' → *calmare* ‚beruhigen', *tranquillo* ‚ruhig' → *tranquillizzare* ‚beruhigen').

Deverbale Nominalableitungen

Eine Reihe von mehr oder weniger produktiven Suffixen dienen der Ableitung von Nomina aus Verben. Unterschieden werden Nomina actionis (Handlungs- oder Tätigkeitsnomina) wie *esportazione* ‚Export' (von *esportare* ‚exportieren') oder *cambiamento* ‚Wechsel' (von *cambiare* ‚wechseln, tauschen') von Nomina agentis (Täternomina) wie *esportatore* ‚Exporteur' (ebenfalls von *esportare*) oder *cantante* ‚Sänger' (von *cantare* ‚singen'). Insbesondere solche Partizipialsuffixe (wie *-ante*) können auch zur Bildung von deverbalen Adjektiven dienen (vgl. *abbondare* ‚im Überfluss vorhanden sein' → *abbondante* ‚reichlich').

Nominalbereich

Innerhalb des Nominalbereichs können Adjektive substantiviert werden (*allegro* ‚fröhlich' → *allegria* ‚Fröhlichkeit', *povero* ‚arm' → *povertà* ‚Armut' usw.). Umgekehrt können aus Nomina Adjektive abgeleitet werden: *unità*

‚Einheit' → *unitario* „einheitlich'. Dabei spielen wieder PARTIZIPIALSUFFIXE (diesmal des Partizips Perfekt Passiv) eine besondere Rolle: *dente* ‚Zahn' → *dentato* ‚gezahnt', obwohl es gar kein Verb **dentare* ‚*zähnen' gibt. Aus Nomina können auch Nomina abgeleitet werden (NOMINA AGENTIS oder NOMINA ACTIONIS aus gegenständlichen Nomina): *forno* ‚Ofen' → *fornaio* ‚Bäcker' bzw. *bastone* ‚Stock' → *bastonata* ‚Stockschlag' usw.

Da wir uns dem Ende dieses Abschnitts zur Derivation nähern, ist hier der richtige Ort für eine Liste wichtiger Suffixe im Italienischen:

Tab. 9.2 Liste wichtiger Suffixe im Italienischen. Alle Endungen auf *-o* können, wenn sie sich auf weibliche Lebewesen beziehen, auch im Femininum stehen.

Basis	**Suffix**	**Deutsche Entsprechung, Bedeutung/Funktion**	**Beispiele**
N/A	*-accio*	Pejorativ (= Verschlechterung)	*donnaccia* ‚Weib', *casaccio* ‚Bruchbude', *cattivaccio* ‚schlimm'
N/A	*-astro*	Stief-; Pejorativ	*figliastro* ‚Stiefsohn', *pollastro* ‚junges Huhn, Einfaltspinsel', *giallastro* ‚gelblich, schmutzig-gelb'
N	-aio, -ai(u)olo	Beruf, Nomen agentis	*tabaccaio* ‚Tabakverkäufer', *giornalaio* ‚Zeitungsverkäufer', *boscaiuolo* ‚Holzfäller, Waldarbeiter'
N	*-ano*	Zugehörigkeit, Einwohner	*romano* ‚römisch, Römer', *hawaiiano* ‚hawaiisch, Hawaiianer'
N	-ario	-arium (Ort oder Gegenstand für)	*acquario* ‚Aquarium', *terrario* ‚Terrarium'
N	-ata	Getränk aus	*aranciata* ‚Aranciata, Orangeade', *limonata* ‚Limonade'
V	*-bile*	-fähig, -bar	*cantabile* ‚singbar', *visibile* ‚sichtbar'
N	-eggiare	Verbalableitung	*festeggiare* ‚feiern', *danneggiare* ‚schaden, beschädigen'
N/V	-ello	Diminutiv	*monachella* ‚junge Nonne', *campanella* ‚Glöckchen', *saltellare* ‚hüpfen'
N	-ese	Zugehörigkeit, Einwohner, Sprache	*bolognese* ‚Bologneser, bolognesisch, Bolognesisch', *cinese* ‚Chinese, chinesisch, Chinesisch'

Tab. 9.2 (Fortsetzung)

Basis	Suffix	Deutsche Entsprechung, Bedeutung/Funktion	Beispiele
N	-eto	Hain, -arium (Ort für)	*pineto* ‚Pinienhain', *roseto* ‚Rosengarten, Rosarium'
N	-etto	Diminutiv	*pezzetto* ‚Stückchen', *piazzetta* ‚Plätzchen', *villetta* ‚kleine Villa, Landhaus', *casetta* ‚Häuschen'
V	-evole	-fähig, -bar	*piacevole* ‚angenehm', *pieghevole* ‚biegbar'
A	-ezza	abstraktes Nomen	*altezza* ‚Höhe', *grandezza* ‚Größe'
N	-(i)ere	Nomen agentis, Beruf	*ragioniere* ‚Buchhalter', *ferroviere* ‚Eisenbahner'
N/A	*-ino*	Diminutiv	*spaghettini* ‚kurze Spaghetti', *manina* ‚Händchen', *tavolino* ‚Tischchen', *piccolino* ‚ganz klein'
N	*-ismo*	Ideologie	*socialismo* ‚Sozialismus', *idealismo* ‚Idealismus'
N	*-ista*	Zugehörigkeit (Ideologie), Beruf	*socialista* ‚Sozialist', *barista* ‚Gastwirt, Barbesitzer, Barkeeper', *giornalista* ‚Journalist'
A	*-mente*	Adverbableitung	*rapidamente* ‚schnell (Adverb)', *veramente* ‚wahr (Adverb)'
V	-mento	Nomen (actionis)	*risorgimento* ‚Risorgimento', *cambiamento* ‚Veränderung'
V	*-nte*	Partizip Präsens, Nomen agentis	*cantante* ‚Sänger', *luogotenente* ‚Stellvertreter'
N	*-one*	Augmentativ	*valigione* ‚Riesenkoffer', *ragazzone* ‚großer Junge'
A	-oso	mit etwas ausgestattet sein	*noioso* ‚langweilig, lästig', *spiritoso* ‚geistreich', *velenoso* ‚giftig'
N	-(o)teca	Ort	*discoteca* ‚Diskothek', *paninoteca* ‚Sandwich-Laden', *cineteca* ‚Cinemathek, Filmverleih'
N	-otto	Diminutiv	*giovanotto* ‚Jugendlicher, junger Mann', *salotto* ‚Wohnzimmer'

Tab. 9.2 (Fortsetzung)

Basis	Suffix	Deutsche Entsprechung, Bedeutung/Funktion	Beispiele
V	-ta	Nomen actionis	*camminata* ‚Gang', *battuta* ‚Pointe'
V	-tore	Nomen agentis	*esportatore* ‚Exporteur', *traditore* ‚Verräter'
N	-uccio	Diminutiv	*donnuccia* ‚hübsches Frauenzimmer', *manuccia* ‚Händchen'
N	-(u)olo	Diminutiv	*figliuola* ‚Töchterchen'
Partizip Perfekt	-ura	Nomen actionis	*andatura* ‚Gang', *frittura* ‚(das) Braten, Frittieren'
V	-zione	Nomen actionis	*informazione* ‚Information, Auskunft', *inibizione* ‚Hemmung', *soluzione* ‚Lösung'

Die kursiv gesetzten Suffixe sind PRODUKTIV, das heißt: sie können praktisch jederzeit zur Erweiterung des Wortschatzes verwendet werden. In der ersten Spalte ist die Wortart der Derivationsbasis angegeben.

Bevor wir uns weiteren Wortbildungsverfahren zuwenden, hier noch eine zusammenfassende Darstellung der bisher erarbeiteten und wichtigsten morphologischen Prozesse im Italienischen. Als Basis hierfür nehmen wir den Wortstamm *cart-* (wie in *carta* ‚Papier, Karte'):

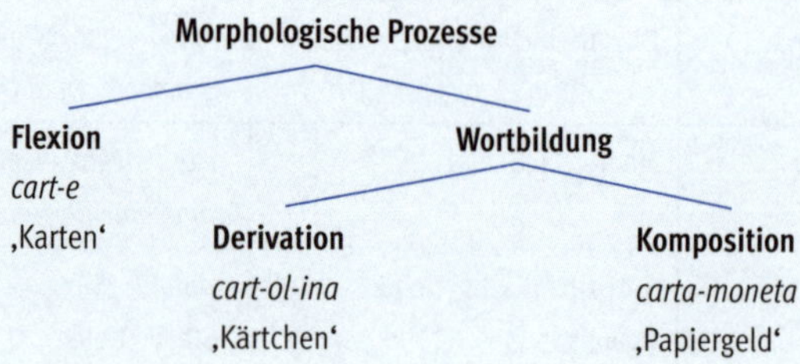

Abb. 9.1 Die wichtigsten morphologischen Prozesse im Überblick am Beispiel von *carte, cartolina* und *cartamoneta*

9.4 Andere Verfahren

Konversion

Findet ein Wortklassenwechsel (z. B. Adjektiv → Nomen, Verb → Nomen) statt, ohne dass dieser formal angezeigt wird (gehört also eine Wortform gleichzeitig zu mehreren Wortklassen), spricht man von KONVERSION: Diese besteht im Italienischen nur bei Adjektiven, die gleichzeitig auch ein Nomen sein können (*bello* ‚schön' → *il bello* ‚der/das Schöne'), und bei Infinitiven: *cambiare* ‚wechseln' und *il cambiare* ‚das Wechseln'.

Nullbildung

Untypisch für das Italienische ist die NULLBILDUNG, also die Ableitung eines Substantivs aus einem Verb ohne ein besonderes Suffix, zumal es neben deverbalen Nullbildungen häufig auch synonyme Suffixbildungen gibt: *deliberare* ‚beschließen' → *delibera* bzw. *deliberazione* ‚Beschluss' oder *proseguire* ‚fortfahren' → *prosieguo* bzw. *proseguimento* ‚Fortsetzung'.

Entlehnung

Neben den Wortbildungsmitteln der Komposition und Derivation lässt sich der Wortschatz durch Neuschöpfungen und Entlehnungen (*prestiti*) erweitern. Entlehnungen aus anderen Sprachen (sogenannte Adstrat- oder Modellsprachen) müssen an das System der aufnehmenden Sprache (Replikasprache) angepasst werden, d. h. phonologisch adaptiert und in die Morphologie integriert werden. Diese Prozesse laufen nach bestimmten Mustern ab (vgl. 4.3).

Auch aktuell bedient sich das Italienische – *così fanno tutte* – bei anderen lebenden Sprachen. Hier als Beispiel eine Liste von Fremdwörtern (*forestierismi*), die mit dem für das Italienische ungewöhnlichen Buchstaben <k> beginnen. Wie Sie sehen, überwiegen die Entlehnungen aus dem Englischen:

kaiser: (deutscher) Kaiser
kapò: Kapo
kermesse: Kirchweih, Kirmes, *sonst: sagra*
ketchup: Ketchup
keyword: Schlüsselwort, *sonst: parola chiave*
kickoff: Kickoff, *sonst: lancio*
kidnapping: Kidnapping, *sonst: rapimento*
killer: Killer, *sonst: assassino, omicida, sicario*
kirsch: Kirschwasser
kit: Kit, (am Körper getragene) Tasche, *sonst: borsa*
kitesurfing: Kitesurfen
kitsch: Kitsch
kiwi: Kiwi, *auch: chivi*
knock-out/k.o.: Knock-Out, K.O.
know-how: Know-How
knowledge management: Knowledge-Management, *sonst: gestione delle conoscenze*
kolossal: Blockbuster
kümmel: Kümmel (-Schnaps), *sonst: cumino*
kursaal: (Fest-) Saal

Tab. 9.3
Fremdwörter mit dem Initial <k> im Gegenwartsitalienischen

Übungen

9.5

1 Welche Art von Wortbildung liegt in den folgenden Beispielen vor? Analysieren Sie die Wortbildungsprodukte:

1. *ringraziamento*
2. *portavoce*

3. *porta-finestra*
4. *caffellatte*
5. *importazione*
6. *autista*
7. *porta-bagagli*
8. *senza-tetto*
9. *bevitore*
10. *ex presidente*
11. *anticiclonico*
12. *campagnuolo*
13. *crepacuore*
14. *credulone*

2 Bei welchen Wörtern der letzten Übung macht die Pluralbildung Probleme und warum?

9.6 | Literaturhinweise

Die italienische Wortbildung untersucht Dardano (1978), zusammengefasst und aktualisiert im LRL-Artikel des gleichen Autors und in Dardano (1991: 135–162).

Phonetik/Phonologie

Inhalt

10.1	Grundbegriffe	122
10.2	Phoneminventar des Italienischen	125
10.3	Übungen	131
10.4	Literaturhinweise	131

Überblick

In dieser Lehreinheit geht es um die lautliche Seite der Sprache. Nach einem Überblick über die Entstehung der Laute, ihren Einsatz zur Unterscheidung von Bedeutung (Phonologie) und ihre Beschreibung werden das Lautinventar des Italienischen und Besonderheiten des Lautsystems vorgestellt.

10.1 | Grundbegriffe

Definition

Die Phonetik (*fonetica*) beschäftigt sich mit den lautlichen Aspekten der Sprache. Man unterscheidet:

- artikulatorische Phonetik (*fonetica articolatoria*): sie beschreibt, wie Laute mit den Sprechwerkzeugen (Artikulatoren) erzeugt (d. h. artikuliert) werden;
- akustische Phonetik (*fonetica acustica*): sie behandelt die akustische Beschaffenheit der Laute, z. B. durch Messung verschiedener akustischer Parameter (mittels eines Sonagrafen und Erstellung von Sonagrammen);
- perzeptive/auditive Phonetik (*fonetica uditiva*): sie beschäftigt sich mit der Wahrnehmung (Perzeption) von Lauten.

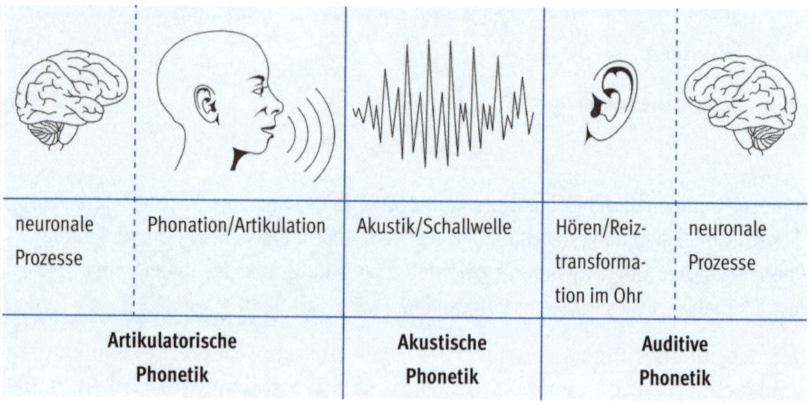

Abb. 10.1 | Die drei Teilgebiete der Phonetik

Lautbildung

Um Laute zu bilden, muss zunächst durch Ausatmung ein Luftstrom erzeugt werden. Dieser durchzieht den Kehlkopf (Larynx), wo er die Stimmbänder, auch Stimmlippen (Glottis) genannt, zum Schwingen bringen kann (Phonation). Dabei entsteht ein Grundton, der Rohschall, den wir mit Hilfe der an der Lautbildung beteiligten Organe (Artikulatoren: Zunge, Lippen, Gaumen etc.) so verändern, dass er als Sprachlaut akzeptiert wird. Diese drei Prozesse heißen:

Definition

1. Initiation: Ausatmung (Exspiration; lat.: exspirare = ausatmen): das Erzeugen eines Luftstroms, der zur Lautproduktion benötigt wird.
2. Phonation: Stimmbildung mithilfe des Kehlkopfes und der Stimmlippen. Schwingen die Stimmlippen, werden Vokale oder stimmhafte Konsonanten gebildet; schwingen sie nicht, entstehen stimmlose Konsonanten.
3. Artikulation: Veränderung des im Kehlkopf entstehenden Tons im Rachen sowie im Mund- und Nasenraum.

Hier eine detaillierte Darstellung der an der Bildung von Sprachlauten beteiligten menschlichen Organe:

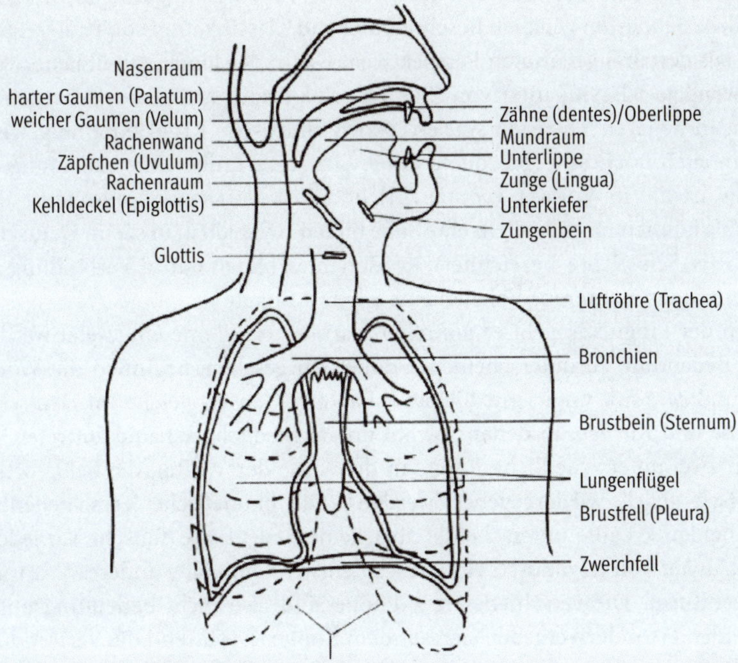

Abb. 10.2

Atmungs- und Artikulationssystem (nach Kohler 1995: 44). Die Glottis (Stimmritze) befindet sich im Kehlkopf (Larynx).

Phon

Der Begriff eines einzelnen Lauts (PHON) als Ausschnitt aus einer Lautkette ist bereits eine Abstraktion. Das wird sofort klar, wenn man versucht, ein Sonagramm (grafisch aufgezeichnete Lautereignisse; s. Abb. 10.3) in diskrete, voneinander unterschiedene, Laute zu zerlegen. Auf der Ebene der Phänomene handelt es sich nicht um eine Kette genau abgrenzbarer Laute, sondern um eine kontinuierliche Folge von Schallwellen, das so genannte Lautkontinuum.

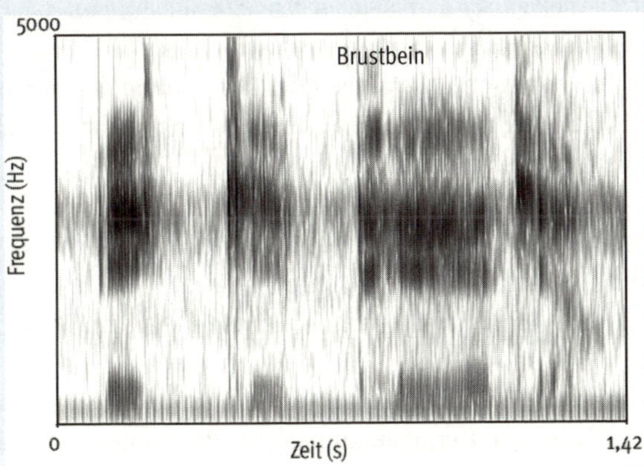

Abb. 10.3

Sonagramm

Das PHON ist die Grundeinheit der Phonetik. Eine wichtige Aufgabe der Phonetik besteht in der genauen Beschreibung und Klassifikation von Lautereignissen aus den drei genannten Perspektiven. Die in der Linguistik üblicherweise verwendete Klassifikation von Phonen erfolgt nach artikulatorischen Kriterien. In neueren Theorien spielen jedoch akustische Kriterien eine gewisse, wenn auch noch untergeordnete Rolle. Eine erste grobe Unterscheidung der Laute ist die in VOKALE (*vocale* [f.]) und KONSONANTEN (*consonante* [f.]). Vokale können für sich allein eine Silbe bilden (weshalb man sie im Deutschen auch als ‚Selbstlaute' bezeichnet), Konsonanten bilden nur in Verbindung mit einem (oder mehreren) Vokalen eine Silbe (‚Mitlaute').

Phonem

In der Linguistik geht es vor allem darum, wie Phone eingesetzt werden, um Bedeutung zu unterscheiden. Phonetisch gesehen, beginnen die Wörter *chi* und *caro* mit unterschiedlichen *k*-Lauten (Man vergleiche im Deutschen *Kirche* und *Kuchen*, in denen sowohl unterschiedliche *k*-Laute auftreten wie auch zwei unterschiedliche Phone in der Mitte der Wörter, die beide orthografisch gleich wiedergegeben werden). Die phonetische Verschiedenheit der beiden *k*-Laute unterscheidet aber keine Bedeutung. Tausche ich jedoch den Anlaut von *caro* durch ein *f* aus, so entsteht ein völlig anderes Wort *faro* ‚Leuchtturm'. Die verschiedenen *k*-Phone sind also nicht bedeutungsunterscheidend (sondern ergeben sich aus dem Kontext), während die Verwendung *k* oder *f* bedeutungsunterscheidend, also funktional ist.

Definition

Bedeutungsunterscheidende Phone werden als PHONEME (*fonema* [m.]) bezeichnet. Varianten dieser Phoneme (also die beiden kontextabhängigen *k*-Phone) heißen ALLOPHONE (*allofono*) eines Phonems. Paare von Lautketten, die sich nur durch ein Phonem unterscheiden, nennt man MINIMALPAARE (*coppia minima*): *caro* und *faro* sind im weitesten Sinne zwar ein Minimalpaar, aber kein besonders gutes, weil die in OPPOSITION stehenden Phoneme /f/ und /k/ wenige gemeinsame Merkmale aufweisen; *quando* und *quanto* sind hingegen ein gutes Minimalpaar, weil sich die Phoneme /t/ und /d/ nur darin unterscheiden, dass /d/ stimmhaft und /t/ stimmlos ist.

Phonologie

Phoneme sind somit noch abstrakter als Phone, denn um sie zu ermitteln, reicht die Beschäftigung mit reinen Lautereignissen nicht aus; auch die *Bedeutung* der Lautketten spielt eine Rolle.

Definition

Der Bereich der Linguistik, der sich mit der Verwendung von Lauten zur Bedeutungsunterscheidung, also mit Phonemen (und ihren Varianten, den Allophonen), befasst, heißt PHONOLOGIE (*fonologia*) oder – nach der Grundeinheit – PHONEMATIK.

Notation

Während phonetische Transkriptionen in eckige Klammern eingeschlossen werden (z. B. [a]), ist zur Kennzeichnung von Phonemen (bzw. Phonemketten) die Verwendung von Schrägstrichen üblich (z. B. /k/). Für GRAPHEME (*grafema* [m.]), die kleinsten bedeutungsunterscheidenden Einheiten der Schriftsprache, werden spitze Klammern verwendet (z. B. <c>), allerdings gibt man sich für die graphemische bzw. orthografische Repräsentation meist mit einer einfachen Hervorhebung (Kursivierung) zufrieden.

Orthografie

Die Orthografie (*ortografia*) des Italienischen ist – wenn man von Lehnwörtern und Namen absieht (vgl. 9.4) – weitgehend phonematisch; das heißt: die Phoneme werden graphemisch wiedergegeben. Dabei werden zum Teil auch Digraphen verwendet, das heißt: ein Phonem wird durch eine Kombination aus zwei Graphemen wiedergegeben: <ch> für /k/ vor hellen Vokalen wie /i, e/; werden drei Grapheme benötigt (<sci> zum Beispiel in *scienza*) spricht man von einem Trigraphen. Im orthografischen System wird der Akzent nur dort geschrieben, wo es akzentuelle Minimalpaare gibt (*càpita* ‚geschieht [dritte Person Singular]', *capìta* ‚verstanden [feminines Partizip]', Letzteres meist ohne Akzent) bzw. bei einem Akzent auf der letzten Silbe (*caffè*). Besonderer Wert wird auf die Unterscheidung von Homografie gelegt, selbst da, wo es sich in der gesprochenen Sprache um Homophone handelt: *li* (unbetontes Objektpronomen im Maskulinum Plural), *lì* (‚dort'), *da* (Präposition: ‚von, aus, bei'), *dà* (konjugierte Form von *dare* ‚geben') usw. Zur Vermeidung von Homografie wird neben dem diakritischen Akzentzeichen (meist der Gravis <`>, ersatzweise am Wortende ein Apostroph) auch das <h> verwendet, und zwar in der Konjugation von *avere* ‚haben': *ho* ‚ich habe' vs. *o* ‚oder' usw. Diese Schreibweise ist etymologisierend; das <h> wird in Anlehnung an das klassische Schriftlatein (habere) verwendet. Bei der Unterscheidung der mittleren Vokale ist die italienische Orthografie unterdeterminiert, d. h.: die mittleren Vokale werden in der Regel orthografisch nicht unterschieden. Nötigenfalls (z. B. in Wörterbüchern) können sie durch Diakritika (Gravis: <`> und Akut <´>) unterschieden werden: *pésca* ‚Fischfang', *pèsca* (meist ohne Akzent) ‚Pfirsich'.

Am Ende dieser Einheit finden Sie eine Übersicht über die Phonem-Graphem-Korrespondenzen im Italienischen (s. Tab. 10.3), Sie können dieser Aufstellung entnehmen, wie die einzelnen Laute der italienischen Sprache verschriftet werden.

Phoneminventar des Italienischen | 10.2

Vokale

Das Vokalsystem des Italienischen ist vierstufig. Die Vokale werden nach Ort und Art der Artikulation klassifiziert (bzw. nach dem auch akustisch begründeten Kriterium des Öffnungsgrads). Das einzige tiefe Vokalphonem /a/ ist auch als einziges ein Zentralvokal. Die hinteren Vokale werden mit Lippenrundung artikuliert, vordere gerundete Vokale (wie deutsches *ü*) gibt es im Standarditalienischen nicht.

Tab. 10.1 | Die Vokalphoneme der italienischen Standardsprache

	Vokaldreieck		
	vordere Vokale palatale Vokale		hintere Vokale velare Vokale
hohe/geschlossene Vokale	/i/		/u/
mittlere geschlossene Vokale	/e/		/o/
mittlere offene Vokale	/ɛ/		/ɔ/
tiefer/offener Vokal		/a/	

Anmerkung: Die vorderen Vokale /i/, /e/ und /ɛ/ werden auch als HELLE VOKALE bezeichnet, die anderen als DUNKLE VOKALE.

Nebentonvokale

Das volle Vokalsystem entfaltet sich nur in betonten Silben (HAUPTTONVOKALISMUS, *vocalismo tonico*). In unbetonten Silben (NEBENTONVOKALISMUS, *vocalismo àtono*) fallen in jedem Fall die beiden mittleren Vokalstufen zu /e/ bzw. /o/ zusammen (SYNKRETISMUS). Während sich *corsa* ['kɔrsa] ‚Korsin' und *corsa* ['korsa] ‚Wettlauf' im Öffnungsgrad des Vokals unterscheiden, ist der Vokal in den jeweiligen Diminutiven unbetont und daher immer gleich: *corsina* [kor'sina] ‚kleine Korsin, kleiner/kurzer Wettlauf'. Es gibt in den einzelnen Dialekten noch weitere Synkretismen: So wird im südlichen Mittelitalien generell der Auslautvokal als zentraler NEUTRALVOKAL (SCHWA [ə], *schwa, scevà* [m.], *vocale neutra*) realisiert, wobei allerdings zugrunde liegend immer noch zwischen /a/, /e/, /i/, /o/ und /u/ unterschieden wird: so heißt ‚gut' in manchen Dialekten Mittel- und Unteritaliens *bón(ë)* im Maskulinum (Singular und Plural) und *bòn(ë)* im Femininum (Singular und Plural), wobei das Graphem <ë> hier (wie in einigen Dialektgrafien) für [ə] steht. Die unterschiedliche Qualität des betonten Vokals (geschlossen/offen) hängt davon ab, welcher Vokal in der Endung zugrunde liegt: Handelt es sich um einen hohen geschlossenen Vokal (*u* im Maskulinum Singular oder *i* im Maskulinum Plural), ist der betonte Vokal geschlossen, sonst ist er offen.

Längenopposition

Kontextabhängig werden die Vokale länger bzw. kürzer artikuliert, vgl. *fato* ['fa·to] ‚Schicksal' vs. *fatto* /'fat.to/ bzw. ['fatːo] ‚Tat(sache)' (das Transkriptionssymbol [·] steht für eine halbe Länge, eine ganze Länge wird durch [ː] gekennzeichnet, /./ steht für eine Silbengrenze in phonologischer Transkription, /'/ steht vor der betonten Silbe in phonologischer wie phonetischer Transkription). Die Kürzung der Vokale erfolgt vor KONSONANTENGRUPPEN bzw. Langkonsonanten. Die Vokallänge allein ist aber im Italienischen nicht bedeutungsunterscheidend, also nicht phonologisch und wird deshalb in einer phonologischen Transkription nicht notiert. Langkonsonanten wie [tː] gehören oft zu zwei Silben (dargestellt durch /t.t/), man bezeichnet sie deshalb auch als AMBISYLLABISCH (*ambisillabico*).

Norditalien

Viele Sprecher der Regionalsprache Norditaliens (auch einer ansonsten standardnahen Varietät) verfügen auch im Hauptton nur über ein dreistufiges Vokalsystem, indem sie die beiden mittleren Vokale nicht phonematisch unterscheiden. [e] und [ɛ] bzw. [o] und [ɔ] existieren hier lediglich als kontextabhängige Allophone eines /e/- bzw. eines /o/-Phonems, wobei in offenen Silben die geschlossene Variante gewählt wird, in geschlossenen Silben die offene Variante: /'be.ne/ ['bene] (Standarditalienisch /'bɛ.ne/) und /'ven.ti/ ['vɛnti] (Standarditalienisch /'ven.ti/ ‚zwanzig', /'vɛn.ti/ ‚Winde'). Der Punkt zeigt in der phonologischen Transkription die Silbengrenze an; eine offene Silbe ist eine Silbe, die nicht von einem Konsonanten geschlossen wird.

Konsonanten

Die Klassifikation der Konsonanten erfolgt nach Artikulationsart (*modo di articulazione*) und Artikulationsort (auch: Artikulationsstelle; *luogo di articulazione*), also danach, wie und wo im Mund die Schallereignisse verändert (und somit zu Lautereignissen) werden. Hinzu tritt als drittes Kriterium die Art der Phonation: stimmhaft (*sonoro*) vs. stimmlos (*sordo*).

Die folgende Abbildung verdeutlicht die wichtigsten Artikulationsorte:

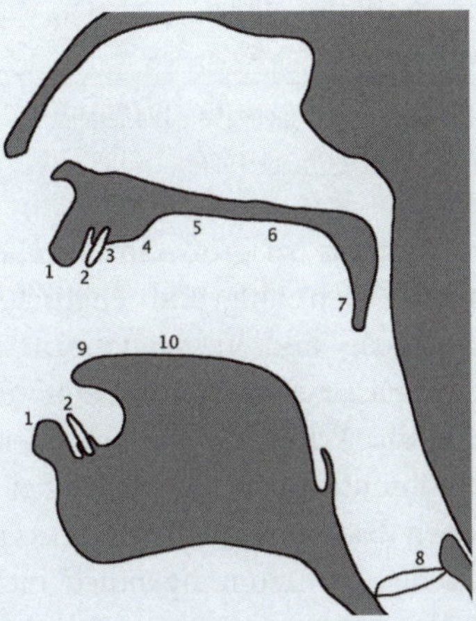

1	labial	(lat.: labium = Lippe)
2	dental	(lat.: dentes = Zähne)
3	alveolar	(Alveolen = Zahndamm, Zahntaschen; lat.: alveolus = kleine Mulde)
4	postalveolar	(lat.: post = hinter)
5	palatal	(lat.: palatum = (vorderer, harter) Gaumen)
6	velar	(lat.: velum = (Gaumen-)Segel)
7	uvular	(Gaumenzäpfchen; lat.: uvula = kleine Traube)
8	glottal	(griech.: glottis = Stimmritze)
9	apikal	(Zungenspitze; lat.: apex = Spitze)
10	dorsal	(lat.: dorsum = (Zungen-)Rücken)

Abb. 10.4
Die wichtigsten Artikulationsorte für das Italienische. Die italienischen Bezeichnungen entsprechen den deutschen: *labiale, dentale, alveolare, palatale, velare, uvulare, glottale, apicale, dorsale.*

Insgesamt ergibt sich ein sehr kompaktes Phoneminventar (velare und palatale Konsonanten könnten in einer Kolumne zusammengefasst werden). Die Halbvokale dienen zur Bildung von Diphthongen; /w/ ist labio-velar und erscheint deshalb zweimal in der Tabelle. Für die Beschreibung der italienischen Dialekte müssen weitere Phoneme angenommen werden.

Tab. 10.2 | Die konsonantischen Phoneme der italienischen Standardsprache

Artikulationsart	labial	dento-alveolar	palatal	velar
Explosive (*occlusive [orali]*)				
stimmlos (*sorde*)	/p/	/t/		/k/
stimmhaft (*sonore*)	/b/	/d/		/g/
Affrikaten (*affricate*)				
stimmlos (*sorde*)		/ʦ/	/ʧ/	
stimmhaft (*sonore*)		/ʣ/	/ʤ/	
Frikative (*fricative*)				
stimmlos (*sorde*)	/f/	/s/	/ʃ/	
stimmhaft (*sonore*)	/v/	/z/		
Nasale (*nasali*)	/m/	/n/	/ɲ/	
Vibranten (*vibranti*)		/r/		
Laterale (*laterali*)		/l/	/ʎ/	
Halbvokale (*semiconsonanti* oder *semivocali*)	/w/		/j/	/w/

(Spaltenüberschrift: **Artikulationsort**)

Anmerkung: In Klammern sind jeweils die italienischen Bezeichnungen angegeben. Die Termini werden überwiegend im Femininum verwendet, da *consonanti* mitverstanden wird.

Weitere Klassifikation

Die Konsonanten werden nach der Artikulationsart zu größeren Gruppen zusammengefasst: Die Explosive (manchmal auch aufgrund englischen Einflusses als *Plosive* bezeichnet) und die Nasale sind Verschlusslaute (Okklusive); die Explosive, Affrikaten und Frikative werden als Obstruenten bezeichnet, weil der Luftstrom durch die Artikulatoren „behindert" wird. Nähern sich die Artikulatoren nur an (Vibranten, Laterale, Halbvokale), spricht man von Approximanten, zu denen bisweilen auch die Nasale gerechnet werden, weil bei ihnen ebenfalls der Luftstrom eigentlich nicht behindert wird. Diejenigen Konsonanten, die sozusagen immer stimmhaft sind (Approximanten einschließlich Nasale) bzw. sich nicht in Hinblick auf die Stimmhaftigkeit unterscheiden, heißen auch Sonanten (*sonanti*). Die Vibranten (im Italienischen nur einer) und die Laterale werden zu den Liquiden (*lìquide*) zusammengefasst; dento-alveolare Frikative und Affrikaten werden auch Sibilanten (*sibilanti*) genannt.

Länge

Das Italienische unterscheidet lange und kurze Konsonanten (außer bei /ʃ, ɲ, ʎ/); phonologisch (wie auch grafisch) werden sie als Doppelkonsonanten (Geminaten, *geminate*) behandelt, phonetisch werden sie jedoch wie ein langer Konsonant artikuliert: /'fat.to/ ['fat:o]. Die Längung des Konsonanten geht mit einer leichten Verkürzung des vorangehenden Vokals einher.

Initialfortisierung

Solche Langkonsonanten treten im Standarditalienischen unter bestimmten Bedingungen auch am Wortanfang auf: *a casa* [a 'k:asa] ‚zu/nach Hause'. Man nennt dieses Phänomen: (Initial-) FORTISIERUNG (*rafforzamento*) oder GEMINATION (*raddoppiamento*). Da die Bedingungen nicht lexikalisch sind, sondern etwas mit dem lautlichen Kontext zu tun haben, spricht man auch von *rafforzamento/raddoppiamento (fono-) sintattico.* Fortisiert werden Konsonanten am Wortanfang (vor Vokal oder Liquid), wenn:

- ein auf betonten Vokal endendes Wort vorausgeht (z. B. *caffè freddo*) oder
- ein einsilbiges Wort, das etymologisch mindestens einen auslautenden Konsonanten enthält (*e* ‚und', vgl. ET, oder die Präposition *a*, vgl. AD); manche solcher Einsilbler sind in der Schriftsprache durch Akzente gekennzeichnet (*è*, lat. EST, *più*, lat. PLUS, *fà* bzw. *fa'*, lat. FAC).

Die Fortisierung nach Wörtern, die auf einen betonten Vokal enden, erklärt sich ebenfalls aus der Etymologie: Viele solche Wörter haben Konsonanten im Auslaut verloren, z. B. *virtù*, ‚Tugend', Etymon: VIRTUT(E). Die Fortisierung ist eine späte Spur eines solchen Auslauts. Allerdings zeigen Beispiele wie *caffè*, dass auch bei Wörtern ohne ursprünglichen Auslautkonsonanten inzwischen eine Fortisierung durchgeführt wird (ANALOGIEBILDUNG). Im standardnahen Regionalitalienisch Norditaliens unterbleibt die Initialfortisierung überwiegend.

Wie oben angekündigt, soll den Abschluss dieser Einheit eine Übersicht über die Phonem-Graphem-Korrespondenzen im Italienischen bilden:

Tab. 10.3 Phonem-Graphem-Korrespondenzen im Italienischen (ohne Diphthonge)

	Phonem	Graphem	Beispiel
Vokale			
	/a/	‹a›	/'ago/ – ‹ago› ‚Nadel'
	/e/	‹e›	/'mettere/ – ‹mettere› ‚setzen, stellen'
	/ɛ/	‹e›	/'fɛrtile/ – ‹fertile› ‚fruchtbar'
	/i/	‹i›	/im'presa/ – ‹impresa› ‚Unternehmen'
	/o/	‹o›	/o'dore/ – ‹odore› ‚Geruch'
	/ɔ/	‹o›	/'ɔka/ – ‹oca› ‚Gans'
	/u/	‹u›	/'unditʃi/ – ‹undici› ‚elf'

Tab. 10.3 (Fortsetzung)

Konsonanten			
Explosive			
	/p/	‹p›	/'**p**aga/ – ‹paga› ‚Gehalt‘
	/b/	‹b›	/**b**ar/ – ‹bar› ‚Bar‘
	/t/	‹t›	/'**t**atʃito/ – ‹tacito› ‚schweigsam‘
	/d/	‹d›	/'**d**are/ – ‹dare› ‚geben‘
	/k/	‹c›	/'**k**wɔre/ – ‹cuore› ‚Herz‘
	/k/	‹ch›	/'**k**jave/ – ‹chiave› ‚Schlüssel‘
	/k/	‹q›	/'**k**wando/ – ‹quando› ‚wann‘
	/g/	‹g›	/'**g**ɔnna/ – ‹gonna› ‚Rock‘
	/g/	‹gh›	/'**g**jatʃo/ – ‹giaccio› ‚Eis‘
Affrikaten			
	/tʃ/	‹c›	/'**tʃ**ɛlo/ – ‹cielo› ‚Himmel‘
	/dʒ/	‹g›	/'**dʒ**iro/ – ‹giro› ‚Giro, Rundgang, -fahrt‘
	/ts/	‹z›	/'**ts**ukka/ – ‹zucca› ‚Kürbis‘
	/dz/	‹z›	/'**dz**ukkero/ – ‹zucchero› ‚Zucker‘
Frikative			
	/f/	‹f›	/'**f**jamma/ – ‹fiamma› ‚Flamme‘
	/v/	‹v›	/**v**a'lente/ – ‹valente› ‚tüchtig‘
	/s/	‹s›	/'**s**arto/ – ‹sarto› ‚Schneider‘
	/z/	‹s›	/'**z**baltso/ – ‹sbalzo› ‚Sprung‘
	/ʃ/	‹sc(i)›	/'**ʃ**ɛntsa/ – ‹scienza› ‚Wissenschaft‘
Nasale			
	/m/	‹m›	/'**m**are/ – ‹mare› ‚Meer‘
	/n/	‹n›	/'**n**wɔto/ – ‹nuoto› ‚Schwimmen‘
	/ɲ/	‹gn›	/fa'le**ɲ**ame/ – ‹falegname› ‚Tischler, Zimmermann‘

Tab. 10.3 (Fortsetzung)

Liquide			
	/l/	‹l›	/lo'kale/ – ‹locale› ‚örtlich'
	/ʎ/	‹gl›	/'ʤiʎo/ – ‹giglio› ‚Lilie'
	/r/	‹r›	/'rissa/ – ‹rissa› ‚Schlägerei'
Halbvokale			
	/j/	‹i›	/'kjaro/ – ‹chiaro› ‚klar'
	/w/	‹u›	/'kwando/ – ‹quando› ‚wann'

Übungen

10.3

1 Transkribieren Sie die folgenden Ortsnamen und erläutern Sie die Entstehung der Doppelkonsonanten:

1. Pontasserchio
2. Castellammare

2 Geben Sie zu allen Konsonantenphonemen der letzten Übung Artikulationsart und -Ort an.

3 Obwohl die Reime des Gedichts *Fratelli d'Italia* (vgl. Einheit 1) nach der schriftsprachlichen Norm akzeptabel sind, sind sie zumindest für Sprecher aus Mittel- und Unteritalien teilweise klanglich problematisch. Woran liegt das?

4 Transkribieren Sie folgende Verse aus Verdis *Falstaff* in der Aussprache eines Norditalieners und in der eigentlich intendierten Aussprache der Mittel- und Süditaliener:

Tutto nel mondo è burla, l'uom è nato burlone. ‚Alles ist Spass auf Erden, der Mensch als Narr geboren.'

Giuseppe Verdi (1813–1901)

Literaturhinweise

10.4

Eine allgemeine Einführung in die Phonetik in italienischer Sprache bieten die Arbeiten Caneparis, der sich vor allem auch am Italienischen orientiert und zudem ein Aussprachewörterbuch publiziert hat (DIPI 1999). Die Transkriptionskonventionen des Internationalen phonetischen Alphabets sind in einem Handbuch (IPA) zusammengefasst, einen Vergleich der Systeme gibt Heepe (1983).

Da wir uns im Folgenden detaillierter mit den Varietäten des Italienischen und damit auch mit lautlicher Variation befassen werden, drucken wir hier die IPA-Transkriptionskonventionen komplett ab:

Abb. 10.5 | Die Transkriptionskonventionen des Internationalen phonetischen Alphabets (IPA)

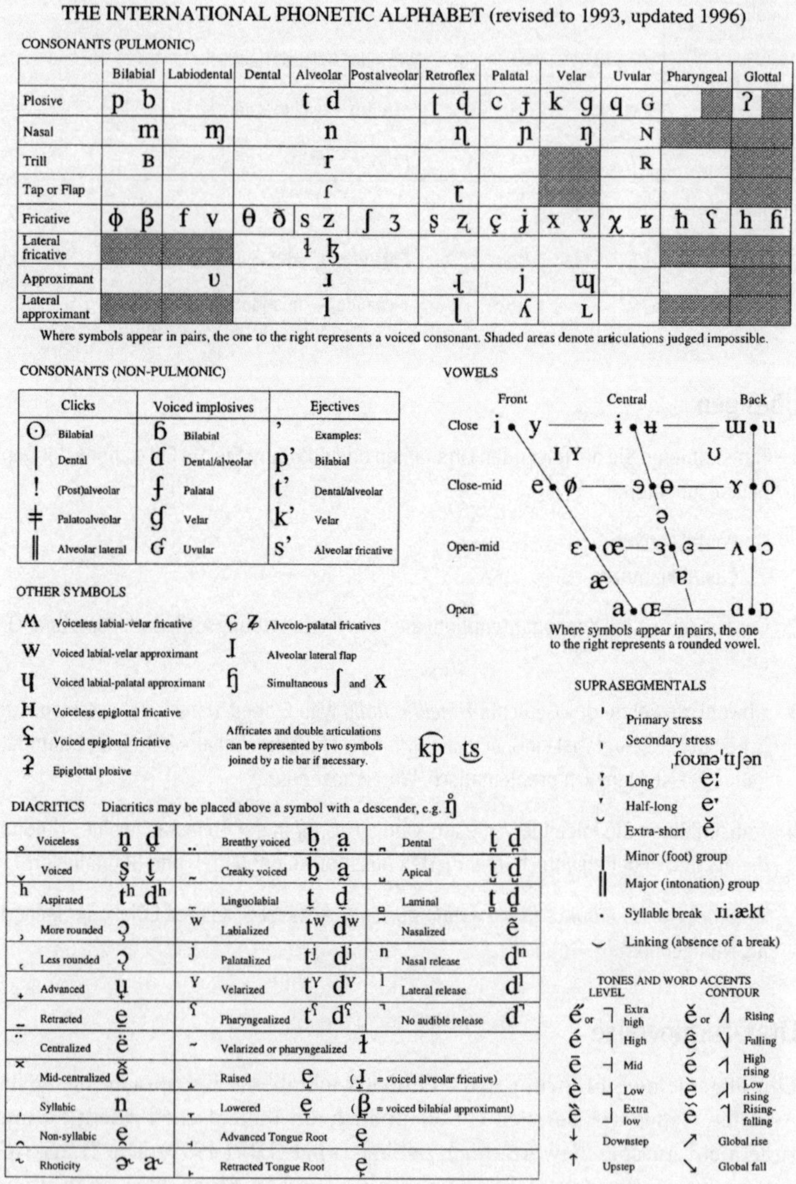

THE INTERNATIONAL PHONETIC ALPHABET (revised to 1993, updated 1996)

CONSONANTS (PULMONIC)

	Bilabial	Labiodental	Dental	Alveolar	Postalveolar	Retroflex	Palatal	Velar	Uvular	Pharyngeal	Glottal
Plosive	p b			t d		ʈ ɖ	c ɟ	k ɡ	q ɢ		ʔ
Nasal	m	ɱ		n		ɳ	ɲ	ŋ	ɴ		
Trill	ʙ			r					ʀ		
Tap or Flap				ɾ		ɽ					
Fricative	ɸ β	f v	θ ð	s z	ʃ ʒ	ʂ ʐ	ç ʝ	x ɣ	χ ʁ	ħ ʕ	h ɦ
Lateral fricative				ɬ ɮ							
Approximant		ʋ		ɹ		ɻ	j	ɰ			
Lateral approximant				l		ɭ	ʎ	ʟ			

Where symbols appear in pairs, the one to the right represents a voiced consonant. Shaded areas denote articulations judged impossible.

CONSONANTS (NON-PULMONIC)

Clicks		Voiced implosives		Ejectives	
ʘ	Bilabial	ɓ	Bilabial	ʼ	Examples:
ǀ	Dental	ɗ	Dental/alveolar	pʼ	Bilabial
ǃ	(Post)alveolar	ʄ	Palatal	tʼ	Dental/alveolar
ǂ	Palatoalveolar	ɠ	Velar	kʼ	Velar
ǁ	Alveolar lateral	ʛ	Uvular	sʼ	Alveolar fricative

VOWELS

Where symbols appear in pairs, the one to the right represents a rounded vowel.

OTHER SYMBOLS

ʍ Voiceless labial-velar fricative
w Voiced labial-velar approximant
ɥ Voiced labial-palatal approximant
ʜ Voiceless epiglottal fricative
ʢ Voiced epiglottal fricative
ʡ Epiglottal plosive
ɕ ʑ Alveolo-palatal fricatives
ɺ Alveolar lateral flap
ɧ Simultaneous ʃ and x

Affricates and double articulations can be represented by two symbols joined by a tie bar if necessary. k͡p t͡s

SUPRASEGMENTALS

ˈ Primary stress
ˌ Secondary stress
ˌfoʊnəˈtɪʃən
ː Long eː
ˑ Half-long eˑ
˘ Extra-short ĕ
| Minor (foot) group
‖ Major (intonation) group
. Syllable break ɹi.ækt
‿ Linking (absence of a break)

DIACRITICS Diacritics may be placed above a symbol with a descender, e.g. ŋ̊

Voiceless	n̥ d̥	Breathy voiced	b̤ a̤	Dental	t̪ d̪
Voiced	s̬ t̬	Creaky voiced	b̰ a̰	Apical	t̺ d̺
Aspirated	tʰ dʰ	Linguolabial	t̼ d̼	Laminal	t̻ d̻
More rounded	ɔ̹	Labialized	tʷ dʷ	Nasalized	ẽ
Less rounded	ɔ̜	Palatalized	tʲ dʲ	Nasal release	dⁿ
Advanced	u̟	Velarized	tˠ dˠ	Lateral release	dˡ
Retracted	e̠	Pharyngealized	tˤ dˤ	No audible release	d̚
Centralized	ë	Velarized or pharyngealized	ɫ		
Mid-centralized	e̽	Raised	e̝ (ɹ̝ = voiced alveolar fricative)		
Syllabic	n̩	Lowered	e̞ (β̞ = voiced bilabial approximant)		
Non-syllabic	e̯	Advanced Tongue Root	e̘		
Rhoticity	ɚ a˞	Retracted Tongue Root	e̙		

TONES AND WORD ACCENTS

LEVEL		CONTOUR	
e̋ or ˥	Extra high	ě or ˩˥	Rising
é ˦	High	ê ˥˩	Falling
ē ˧	Mid	e᷄ ˦˥	High rising
è ˨	Low	e᷅ ˩˨	Low rising
ȅ ˩	Extra low	e᷈ ˧˦˧	Rising-falling
ꜜ	Downstep	↗	Global rise
ꜛ	Upstep	↘	Global fall

Phonologische Prozesse

Inhalt

11.1	Grundlagen	134
11.2	Konsonanten	134
11.3	Vokale	137
11.4	Phonotaktik	138
11.5	Optimalitätstheorie	139
11.6	Veränderung des Phoneminventars	141
11.7	Übungen	143
11.8	Literaturhinweise	143

Überblick

Dieser Abschnitt beschäftigt sich damit, wie sich Laute verändern. Solche Lautveränderungen sind vor allem in der Sprachgeschichte üblich, aber auch wenn man von der Sprachgeschichte absieht, muss man annehmen, dass ein bedeutungsunterscheidendes Element (Phonem) einer Sprache je nach dem Kontext, in dem es Verwendung findet, unterschiedlich artikuliert wird. In beiden Fällen wird von phonologischen Prozessen gesprochen. Diese werden in diesem Kapitel vorgestellt, in dem es auch darum geht, wie man solche Prozesse beschreiben kann.

11.1 | Grundlagen

Realisierung

Das Beispiel *a casa* zeigt, dass eine abstrakte Phonemkette (zugrunde liegende Form), nämlich /a 'kasa/ an der phonetischen Oberfläche – also im konkreten Sprechakt – in bestimmter Weise artikuliert wird, nämlich mit einem Langkonsonant [a 'kːasa]. Solche Realisierungen können als phonologische Prozesse beschrieben werden, die eine zugrunde liegende Form (Phonemrepräsentation, auch lexikalische Repräsentation genannt) in eine Oberflächenform (phonetische Realisierung) überführen. Während im Standarditalienischen eine starke Übereinstimmung von zugrunde liegenden Formen und Oberflächenformen besteht, zeichnen sich manche Dialekte Italiens durch sehr komplexe phonologische Prozesse aus.

Diachronie

Phonologische Prozesse können auch historisch aufgefasst werden, nämlich als Lautwandel: aus lat. LACTE- ist durch Assimilation von /k/ an /t/ italienisch /'latte/ entstanden. Theoretisch könnte man das Etymon auch als zugrunde liegende Form auffassen. Das wäre allerdings für die Synchronie des Italienischen wenig sinnvoll, denn es gibt im heutigen Italienisch keinen synchronen Beleg für ein zugrunde liegendes /'lakte/. Während synchrone phonologische Prozesse mit einem Pfeil („→") gekennzeichnet werden (*a casa*: /a + 'kasa/ → [a'kːasa]), verwendet man für diachrone phonologische Prozesse üblicherweise das Größer- (oder Kleiner-) Zeichen („>" für ‚wird zu' bzw. „<" für ‚entwickelt sich aus'): MITTERE > *mettere* ‚stellen'.

Assimilation

Der wichtigste Typ von phonologischen Prozessen ist die ASSIMILATION: Dabei passt sich ein Laut dem lautlichen Kontext an. Die Assimilation dient der Erleichterung der Aussprache und beruht auf dem grundsätzlich zu beobachtenden Phänomen, dass jeder Laut durch den lautlichen Kontext beeinflusst wird. In den romanischen Sprachen sind Assimilationen im Bereich der Konsonantenverbindungen (KONSONANTENNEXUS, im Plural mit gelängtem *u* gesprochen) typisch, wobei ein Konsonant den vorhergehenden beeinflusst (REGRESSIVE ASSIMILATION, vgl. die Assimilation im Nexus /kt/ zu /tt/ bzw. /tː/). Es gibt aber in manchen Dialekten Italiens auch Fälle von PROGRESSIVER ASSIMILATION, z. B. wird in Mittel- und Süditalien QUANDO zu *quanno* ‚wann'. Der gegenläufige Prozess der DISSIMILATION ist selten (lat. VENENU zu *veleno* ‚Gift') und hat meist besondere Gründe (z. B. HYPERKORREKTE Sprechweise).

11.2 | Konsonanten

Im Folgenden die wichtigsten Assimilationsprozesse im Bereich der Konsonanten:

- STIMMHAFTIGKEITSASSIMILATION:
  a) im Konsonantennexus: Im Italienischen (wie auch in anderen romanischen Sprachen) besteht innerhalb von Konsonantenverbindungen

eine regressive Stimmhaftigkeitsassimilation: so passt sich ein /s/ in der Stimmhaftigkeit an den folgenden Konsonanten an, vgl. *sporcare* ‚verschmutzen' [sp-] mit *sbrigare* ‚erledigen' [zb-]. Das /s/ steht vor einem Konsonanten also in einer Neutralisationsposition in Bezug auf die Stimmhaftigkeit.

b) zwischenvokalisch: Während in Mittel- und Süditalien (wie auch im Standard) /s/ und /z/ Phonemstatus haben, also in Opposition stehen (es gibt allerdings nur ganz wenige Minimalpaare, z. B. *fuso* ‚Spindel' mit /s/ vs. *fuso* ‚geschmolzen' mit /z/), findet zwischenvokalisch in Norditalien eine Sonorisierung („Stimmhaftwerdung") statt (*casa* ‚Haus' /-s-/ realisiert als [z]). In der Lautgeschichte des norditalienischen Raums (wie in der Westromania) kommt es auch zur Sonorisierung anderer zwischenvokalischer Konsonanten, so wird lat. ACUTA zu *aguda* ‚spitz, scharf'.

c) im Auslaut: Da im Italienischen Wörter ohnehin nicht mit einem Obstruenten (z. B. *p* oder *f*) enden, kann das im Deutschen vorhandene Phänomen der Auslautverhärtung (Desonorisierung) im Standard nicht beobachtet werden. In den Dialekten Norditaliens ist das jedoch möglich: NAVE wird in galloitalischen Dialekten wie im Altfranzösischen als *nef* ‚Schiff' realisiert. Die Auslautverhärtung ist eine Assimilation an das „stimmlose" Ende einer Äußerung.

- Fortisierung, Geminierung: Unter Fortisierung versteht man die „Stärkung", d. h. in der Regel die Längung eines Konsonanten (Fortiskonsonant), die manchmal auch als Verdopplung (Geminierung) beschrieben wird: So wird das *b* in *subito* ‚plötzlich, sofort' in der italienischen Umgangssprache (und in den Dialekten) oft emphatisch fortisiert. Dabei handelt es sich um Dissimilation, denn zwischenvokalisch wäre eher ein Leniskonsonant (s. u.) zu erwarten gewesen. Bei einer Fortisierung kann auch ein Frikativ zu einer Affrikate verschoben werden (stärkerer Verschluss): Mittel-/Süditalien: *jì(re)* (lat. IRE) zu *ghì(re)* ‚gehen' (bei Fortisierung im Anlaut): /'ji/ → ['ɟi] ([ɟ] ist eine stimmhafte palatale Affrikate, die dem /ʤ/ ähnelt).
- Len(is)ierung: Das Gegenteil der Fortisierung ist die Lenisierung, d. h. die Schwächung eines Konsonanten. Ein solcher Prozess tritt in ganz Mittelitalien bei zwischenvokalischen Konsonanten ein: Der Konsonant wird in Richtung eines Frikativs verschoben: *lato* ‚Seite' /'lato/ zu ['lat̬o], möglicherweise sogar zu ['laθo] auch mit zusätzlicher Sonorisierung zu ['laðo]. Dass zwischenvokalisch Lenisvarianten bevorzugt werden, ist eine Assimilationserscheinung, im Gegensatz zu Fortiskonsonanten ist bei Leniskonsonanten der Verschluss weniger stark, also den Vokalen angepasst.
- Aspiration: Die als *gorgia toscana* bekannte Lenisierung zwischenvokalischer Konsonanten (vgl. [la 'hasa] für *la casa* in der Toskana) zeichnet

sich durch das Fehlen der Sonorisierung aus. Dabei wird ein Hauch hörbar (Aspiration), der von entweichender Luft durch den schwächeren Verschluss entsteht, bevor der Stimmton für den Vokal einsetzt. Die *gorgia toscana* kann auch als Lenisierung beschrieben werden.

- Assimilation des Artikulationsortes: Der Artikulationsort in vorkonsonantischen Nasalen, also von [m], [n] oder [ŋ] plus Konsonant, entspricht dem des folgenden Konsonanten, der Nasalkonsonant befindet sich in einer Neutralisationsposition. Die Assimilation findet auch über die Wortgrenze hinweg statt: *un paio* [um 'pajo] ‚ein Paar'.

Abb. 11.1 | Die Artikulation von [p] (links) und [m]: Wie man sieht, ist der (bilabiale) Artikulationsort derselbe.

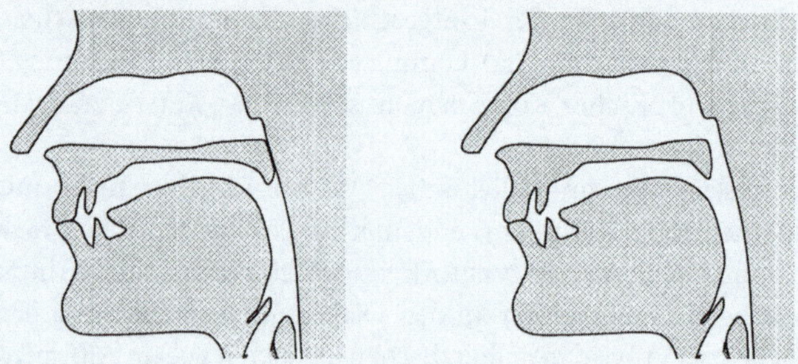

- Palatalisierung: Der hohe palatale Vokal /i/ führt in vielen Dialekten (und auch bei Sprechern des Italienischen) zu einer regressiven Palatalassimilation des vorangehenden Konsonanten: *niente* ‚nichts' /'njɛnte/ zu ['ɲ(j)ɛnte], dabei kann er auch zu einer Schließung des offenen /ɛ/ (in progressiver Assimilation) beitragen: ['ɲ(j)ente]. In der italienischen Sprachgeschichte hat die Palatalisierung eine wichtige Rolle gespielt, so wurden velare Explosive vor hellen Vokalen zu palatalen Affrikaten: *pace, cielo, gelo* usw. Vor hellen Vokalen wurde /k/ wohl schon im gesprochenen Latein weiter vorn artikuliert als vor dunklen Vokalen: so wurde die als Ausgangspunkt der Wortgeschichte anzusehende Ablativ-/Akkusativform von pax ‚Frieden' pace(m) ['pakʲe] ausgesprochen (das kleine hochgestellte [ʲ] steht für die palatalisierte Variante des /k/), dann wird daraus in der weiteren Entwicklung ein palataler Konsonant: ['pace], der in der Folgezeit noch weiter nach vorn verschoben wird und schließlich im Standarditalienischen zu ['patʃe] wird.
- Assibilierung: Explosivlaute werden durch folgendes /j/ in der Lautentwicklung des Italienischen zu einem Sibilanten (Zischlaut): puteu ‚Brunnen' über **potju* zu *pozzo*. Vergleiche auch lateinisches: -tione mit Italienisch (erbwörtlich: *-zzone* bzw. *-zione* im Buchwortschatz), Spanisch (*-zón* bzw. *-ción*), Französisch (*-son* bzw. *-tion*) und Deutsch (*-tion*), wobei die letzten beiden Sprachen eine etymologisierende Orthografie zeigen.

- NASALASSIMILATION: In Mittelitalien wird ein postnasaler Explosiv zu einem HOMORGANEN (am gleichen Ort artikulierten) Nasal: *quando* zu *quanno.*
- RHOTAZISMUS: Typisch für Mittelitalien (außerhalb der Toskana) ist der Wandel von *l* zu *r* vor anderen Konsonanten, z. B.: *volta* zu *vorta* ‚Mal'. Dieser Wandel ist assimilatorisch, da auf eine laterale Luftströmungsrichtung verzichtet wird.
- VELARISIERUNG: Bei zwischenvokalischem *n* wird der Zungenrücken durch den vokalischen Kontext assimilatorisch abgesenkt, sodass in Ligurien ein VELARISIERTES [ŋ] entsteht: ['lyŋa] ‚Mond'. In Sardinien findet man in der Position auch die Velarisierung von *l* (vgl. Katalanisch), das meist bis zum Halbvokal [w] weiterentwickelt wird (s. u.): *scala* ['skawa] ‚Treppe'.

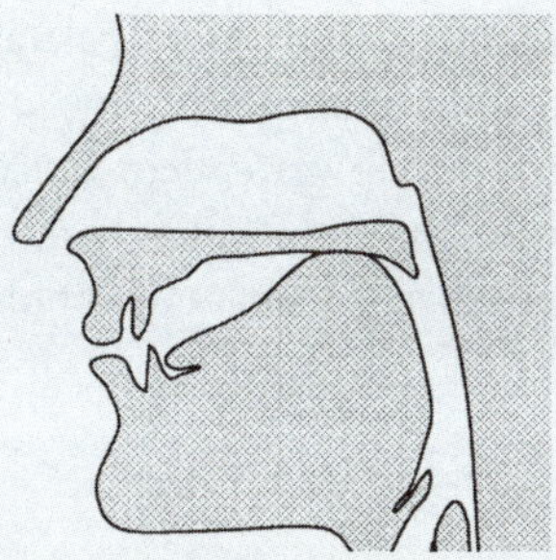

|Abb. 11.2
Die Artikulation des Konsonanten [ŋ]

- VOKALISIERUNG: Insbesondere *l* kann über den Halbvokal *w* vokalisiert werden, so in piemontesischen Dialekten: *bèu* statt *bel* ‚schön' (vgl. Französisch).

Vokale

|11.3

Im Bereich der Vokale finden sich die folgenden Assimilationserscheinungen:

- VOKALHARMONIE (*armonizzazione vocalica*) und METAPHONIE (*metafonia, metafonèsi* [f.], auch UMLAUT oder Umlautung): Unter Vokalharmonie versteht man die Angleichung der Vokale in einem Wort (*ferita* ‚Wunde' in Umbrien zu *firita*, das unbetonte *e* in der ersten Silbe wird angehoben). Eine besondere Form der Vokalharmonie stellt die Metaphonie dar, die für Mittel- und Unteritalien typisch ist (Mittelitalien ohne Toskana): Der betonte Vokal wird angehoben (umgelautet), wenn im Auslaut ein hoher Vokal (*i, u*) steht: *vedo* /-e-/,ich sehe', *vidi* ‚du siehst', *bella* /-ɛ-/, *bellu* /-e-/ ‚schön', *porto* /-ɔ-/ ‚ich trage', *porti* /-o-/ ‚du trägst' usw. Es handelt sich bei dieser ENGEHARMONIE immer um die Anhebung um eine Stufe (/ɛ/ → [e], /e/ → [i], /ɔ/ → [o], /o/ → [u]). Daneben gibt es (im gleichen Gebiet) auch DIPHTHONGISCHE METAPHONIEN, bei denen die Anhebung mit einer

Diphthongierung verbunden ist (/ɛ/ → [je], /ɔ/ → [wo], kampanisch: *biellë* und *buonë*, wenn der auslautende Neutralvokal (Schwa) *ë* für hohen Vokal steht.

Noch ein kurzer Exkurs zum Umlaut: Dieses Phänomen gibt es auch im Deutschen. Allerdings besteht ein landläufiges Missverständnis: Als Umlaute werden im Deutschen die mit Trema versehenen Buchstaben bezeichnet (*ä, ö, ü*). In Wirklichkeit geht es auch beim deutschen Umlaut um eine Veränderung der Vokalqualität aufgrund des Auslauts (der allerdings nach dem Althochdeutschen verschwunden ist bzw. vereinheitlicht wurde): vgl. *gast,* (Plural:) *gast + i → gaesti, nemen,* (2. Singular:) *nem + ist → nimist;* konsequenterweise müsste man also neuhochdeutsches *nimmst* mit einem „Umlaut" schreiben, nämlich: *nëmmst.*

- Anaphonie (*anafonia, anafonèsi*): Unter Anaphonie versteht man die Anhebung eines Vokals im Kontext eines palatalen oder velaren Konsonanten: toskanisch, Standarditalienisch: *lingua* (statt zu erwartendem *lengua*) oder *famiglia* (statt zu erwartendem *fameglia*).
- Nasalierung (*nasalizzazione*): Ein Vokal wird (selbst im Standarditalienischen) auf der phonetischen (nicht auf der phonologischen) Ebene nasaliert: *lingua* ['lĩŋgwa].

11.4 | Phonotaktik

Eine Reihe von phonologischen Prozessen verändert die Lautkette (bzw. die Silbenstruktur). Dazu gehören:

- Synkope (*sìncope* [f.]): Aus der Lautkette fällt ein Laut aus: älteres Umbrisch: *ricercorno* aus *ricercorono* ‚sie suchten'. Es bestehen einige Sonderfälle:
  - Aphärese (*afèresi* [f.]): Schwund von Lauten oder Lautgruppen im Anlaut: *sto* für *questo* ‚dies'.
  - Apokope (*apòcope* [f.]): Schwund von Lauten oder Lautgruppen im Auslaut: z. B. apokopierter Infintiv *poté* für *potere* ‚können' in weiten Teilen Italiens.
  - Haplologie (*haplologia*): Schwund einer von zwei aufeinanderfolgenden gleichlautenden Silben (oder Lautgruppen): *Urbe vetu(s) (im klassischen Latein eigentlich vetere) > *Orbevetus* > **Orvevetu* > *Orvieto.*
- Epenthese (*epèntesi* [f.]), Anaptyxe (*anattìssi* [f.]): Einfügung eines Lauts in die Lautkette z. B. zum Aufspalten eines Konsonantennexus („schwere Konsonanz") oder als Übergang zwischen zwei Konsonanten: *Craxi* (Name eines Politikers) → ['krakesi] (besonders in Mittel- und Süditalien), *forse* → ['fortse] ‚vielleicht' (besonders Mittel- und Süditalien, auch Toskana!). Man spricht in solchen Fällen auch von parasitären Lauten. Es gibt einige Sonderfälle der Epenthese bzw. Anaptyxe:

- Pro(s)these (*prò(s)tesi* [f.]): Sprossvokal (Stützvokal, *vocale pro(s)tetica/anattittica*) am Wortanfang: *in Ispagna* (statt *Spagna*) ‚in Spanien'.
- Epithese (*epìtesi* [f.]), Paragoge (*paragòge* [f.]): Die Anhängung eines Vokals oder einer ganzen Silbe am Wortende wird als Epithese bezeichnet, z. B. zur Vermeidung einer schweren Konsonanz oder zur Vermeidung eines betonten Auslauts: *film* → ['filme] (besonders in Mittel- und Süditalien, auch Toskana), *lì* → *line* ‚dort' (Umbrien). Ein besonderer Fall ist die Anhängung eines Echovokals (Paragoge) zur Vermeidung des konsonantischen Auslauts: sardisch (zweite Person Singular am Äußerungsende): *cantas* → ['cantasa]. So erklärt sich auch die Form der dritten Person Plural des Standarditalienischen aus lat. perdunt > *perdono* ‚sie verlieren', wobei sich das auslautende *-o* dann in Analogie ausgeweitet hat (*cantano* ‚sie singen').

► Metathese (*metàtesi* [f.]): Umstellungen in der Lautkette, vor allem in Mittel- und Süditalien (ohne Toskana) und auf Sardinien: *preta* statt/neben *petra* ‚Stein'.

Optimalitätstheorie | 11.5

Ein Modell, das mit phonologischen Prozessen arbeitet, geht davon aus, dass es zugrunde liegende Formen gibt (Lexikoneinträge, Lexeme), aus denen Oberflächenformen abgeleitet werden (generative Phonologie). Die Optimalitätstheorie schlägt hingegen ein phonologisches Modell vor, das von der Auswahl der besten (optimalen) Alternative ausgeht. Es werden vom Lexikon eine Reihe von Alternativen bereitgestellt, aus der eine Option durch eine Gewichtung von Beschränkungen (*costrizioni*, engl.: *constraints*) ausgewählt wird. Für das Etymon capra (standarditalienisch: *capra*) ‚Ziege' bestehen in weiten Bereichen Italiens (alle im umbrischen Apenninenraum belegt) die folgenden Alternativen:

a) *capra:* Diese Alternative kann als dem Lexikoneintrag entsprechend angesehen werden, aus einer generativen Perspektive ist von einer „Treue"-Beschränkung (engl.: *faithfulness constraint*, f) die Rede (Übereinstimmung mit der zugrunde liegenden Form);
b) *grapra:* Bei dieser Variante wird der Vibrant [r] in den Anlaut kopiert und gleichzeitig das /k/ zu [g] assimiliert (so genannte Harmoniebeschränkung harm: nach Möglichkeit sollen benachbarte Konsonanten in ihrer Stimmhaftigkeit übereinstimmen; diese Harmoniebeschränkung ist in dieser Variante zwischen *g* und *r* erfüllt, aber nicht zwischen *p* und *r*);
c) *grabra:* Hier findet die Stimmhaftigkeitsassimilation auch im Inlaut statt, also besteht keine Verletzung der Harmoniebeschränkung;

d) *crap̬a:* Im Inlaut befindet sich nur noch ein einzelner Konsonant, somit hat die zweite Silbe die optimale Silbenstruktur: CV (Konsonant + Vokal); zusätzlich wird das zwischenvokalische *p* noch in Richtung Stimmhaftigkeit abgeschwächt (so genannte Lenierung: +LEN);

e) *grap̬a:* Hier kommt noch die Assimilation in der Konsonantengruppe des Anlauts (s. o.) hinzu.

In der folgenden Optimalitätstabelle sind (im Unterschied zu sonstigen Darstellungen) nur solche Formen aufgenommen, die dialektologisch belegt sind:

Tab. 11.1 | Optimalitätstabelle am Beispiel der Varianten von *capra*

	HARM	+LEN Inlaut	CV Inlaut	F
a) *capra*	*	*	*	
b) *grapra*	*	*	*	**
c) *grabra*		*	*	***
d) *crap̬a*	*			***
e) *grap̬a*				****

Die Variante a) *capra* und b) *grapra* verletzen die Harmoniebeschränkung wegen der Konsonantenverbindung: [pr], d) *crapa* wegen [kr] im Anlaut; a)–c) verstoßen dagegen, dass im Wortinneren (Inlaut) nach Möglichkeit ein einfacher lenierter Konsonant stehen soll – wie in d)–e). Diese Beschränkung schließt auch die hier nicht aufgeführten, aber denkbaren Formen *crapa* und *grapa* aus. Die Beschränkung, dass im Inlaut nur eine Abfolge von einfachem Konsonant + Vokal stehen soll, wird ebenfalls von a)–c) verletzt. Die Spalte F gibt an, wie stark die Alternative von der zugrunde liegenden Form abweicht. Für jede Abweichung wird hier ein Sternchen eingetragen.

Gewichtung

In der Tabelle ist die Harmoniebeschränkung am höchsten bewertet (daher ganz links in der Tabelle), während sich sogar mehrere Verstöße gegen die Treue zur zugrunde liegenden Form nur schwach auswirken.

Wenn ein Dialekt-Informant vorwiegend die Alternative a) hervorbringt, muss der Verstoß gegen die „Treue“-Beschränkung sehr hoch bewertet werden (also nach links verschoben werden). So etwas ist typisch für Sprecher, die sich stark an der Schrift- bzw. Standardsprache orientieren. Der Unterschied zwischen b) und c) liegt in einer Höherbewertung der Harmoniebeschränkung bei c) (womit b) ausscheidet). Die Alternativen d) und e) „siegen“ über die anderen bei starker Gewichtung der Inlaut-Beschränkungen, wobei e) besser die Harmoniebeschränkung erfüllt. Diese Alternative scheint in der Tat die gängigste zu sein, da sie nur die Treuebeschränkung (mehrfach) verletzt, die aber in verschiedenen Dialekten Mittel- und Unteritaliens keine wichtige Rolle spielt.

Veränderung des Phoneminventars

11.6

Macht man zu verschiedenen Zeitpunkten synchrone Schnitte und ermittelt das jeweilige PHONEMINVENTAR, so ergeben sich Unterschiede. Diachron hat es eine Veränderung gegeben, bei der es entweder zur NEUTRALISATION von phonematischen OPPOSITIONEN gekommen ist (PHONEMSCHWUND, SYNKRETISMUS, d. h. Zusammenfall von Phonemen, engl.: *merger*) oder zu einer Erweiterung des Phoneminventars durch PHONEMENTLEHNUNG oder durch Aufspaltung (DIFFERENZIERUNG) eines Phonems (engl.: *split*):

Vokale

Für das Vokalsystem sind folgende Erscheinungen typisch:

- SYNKRETISMUS: Die wichtigste Erscheinung bei der Entstehung des romanischen Vokalsystems ist der Zusammenfall eines fünfstufigen Vokalsystems zu einem vierstufigen. Dieser Synkretismus muss noch im gesprochenen Latein stattgefunden haben, denn das entstandene Vokalsystem findet sich in den meisten romanischen Sprachen wieder. Es muss allerdings eine späte Entwicklung des gesprochenen Lateins sein, denn einige romanische Sprachen zeigen andere Synkretismen – besonders das Sardische, für das auch aus historischen Erwägungen eine frühe Selbstständigkeit angenommen werden kann. Für das gesprochene Latein kann folgendes System angenommen werden:

Rekonstruiertes Vokaldreieck (gesprochenes Latein)

	vordere Vokale	hintere Vokale
hohe geschlossene Vokale	/i/	/u/
hohe offene Vokale	/ɪ/	/ʊ/
mittlere geschlossene Vokale	/e/	/o/
mittlere offene Vokale	/ɛ/	/ɔ/
tiefe Vokale	/a/	/ɑ/

Tab. 11.2
Vokalsystem des gesprochenen Lateins

Das System entspricht dem des klassischen Lateins, in dem aber nicht Vokalqualitäten, sondern Vokalquantitäten (Opposition von langen und kurzen Vokalen) unterschieden werden. Die Umdeutung von Quantitäten zu Qualitäten im gesprochenen Latein wird als QUANTITÄTENKOLLAPS bezeichnet. An den Quantitätenkollaps schließt sich der Synkretismus der Vokale an (s. o.), also die Reduzierung des Vokalsystems von fünf auf vier Stufen, die nicht mit dem eigentlichen Quantitätenkollaps (der Aufgabe des Quanitätensystems zu Gunsten eines Qualitätensystems) verwechselt werden sollte.

- DIPHTHONGIERUNG (*dittongazione*): Für die Lautentwicklung besonders des Toskanisch-Florentinischen (und somit des Standarditalienischen) sind Diphthongierungen in betonter offener Silbe üblich (also in einer Silbe, die auf Vokal endet). Betroffen sind die mittleren offenen Vokale: so wird älteres /'pɛ.de/ zu /'pjɛ.de/, älteres /'bɔ.no/ zu /'bwɔ.no/. Es entstehen Lautgruppen, die aus einem Halbvokal und einem Vokal bestehen. Solche Gruppen werden als Diphthonge (*dittònghi,* Singular: *dittòngo*) bezeichnet (wozu auch die aus Vokal und Halbvokal bestehenden Lautgrupppen gehören). Sie sind bedeutungsunterscheidend, d. h. es handelt sich um (neue) Phoneme; vgl. die Minimalpaare: *mèta* ‚Ziel' und *mieta* ‚er/sie/es mähe' (Konjunktiv Präsens Singular von *mietere* ‚mähen').

- Monophthongierung (*monottongazione*): Schon in älterer Zeit, da auch in anderen romanischen Sprachen anzutreffen, ist die Monophthongierung von etymologischem au eingetreten, das durchgängig zu offenem /ɔ/ wird: auru > *òro* ‚Gold', causa > *còsa* ‚Sache'. Später entlehnt das Italienische aus dem Schriftlateinischen wieder Wörter mit dem alten Diphthong, der dann nicht mehr monophthongiert wird (z. B. *causa* ‚Grund'). Es lässt sich eine relative Chronologie erstellen: Obwohl die Monophthongierung älter sein muss (Verbreitung in der Romania), hat der Phonemsynkretismus von /ɔ/ aus au und ererbtem /ɔ/ wohl erst zu einer Zeit stattgefunden, nachdem /ɔ/ in offener Silbe von der Diphthongierung erfasst wurde, denn *cuosa* entsteht nicht. Die Entlehnung von Wörtern, die *au* enthalten, muss nach Abschluss der Monophthongierung stattgefunden haben, denn das *au* bleibt hier erhalten.

Konsonanten

Im Bereich der Konsonanten gibt es eine Reihe von Erscheinungen, die sich nur schwer systematisieren lassen. Das wohl wichtigste Beispiel von phonematisierten ehemaligen Allophonen ist die (romanische) Spaltung (Differenzierung) der velaren Explosive (/k, g/) in einen weiterhin velaren Explosiv und in eine palatale Affrikate: cane ‚Hund', centu ‚hundert' haben im Lateinischen beide einen /k/-Anlaut, der wahrscheinlich vor dem höheren Vokal (in unserem Beispiel: /e/) eher palatal realisiert wurde; im Italienischen finden sich jedoch unterschiedliche Phoneme (/k/ und /ʧ/), die inzwischen in Minimalpaaren in Opposition stehen (vgl. *chi* ‚wer' und das anaphorische Pronomen *ci.* Die grafische Wiedergabe von /ʧ/ als <c> deutet noch auf die gemeinsame Herkunft hin. Ein verbreitetes Beispiel für die Neutralisation einer konsonantischen Opposition ist der Betazismus, d. h. der Zusammenfall von etymologischem v (wahrscheinlich im Lateinischen ein bilabialer Frikativ /β/) und b, vgl. sardisch: *binu* ‚Wein'. In manchen Dialekten (z. B. Neapolitanisch) erfolgt die Neutralisation nur in Fortisposition: *abbecino* ‚von Nahem'. In Südumbrien und den angrenzenden Marken ist *v-* (mit zwischen [β] und [v] variierender Artikulation) die Lenis- und *bb-* [b:] die Fortisvariante eines Phonems /b/: *vatte* ‚schlagen' wie *vinu* ‚Wein', aber: *a bbatte* ‚zu schlagen' und *che bbinu!* ‚was für ein Wein!'.

Auf www.bachelor-wissen.de stehen einzelne Hörbeispiele für die beschriebenen Phänomene zur Verfügung.

Übungen 11.7

1 Welche phonologischen Prozesse haben bei den folgenden Lautwandelbeispielen stattgefunden:

1. *roba* › *robba* ‚Zeug' *(Dialekte Mittel- und Süditaliens)*
2. *callu (statt: caldu)* ‚heiß' *(Dialekte Mittelitaliens)*
3. ['djendi] (*statt:* ['dɛnti]) ‚Zähne' *(Dialekte Mittelitaliens)*
4. VETULU › *vetlu* › *veclu* › *vecchio*
5. AURICULU › *oriclu* › *orecchio*
6. FELE › *fiele* ‚Galle'

2 Erklären Sie das *-i-* im Verbstamm in folgenden Konjugationsformen aus Südostumbrien:

1. Singular *metto*
2. Singular: *mitti*
3. Singular: *mette*

3 Ordnen Sie die Spalten von Tab. 11.1 so, dass die Variante c) grabra „gewinnt".

4 Wie lässt sich mit Hilfe einer Beschränkung erklären, dass Sprecher in Mittelitalien *face* wie ['faʃe] aussprechen?

5 Wie unterscheidet sich diese Aussprache von der Aussprache von *fasce* ‚Windeln'?

Literaturhinweise 11.8

Diachronische Aspekte der Morphologie und Phonetik/Phonologie behandeln Lausberg (1967–72) für die Gesamtromania (mit italienischem Schwerpunkt) und Rohlfs (1966–69) für Italien. Beide Werke sind als komprimierte Nachschlagewerke konzipiert und stellen daher hohe Ansprüche an den Benutzer, von denen man sich aber nicht abschrecken lassen sollte.

Eine Einführung in die optimalitätstheoretische Phonologie enthält Archangeli (1998).

Die dialektale Gliederung Italiens: Oberitalien

Inhalt

12.1	Allgemeines	146
12.2	Das Dialektkontinuum Oberitaliens	147
12.2.1	Galloitalisch	150
12.2.2	Venezisch (und Istrisch)	153
12.3	Übungen	155
12.4	Literaturhinweise	155

Überblick

Nach ein paar allgemeinen Bemerkungen zu den wichtigsten Unterschieden zwischen Ober- (Nord-), Mittel- und Unter- (Süd-) Italien geht es in dieser Lehreinheit um die Besonderheiten der oberitalienischen Dialekte. Dabei teilt sich das oberitalienische Dialektkontinuum in Galloitalisch und Venezisch, die nacheinander behandelt werden. Aus diesem Bereich stammen auch die Texte in den Übungen. Die Literaturhinweise beziehen sich aber auf die Dialektologie Italiens im Allgemeinen.

Zu den in dieser und den folgenden Einheiten beschriebenen Dialekten und Regionalsprachen stehen Tondokumente unter www.bachelor-wissen.de zur Verfügung.

12.1 | Allgemeines

Kontinua

Durch die scharfe Dialektgrenze (ISOGLOSSENBÜNDEL) entlang des Apenninenkamms zwischen La Spezia und Rimini (vgl. 3.1) teilt sich Italien in zwei deutlich unterscheidbare dialektale Großareale auf, die ihrerseits jeweils ein KONTINUUM bilden:

- das Dialektkontinuum Ober- (bzw. Nord-) Italiens (*dialetti settentrionali*), das zur WESTROMANIA gerechnet wird,
- das Dialektkontinuum Mittel- und Unter- (bzw. Süd-) Italiens (*dialetti centro-meridionali*), das zur OSTROMANIA gerechnet wird.

Übergänge

Im Dialektkontinuum Mittel- und Unteritaliens werden die toskanischen Dialekte gesondert behandelt, obwohl es hier vor allem mit den Dialekten der Provinz Arezzo ebenfalls ein Übergangsgebiet gibt. Eine deutlichere Trennung stellt das zwischen Rom und Ancona verlaufende Isoglossenbündel dar, das aber keine so eindeutige Dialektgrenze wie die zwischen La Spezia und Rimini ist. Besonders in Mittel- und Süditalien wird das Dialektkontinuum häufig von sprachlichen Kolonien und von Sprachinseln „durchlöchert" (vgl. Abb. 3.4).

Konsonantismus

Es ist leicht möglich, Italiener anhand ihrer Aussprache einem Großareal zuzuordnen – selbst wenn sie ein dem Standarditalienischen angenähertes Regionalitalienisch sprechen. Die folgenden Merkmale erleichtern als ungefähre Anleitung die Identifikation eines Dialekts oder einer regionalen Varietät des Italienischen im Sinne einer groben Einteilung:

Wenn überhaupt keine Langkonsonanten (Fortiskonsonanten, Geminaten) hörbar sind (also ['fato] statt ['fat:o]), handelt es sich um einen oberitalienischen Dialekt, sind Langkonsonanten nur im Wortinnern zu hören, liegt also keine Initialfortisierung vor, handelt es sich um eine norditalienische Regionalsprache. Wenn Wörter, die eigentlich ein stimmloses /s/ enthalten, mit stimmhaftem [z] artikuliert werden, handelt es sich um einen Sprecher aus Norditalien. Allerdings breitet sich das stimmhafte [z] auch in Mittel- und Unteritalien gerade im Regionalitalienischen aus.

Vokalismus

Werden offene/geschlossene mittlere Vokale nicht phonematisch unterschieden (z. B. *béne* statt *bène* ‚gut'), handelt es sich um einen norditalienischen Sprecher.

Konsonantischer Auslaut

Substantive enden in Mittel- und Süditalien praktisch nie auf Konsonanten (Ausnahme: Abruzzen, Nordapulien; allerdings nur in den lokalen Dialekten, nicht im Regionalitalienischen); in Norditalien sind konsonantische Endungen üblich, in den dortigen Dialekten sind sie sehr häufig, da es hier in der Lautentwicklung verstärkt zur Vokalapokope gekommen ist. In der Toskana kommen Vokalapokopen nur in lexikalisierten Wortverbindungen und Phraseologismen vor: *vinsanto* ‚Vinsanto, (eigentlich:) heiliger Wein', *a fior d'acqua* ‚an der Wasseroberfläche'.

Possessivpronomina werden in Mittel- und Unteritalien nachgestellt (POSTNOMINAL): *la macchina mia* ‚mein Auto'; in der Toskana ist das eher unüblich, im Norden praktisch ausgeschlossen.

Syntax

Die folgenden Abschnitte sollen der genaueren Analyse dienen; dabei werden eine Vielzahl von Einzelheiten vorgestellt, die auch zur Illustration der vorher behandelten Konzepte besonders der Phonetik/Phonologie und der Morphologie dienen können. Zunächst werden immer die Gemeinsamkeiten größerer Areale aufgezeigt, bevor die Besonderheiten kleinerer Areale vorgestellt werden. Übersichten am Anfang der Abschnitte sollen den Überblick erleichtern.

Genauere Analyse

Das Dialektkontinuum Oberitaliens

12.2

Das oberitalienische Dialektkontinuum umfasst drei Areale:

Unterteilung

- das galloitalische Areal (*dialetti gallo-italici*),
- das venezische Areal (*dialetti veneti*): Im Gegensatz zum Italienischen (*veneto*) kann im Deutschen zwischen venetisch (auf das antike Volk der Veneter bezogen oder auf die Region Veneto) und *venezisch* (auf die Dialekte des Venetos bezogen) unterschieden werden. Daneben gibt es auch noch das Adjektiv *venezianisch* (*veneziano*), das sich auf die Stadt bzw. die Stadtsprache Venedigs bezieht;
- das istrische Areal (*dialetti istriani*), heute in Slowenien und Kroatien (dalmatische Küste) verteilt (Sprachminderheit); in neuerer Zeit wird dieses Areal stark vom Triestinischen (Venezisch) beeinflusst.

Das FRIAULISCHE gehört nicht zu den venezischen Dialekten, sondern bildet mit dem LADINISCHEN und dem RÄTOROMANISCHEN (BÜNDNERROMANISCHEN) eine eigene Sprache bzw. Sprachgruppe (RÄTOROMANISCH-LADINISCH-FRIAULISCH), die nicht zum oberitalienischen Dialektkontinuum gehört.

Friaulisch

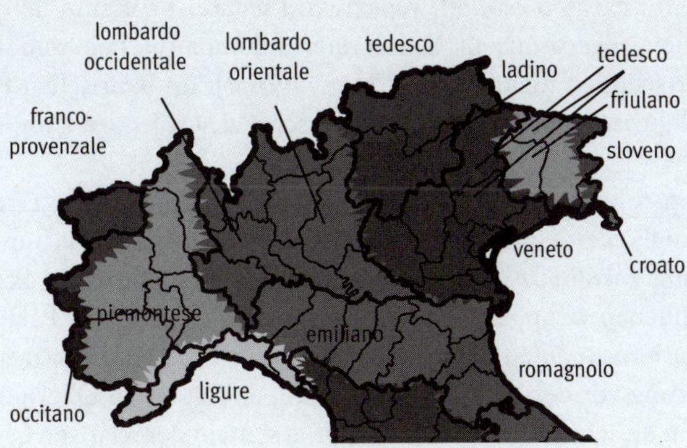

Abb. 12.1 Sprachkarte Oberitaliens

Charakteristika

Die Dialekte Oberitaliens zeigen eine Reihe von Gemeinsamkeiten, vor allem im Konsonantismus, in der Phonotaktik und in der Morphosyntax. In betonter Silbe gibt es nur ein dreistufiges Vokalsystem, das heißt, es wird nicht zwischen offenen /ɛ, ɔ/ und geschlossenen mittleren /e, o/ Vokalen phonologisch unterschieden. Dem auf drei Stufen reduzierten Vokalsystem des gesprochenen Lateins kommt das Venezische am nächsten.

Konsonantismus

Zwei möglicherweise zusammenhängende Charakteristika sind:

a) das Fehlen der Lang- (Fortis-) Konsonanten: piemontesisch /'buka/ statt *bocca* ‚Mund',
b) die weitgehende Sonorisierung der einfachen zwischenvokalischen Konsonanten, die in manchen Fällen sogar zum Schwund der Konsonanten führt.

Die Entwicklung ähnelt einer Kettenreaktion:

C + C > C, C > C̬ > Ø

Während Langkonsonanten zu einfachen Konsonanten werden, verschieben sich einfache Konsonanten zu sonorisierten bzw. fallen sogar aus. Der bilabiale Explosiv /p/ wird bei der Sonorisierung labiodental /v/ (oder fällt aus): *capelli* ‚Haare' zu *cave(l)i* (in Bergamo [ka'ei]).

Palatalisierung

In Oberitalien geht die Palatalisierung der velaren Explosive vor hellen Vokalen im Anlaut weiter als im übrigen Italien (vgl. auch die weiter gehende Palatalisierung in der Galloromania): Während im übrigen Italien die Palatalisierung zu palato-alveolaren Lauten geführt hat (/ʧ/ und /ʤ/, in Mittelitalien zum Teil auch stärker palatal artikuliert), ist das Ergebnis in Oberitalien meistens /s/ bzw. /z/, einige konservative Gebiete (oder einzelne Ortschaften) zeigen auch /ʦ/ und /ʣ/. Im Veneto treten an manchen Orten sogar dentale Frikative auf (/θ/,/ð/): cinere ‚Asche': ligurisches Hinterland (konservativ): ['ʦɛnre], ligurische Küste: ['sɛne], Piemont: ['senre], emilianisch-romagnolisch ['sendra] (mit konsonantischer Epenthese, vgl. französisch *cendre*), venezisch: ['senare] bzw. zum Teil ['θenare]; generu ‚Schwiegersohn': in konservativen lombardischen und piemontesischen Ortschaften noch ['ʤener] bzw. ['ʤɛner], im ligurischen Hinterland ['ʤɛnre], ligurische Küste ['zɛne], venezisch ['zɛnaro] oder zum Teil sogar: ['ðenaro].

Konsonantennexus CL-, GL-

Im übrigen Italien kommt es in den anlautenden Konsonantennexus cl und gl lediglich zu einer Vokalisierung der Liquida (> /kj/ und /gj/; die Bezeichnung *Vokalisierung* ist ungenau, denn /l/ wird zum Halbvokal /j/), und die entstandenen Gruppen nehmen dann nicht mehr an der Palatalisierung der velaren Konsonanten teil, d. h. für die relative Chronologie, dass die Palatalisierung vor der Liquidavokalisierung erfolgt ist. In Oberitalien findet aber auch in diesem Fall eine Palatalisierung statt; in der relativen Chronologie ist somit der Palatalisierungsprozess nicht abgeschlossen, bevor die Vokalisierung stattfindet. Das bekannteste Beispiel ist wahrscheinlich die venezische Entwicklung von SCLAVU ‚Sklave' zu *ciao*, das heute in ganz Italien (als venezianisches Lehnwort) als Gruß verwendet wird; entsprechend wird lateinisches GLAREA ‚Kies' in der Toskana zu *ghiaia*, im gesamten Oberitalien jedoch zu ['ʤɛ(r)a] (venezisch: ['ʤara]).

Die einfache Palatalisierung und die der Nexus CL und GL lässt sich wie folgt tabellarisch zusammenfassen (auf eine Darstellung der Entwicklung von PL und BL verzichte ich hier der Einfachheit halber, auch diese Nexus entwickeln sich in Teilen Oberitaliens wie CL und GL und fallen in Unteritalien zum Teil auch mit den Nachfolgern von CL und GL zusammen):

		Mittel-/Unteritalien		Oberitalien		
C,G vor hellem Vokal	›	/ʧ, ʤ/	›	/ʦ, ʣ/	›	S, Z › θ, ð
CL, GL	›	/kj, gj/	›	/ʧ, ʤ/		

Tab. 12.1 Palatalisierungsprozesse in Mittel-/Unteritalien und in Oberitalien

Distinktivität

Die Tabelle zeigt sehr schön, dass durch die „schnellere" Entwicklung der einfachen Konsonanten die DISTINKTIVITÄT (Unterscheidbarkeit) der Wörter erhalten bleibt.

Konsonantennexus -CT-

Aus dem KONSONANTENNEXUS -CT- im Wortinnern wird in Mittel- und Unteritalien ein Langkonsonant [tː]. Da es in Oberitalien keine Langkonsonanz gibt, entsteht im Venezischen und Emilianischen ein einfacher stimmloser Konsonant: venezisch *late* ‚Milch', emilianisch *lat*. Im übrigen oberitalienischen Bereich hinterlässt das C eine palatale Spur: als diphthongierender Halbvokal (piemontesisch: *lait*, vgl. Französisch) oder in der Palatalisierung des T (lombardisch: ['laʧ], vergleiche Spanisch *leche*).

Morphosyntax

Charakteristisch für die MORPHOSYNTAX der lokalen Dialekte Oberitaliens ist die weitgehend obligatorische Verwendung von unbetonten (KLITISCHEN) Subjektpronomina (vgl. Französisch). Die Existenz solcher Pronomina neben Personalendungen widerspricht der Annahme, dass der obligatorische Charakter der französischen Personalpronomina in der diachronen Entwicklung aufgrund des Schwunds der Endungen entstanden sein soll (KOMPENSATIONSHYPOTHESE). Die Form der Subjektpronomina variiert im Gesamtareal. Hier eine Übersicht:

Tab. 12.2 | Subjektpronomina in oberitalienischen Dialekten

	Etymon	Formen	Beispiele
1. Singular	EGO	*a* (auch *i, e*)	Bologna: *a m' arcord* ‚ich erinnere mich'
2. Singular	TU	*t-*	Bologna: *te t port* ‚du (betont) trägst'
3. Singular	ILLU, ILLA	*i, e, u, a* (z. T. *l*-haltig)	Milano: *lü el dòrma/lé la dòrma* ‚er/sie (betont) schläft', Genua: *u ma u büssa* ‚das Meer klopft'
1. Plural	aus Singular	*a*	Milano: *a vörem* ‚wir wollen'
2. Plural	aus Singular	*a*	Milano: *a vorì* ‚ihr wollt'
3. Plural	ILLI	(vor allem *i*)	venezianisch: *no i vol* ‚sie (m./f.) wollen nicht'

Umstrukturierung

Manche Dialekte haben das *a* auf alle Personen erweitert (sozusagen als Markierung für eine finite Verbform), es steht dann zusammen mit dem eigentlichen klitischen Pronomen: *a ti dörmi* ‚du schläfst' (in einem lombardischen Dialekt). Andererseits ist das *t* reanalysiert worden als Endung der zweiten Person Singular wie z. B. im Milanesischen: *te dòrmet* ‚du schläfst'; hier steht zunächst das unbetonte Subjektpronomen, das in der Endung wiederkehrt, und zwar aufgrund einer REANALYSE aus Fragekonstruktionen, in denen das Pronomen nachgestellt wird. Da es in oberitalienischen Dialekten keinen Unterschied in der Konsonantenlänge gibt, wird *dòrme-te* für *dòrmet-te* gehalten und zu *te dòrmet* weiterentwickelt. Auch die -*t*-Endung der zweiten Person Singular des Deutschen (‚gehst') ist aufgrund einer solchen Reanalyse entstanden; ursprünglich endete die zweite Person Singular auf -*s*.

12.2.1 | Galloitalisch

Substrat

Der Terminus GALLOITALISCH verweist auf das GALLISCHE (festlandkeltische) Substrat in Norditalien (von den Römern *Gallia cisalpina* genannt). Ob bzw. inwiefern sich die Besonderheiten des Gallo-Italischen durch SUBSTRATINTERFERENZ, also den Einfluss der zuvor in diesen Arealen verbreiteten Sprachen, erklären lassen, ist umstritten.

Unterteilung

Zu den gallo-italischen Dialekten rechnet man:

- PIEMONTESISCH (*piemontese*),
- LOMBARDISCH (*lombardo*), das auch das Tessinische (*ticinese*) mit einschließt,
- LIGURISCH (*lìgure*),
- EMILIANISCH-ROMAGNOLISCH (*emiliano-romagnolo*).

Vokalismus

Charakteristisch für den gesamten galloitalischen Raum (mit Ausnahme der Emilia-Romagna, wo das Phänomen sich auf den Westen beschränkt) sind die VORDEREN GERUNDETEN VOKALE (auch GERUNDETE PALATALVOKALE genannt) /y/ (orthografisch meist <ü>) und /ø/ (orthografisch meist <ö>); *ü* entsteht wie das französische *u* (/y/) aus dem /u/ des gesprochenen Lateins (klassisch lateinisch das lange ū), *ö* entsteht aus dem /ɔ/ des gesprochenen Lateins (klassisch lateinisch das kurze ŏ): *scüsa* ‚entschuldige', *kör* ‚Herz'. (Wichtige Zwischenbemerkung: Dies sind *keine* Umlaute! Da die vorderen gerundeten Vokale des Deutschen auf einen Umlautprozess (Metaphonie) zurückgehen, werden sie als „Umlaute" bezeichnet. In Bezug auf die italienischen vorderen gerundeten Vokale ist dieser Terminus unbedingt zu vermeiden!)

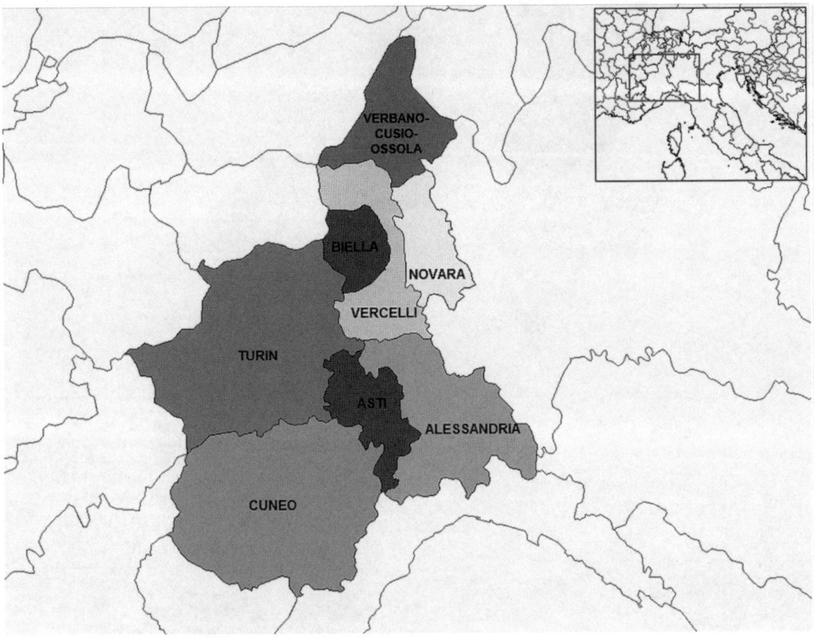

Abb. 12.2
Region Piemonte

In offenen Silben kommt es darüber hinaus in weiten Bereichen des Areals (besonders in der Emilia-Romagna) zu einem Lautwandel von /a/ zu /ɛ/ (sogenannter spontaner Lautwandel, da es sich nicht um eine Assimilation handelt): *nef* ‚Schiff', *nes* ‚Nase' (vgl. Französisch). Die weiteste Verbreitung hat das Phänomen bei den Infinitiven auf *-are* (Piemont: *vulè* ‚fliegen'; Standard: *volare*). In romagnolischen Dialekten kommt es sogar zu einer Anhebung von /a/ in geschlossenen Silben: *berba* ‚Bart' (Standard: *barba*). Das Phänomen strahlt nach Nord-(West-) Umbrien und entlang der Adriaküste nach Süden aus.

Metaphonie

Besonders im Romagnolischen (aber auch im nördlichen Lombardisch, im Piemontesischen und Ligurischen) tritt zudem auch eine Metaphonie (Umlaut, *metafonia, metafonèsi* [f.]) auf: /a/ wird vor auslautendem /-i/ zu /ɛ/ angehoben (vgl. Deutsch: *Gast, Gäste* für älteres *ga(e)sti*). Damit kann auch nach Verstummen des Auslauts eine Numerusdifferenzierung durch innere Flexion vorgenommen werden: piemontesisch ['kamp] ‚Feld', Plural: ['kɛmp], ligurisch ['kaŋ] ‚Hund', Plural ['kɛŋ] (sofern Auslaut nicht erhalten), romagnolisch [ka'val] ‚Pferd', Plural [ka'vɛl].

Abb. 12.3 | Region Lombardia

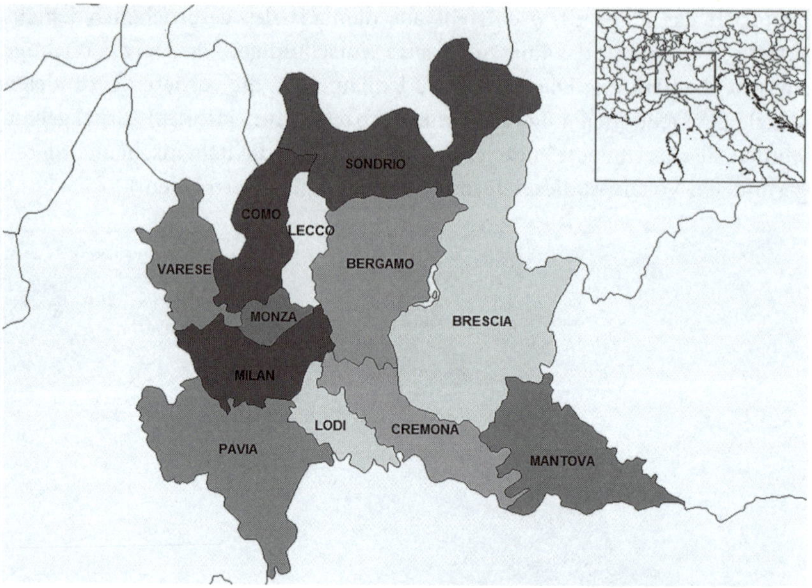

Abb. 12.4 | Region Emilia

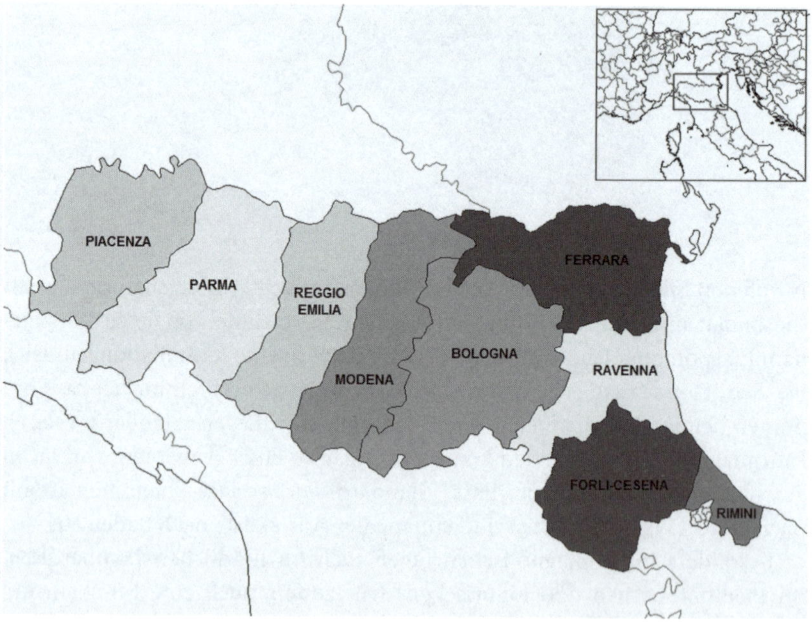

Phonotaktik

Apokope der Auslautvokale (außer im Ligurischen): nave ‚Schiff' > *nef*. Der einzige Auslautvokal, der erhalten bleibt, ist /-a/. Am Wortende stehende Konsonanten sind stimmlos (eventuell kommt es wie in dem Beispiel zur Auslautverhärtung bzw. Desonorisierung). Hinzu kommt vor allem in der Emilia-Romania auch die Synkope von Vor- und Nachtonvokalen, die zum Teil schwere Konsonanzen hervorrufen: romagnolisch *dmenga* ‚Sonntag' (< *domeniga*), piemontesisch (und emilianisch): *tlè(r)* ‚Webstuhl' (< *teler* < TELARIU > italienisch *telaio*). Solche Konsonantennexus sind (in der Italo-Romania) nur im syntagmatischen phonotaktischen Zusammenhang sprechbar: so ist der Nexus *t+p* in *te t port* ‚du trägst' durch den vorangehenden Vokal problemlos artikulierbar. (Viele arabische Dialekte haben solche Konsonantennexus auch in Isolation bzw. am Äußerungsrand; die daran gewöhnten Sprecher haben überhaupt keine Probleme mit der für uns ungewohnten Artikulation.)

Ligurisch

Obwohl der Erhalt der unbetonten Vokale das Ligurische unter den galloitalischen Dialekten als konservativ ausweist, zeigt es weiter gehende Innovationen:

- Synkope von zwischenvokalischem *r* und damit verbundenes Aufeinanderstoßen von Vokalen (HIAT): DURU > *düu* ‚hart',
- Velarisierung von zwischenvokalischem *n: lüna* ['lyŋa],
- Palatalisierung der Konsonantennexus PL- (wie CL-) > /ʧ/, BL- > /ʤ/ und FL- > /ʃ/: plus > ['ʧy] ‚mehr', blanco > ['ʤaŋku] ‚weiß', flum(in)e > ['ʃyme] ‚Fluss'; diese Lautentwicklung findet sich auch in Unteritalien (vgl. 13.4).

Venezisch (und Istrisch) | 12.2.2

Unterteilung

Das Venezische wurde durch die Vormachtstellung des Venezianischen geprägt. Die venezianischen Innovationen verbreiteten sich über die kleineren Zentren. Daher sind es auch diese Zentren, die den einzelnen Arealen (ihr jeweiliges Einzugsgebiet) ihre Prägung und damit ihren Namen verliehen haben. Man unterscheidet:

- VENEZIANISCH (*veneziano*)
- VERONESISCH (*veronese*)
- VICENTINISCH-PADUANISCH-POLESANISCH (*vicentino-padovano-polesano*)
- TREVISANISCH (*trevisano*)
- FELTRINISCH-BELLUNESISCH (*feltrino-bellunese*)
- TRIESTINISCH-JULISCHVENEZISCH (*triestino-giuliano*)

Vokalismus

Das Venezische grenzt sich vom Galloitalischen im Vokalismus ab: die typischen Merkmale des galloitalischen Vokalismus fehlen:

- keine Synkope von unbetonten Vokalen, Erhalt des Auslauts (abnehmend von Süden nach Norden)
- keine Anhebung von /a/ > /ɛ/
- keine vorderen gerundeten Vokale /y/, /ø/

Abb. 12.5 | Region Veneto (Karte von M. Haase)

Istrisch

Das Istrische (*istriano*), das in seiner archaischen Form möglicherweise als eigenständige Untergruppe des oberitalienischen Großareals anzusehen ist (im Übergang zum untergegangenen dalmatischen Romanisch), liegt auch im Einzugsbereich des Venezianischen. In neuerer Zeit wird es vom Nachbardialekt des Triestinischen (bzw. von der Stadtsprache von Triest) beeinflusst. Auch der Kontakt mit dem Slawischen spielt in der Dialektentwicklung eine Rolle (besonders im 20. Jahrhundert). Sprecher des Istrischen findet man vor allem in Südistrien.

Abb. 12.6 | Region Friuli-Venezia Giulia

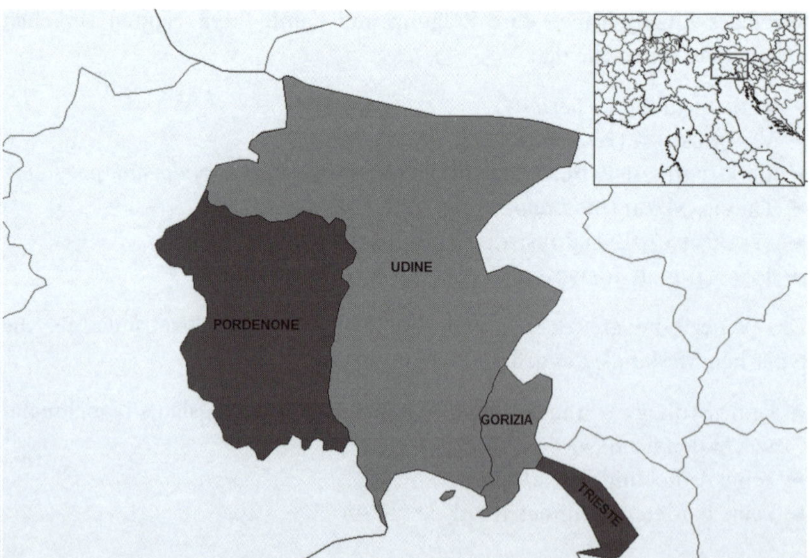

Übungen

12.3

1 Welche dialektalen Charakteristika ermöglichen es, zu bestimmen, aus welchem Dialektgebiet das folgende Volkslied (Ausschnitt) stammt (die Transkription orientiert sich an der italienischen Orthografie, versucht jedoch die dialektale Aussprache so genau wie möglich phonologisch wiederzugeben)?

I fiò e r' amur	**Die Mädchen und die Liebe**
I fiò da Daigra e da Rivöi	‚Die Mädchen aus Aquila und Olivone
I fa r' amur quand l' è ch' i vöi,	lieben, wann sie wollen,
I fiò da Camp e da Ghiron	die Mädchen aus Campo und Ghirone
I fa r' amur in un piron.	lieben in der Hocke.
I fiò da Ludian, Semion e Malvaia	Die Mädchen aus Ludiano, Semione und Malvaglia
i fa r' amur quercei da paia,	lieben im Stroh,
e tüt i fiò dra meza val	und alle Mädchen aus dem Tal
i fa r' amur dopu un bel bal.	lieben nach einem schönen Tanz.‘

2 Der folgende Liedtext stammt aus Ligurien. Arbeiten Sie die Dialektmerkmale heraus, die Transkription orientiert sich wieder an der Standardorthografie:

Umbre de muri, muri de mainé,	‚Schatten von Gesichtern, Gesichtern von Seeleuten,
dunde ne vegnì, duve l' è ch' ané?	Woher kommt ihr, wohin ist es, dass ihr hinfahrt?
Da 'n scitu duve a lüŋa a se mustra nüa	von einem Ort, wo sich der Mond nackt gezeigt hat
e a nötte a n' à puntou u cutellu ä güa.	und uns die Nacht ein Messer auf den Hals gerichtet hat.‘

Literaturhinweise

12.4

Dialektologie

Das in Italien wahrscheinlich am meisten verwendete Lehrbuch der italienischen Dialektologie ist Devoto/Giacomelli (1991), das vor allem auf den Daten des *Sprach- und Sachatlas Italiens und der Südschweiz* (AIS) aufbaut (Jaberg/Jud 1928–40, zitiert als AIS). Leider hat das Lehrbuch einen großen Nachteil, der die Übersichtlichkeit behindert und Zusammenhänge verschleiert: Es ist nach den heutigen administrativen Regionen Italiens geordnet, obwohl diese oft nicht mit den Dialektzonen zusammenfallen. Daher sollte man es zusammen mit einer Dialektkarte wie der von Pellegrini (1977, erneut im LRL) durcharbeiten. Genauer, wenn auch für Anfänger zu detailliert, sind die areallinguistischen Kapitel des LRL, die sich an Pellegrinis Dialekträumen orientieren. In englischer Sprache liegt mit Maiden/Parry (1997) ein geraffter

Überblick über die italienischen Dialekte vor. Eine Einführung in die italienische Dialektologie als Studienfach (mit einer kurzen Fachgeschichte) gibt Coco (1982). Über neuere Arbeiten informiert der „Karteikasten" (*Schedario*), der in der *Rivista italiana di dialettologia* (RID) enthalten ist.

Sprachatlanten

Der bereits erwähnte AIS ist in einer Kurzausgabe in italienischer Sprache seit einigen Jahren leicht zugänglich (mit Kommentaren!). Erst 1995 erschien der erste Band der italienischen Antwort auf den AIS, der *Atlante linguistico italiano* (ALI), der schon seit den dreißiger Jahren auf sich warten lässt. Er wurde von Matteo Bartoli initiiert und von Ugo Pellis weitergeführt. Trotz seines neuen Erscheinungsdatums handelt es sich um einen klassischen Sprachatlas, der nicht – wie hingegen zum Beispiel der sprechende *Sprachatlas des Dolomitenladinischen* (ALD) – die Möglichkeiten moderner Präsentationsformen nutzt.

Dialektgrammatik

Zugang zu einzelnen Dialekten erhält man am besten über die Bände der von Cortelazzo seit 1974 herausgegebenen Reihe *Profilo dei dialetti italiani* (mit Tondokumenten). Eine Dialektgrammatik aller italienischen Dialekte ist Rohlfs (1966–69), der vor allem das Material des AIS verarbeitet und sozusagen umgekehrt zugänglich macht, also nicht von der Karte zur Form, sondern von den systematisch geordneten Formen zu den Orten. Das dreibändige Werk ist ein nützliches Nachschlagewerk, wenn man wissen will, wo sich bestimmte grammatische Phänomene in Italien beobachten lassen.

Das Dialektkontinuum Mittel- und Unteritaliens

Inhalt

13.1	Überblick	158
13.2	Toskanisch	158
13.3	Toskanisch-mittelitalienischer Übergangsbereich	162
13.4	Zentraldialekte Mittel- und Unteritaliens	164
13.5	Laterale Dialekte Unteritaliens und Dialekte Siziliens	169
13.6	Übungen	172
13.7	Literaturhinweise	172

Überblick

In dieser Lehreinheit geht es um die Dialekte Mittel- und Unteritaliens sowie Siziliens (ohne die zahlreichen Sprachinseln, die sich in Unteritalien und auf Sizilien finden): Aus dem Dialektkontinuum fällt vor allem die Toskana heraus, die Besonderheiten zeigt. Während Mittel- und Unteritalien viele Übereinstimmung zeigen, weichen die extrem-südlichen Dialekte wieder stärker ab.

13.1 | Überblick

Unterteilung

Die Dialekte der Toskana bilden eine eigene Untergruppe – nicht zuletzt, weil sie die Grundlage sind für die gesamtitalienische Gemeinsprache (Koiné) und in der Folge für das Standarditalienische. Nach Westen und Süden schließt sich ein Übergangsbereich an, der sich noch nördlich des Isoglossenbündels befindet, das (relativ aufgefächert) zwischen Rom und Ancona verläuft. Erst im Süden dieses Isoglossenbündels beginnt das eigentliche Dialektkontinuum des Südens. Hierbei ist noch einmal eine Unterscheidung zwischen den zentralen (*intermedi*) und den lateralen (= von Rom entfernten) Dialekten (*estremi*) nötig.

Gemeinsamkeit

Für ganz Mittel- und Unteritalien ist das vierstufige Vokalsystem des Standarditalienischen (romanisches Grundsystem) charakteristisch. Lediglich ein kleines Rückzugsgebiet in Ostlukanien weicht ab. Im äußersten Süden und auf Sizilien ist das vierstufige System zu einem dreistufigen weiterentwickelt worden, das sich allerdings vom oberitalienischen unterscheidet (s. u.). Auch das Konsonanteninventar entspricht zumindest auf der zugrunde liegenden phonologischen Ebene dem des Standards. Eine deutliche Gemeinsamkeit ist die (phono-) syntaktische Initialfortisierung. Es gibt keine unbetonten obligatorischen Subjektpronomina. Possessivpronomina neigen zur postnominalen Stellung (in manchen Gebieten als Klitika). Alle diese Gemeinsamkeiten charakterisieren auch die regionalen Ausprägungen der italienischen Ausgleichssprache (Regionalitalienisch) in Mittel- und Unteritalien. Sie sind im Übrigen außer in der Toskana durch eine Sonorisierung (Lenisierung, bei den Explosiven mit Sonorisierung) der einfachen zwischenvokalischen Konsonanten gekennzeichnet.

13.2 | Toskanisch

Unterteilung

Das Toskanische unterteilt sich in:

- Inseltoskanisch (*toscano insulare*, insbesondere auf Elba, aber auch einschließlich Korsisch, *corso*, und dem toskanisch-sardischen Übergangsdialekt des Gallurischen, *gallurese*, in Nordsardinien)
- Westtoskanisch (*toscano occidentale*, Dialekte von Pisa, Lucca und Pistoia)
- Zentraltoskanisch (*toscano centrale*, einschließlich Florentinisch, *fiorentino*)
- Senesisch (*senese*, Provinz von Siena, reicht heute im Osten über die Provinzgrenze hinaus nach Westumbrien hinein)

Übergänge

Obwohl die Provinz von Arezzo noch zur Toskana gehört und daher das Aretinische auch häufig als toskanischer Dialekt aufgefasst wird, passt es besser in den toskanisch-mittelitalienischen Übergangsbereich (*mittelitalienisch* wird hier immer mit Bezug auf Mittelitalien, also geografisch verwendet - nicht historisch - im Gegensatz zu *altitalienisch*). Auch im nordtoskanischen Gebirge (Lunigiana, Provinz von Massa-Carrara) trifft man auf einen Übergangsdialekt.

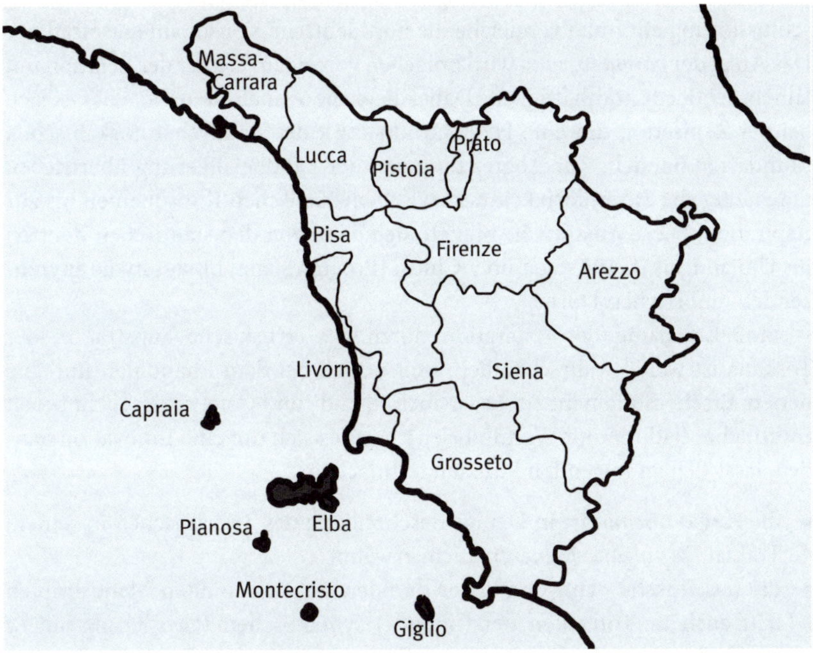

Abb. 13.1
Region Toscana (Karte von M. Haase)

Aspiration

Die auffälligste Besonderheit der toskanischen Dialekte (mit Ausnahme des Inseltoskanischen und der Westtoskana) ist die sogenannte *gorgia toscana*, eine Aspiration der zwischenvokalischen einfachen Explosive bis hin zur vollständigen Spirantisierung (auch über die Wortgrenze hinweg): *la casa* ‚das Haus' wird je nach Dialekt schwächer oder stärker aspiriert ([la 'k^{h}asa]) oder spirantisiert ([la 'hasa]). Dabei tritt die stärkste Aspiration/Spirantisierung bei /k/ ein, sie kann im Wortinnern sogar bis zur Synkope führen: senesisch: *bruco* ‚Raupe (auch Stadtviertel von Siena)' ['bruho] oder ['bruo] (Allegrosprechweise); schwächer ist die Aspiration/Spirantisierung bei /t/ (meist nur zu [t^h], selten zu [θ], vgl. *meta* ['mɛt^{h}a] oder ['mɛθa] ‚Ziel'), am schwächsten bei /p/ (meist nur Aspiration [p^h], z. B. in *questo Palio* ‚dieses Palio (Pferderennen in Siena)').

Erklärung

Das Phänomen ist an sich nicht erstaunlich, da alle zwischenvokalischen einfachen Konsonanten in Mittelitalien leniert („abgeschwächt") werden (vgl. *face* zu ['faʃe]). Auffällig ist jedoch, dass nicht einfach ein schwächerer Verschluss entsteht (Leniskonsonant), sondern es zu einer Aspiration bzw. Spirantisierung kommt. Zu erwarten wäre eher, dass die zwischenvokalischen Leniskonsonanten in Assimilation zu den Vokalen eher zur Sonorisierung (Zunahme der Stimmhaftigkeit) neigen. Die Aspiration ist aber genau eine gegenläufige Tendenz zur Sonorisierung. Während bei der Sonorisierung die Stimmgebung der Konsonanten früher einsetzt (bzw. zwischenvokalisch beibehalten wird), setzt sie bei der Aspiration später, nämlich erst nach der Verschlusslösung ein (man vergleiche die norddeutsche Konsonantenaspiration). Das Areal der *gorgia toscana* wird umgeben von einem Gebiet der Lenition mit zunehmender Stimmhaftigkeit. Daher liegt die Annahme nahe, dass es sich bei der Aspiration um eine Hyperkorrektur der städtischen toskanischen Mundarten handelt: Zur Abgrenzung von der Landbevölkerung übertrieben die Städter die Stimmlosigkeit der zwischenvokalischen Konsonanten bis zur Aspiration. Diese Aussprache breitete sich dann von den städtischen Zentren ins Umland aus (heute sogar über Chiusi [Provinz Siena] hinaus in die angrenzenden umbrischen Dörfer).

Substrathypothese

Eine Erklärung der Aspiration durch das etruskische Substrat in der Toskana ist wenig wahrscheinlich, weil es sich bei dem Phänomen um eine neuere Erscheinung handelt. Es ist auch in Süd- und Ostetrurien nicht belegt (nördliches Latium und Westumbrien). Dass es sich um eine Innovation handelt, lässt sich an folgenden Punkten festmachen:

- die *gorgia toscana* ist in Dantes Beschreibung des Toskanischen in seinem Traktat *De vulgari eloquentia* nicht erwähnt,
- die toskanische <ch>-Grafie vor dunklen Vokalen in alten Manuskripten tritt auch in Kontexten der (phono-) syntaktischen Fortisierung auf (*a chasa*), kann also nicht mit der Aspiration identifiziert werden,
- die konservativen Dialekte des Toskanischen (Inseltoskanisch) sind nicht betroffen; vielmehr geht die Aspiration von städtischen Zentren aus.

Konsonantismus

Wenn man von der zwischenvokalischen Lenition im Allgemeinen (*pace* ‚Frieden' [ˈpaʃe]) und der *gorgia toscana* im Besonderen absieht, ist der toskanische Konsonantismus konservativ. Auffällig ist noch die Reduktion von /-rj-/ zu /j/, z. B. im Suffix -ariu (z. B. *telaio* ‚Webstuhl'), während es in angrenzenden Bereichen zum Schwund des Halbvokals kommt (*telaru* z. B. in Umbrien).

Vokalismus

Das Toskanische unterscheidet sehr deutlich zwischen offenen und geschlossenen mittleren Vokalen: z. B. *pésca* ‚Fischfang', *pèsca* ‚Pfirsich', *mézzo* [-ʦ-] ‚verdorben, faul' (lateinisch mitiu-), *mèzzo* [-ʣ-] ‚halb' (lateinisch mediu-). Da es in der Toskana keine Metaphonie gibt, wird die Qualität des Haupttonvokals auch nicht umgelautet. Dafür kommt es in offenen Silben (also in Silben, die nicht auf Konsonant enden, d. h. in sogenannter freier oder ungedeckter Position des betonten Vokals) zu einer Diphthongierung der offenen Vokale (unter dem Hauptton): *bòno* > *buòno* ‚gut', *fèle* > *fièle* ‚Galle'.

Typisch ist die von Florenz ausgehende assimilatorische Anhebung der mittleren geschlossenen Haupttonvokale vor velarem und palatalem Nasal (/ŋ/, /ɲ/) und palatalem Lateral /ʎ/: älteres *lengua* > *lingua* ‚Sprache, Zunge', älteres *fongo* > *fungo* ‚Pilz', älteres *fameglia* > *famiglia* ‚Familie'. Interessanterweise kommt es durch diese so genannte ANAPHONIE (*anafonia, anafonèsi*) zu einer neuerlichen Annäherung an die klassisch-lateinische Schriftsprache, vgl. LINGUA, FUNGU, FAMILIA. Aus diesem Grund könnte sich der Prozess als Beeinflussung der Stadtsprache durch die Kanzleisprache erklären lassen – jedenfalls wird sich die Schriftsprache der Kanzleien verstärkend ausgewirkt haben.

Anaphonie

Von Florenz aus verbreitet sich in der Toskana auch die Anhebung der Vortonvokale: älteres *securu* > *sicuro* ‚sicher' (zum Auslaut, siehe unten), älteres *focile* > *fucile* ‚Gewehr'. Besonders typisch ist das Präfix *ri-* (etymologisch RE-), das sich in dieser Form lexikalisiert und über ganz Italien verbreitet hat.

Nebentonvokale

Im Auslaut fallen *-u* und *-o* zu *-o* zusammen (SYNKRETISMUS), man vergleiche die Endung der maskulinen Substantive oder die der ersten Person Plural *-mo* (< *-mu* < -MUS). Diese Entwicklung betrifft nicht das Inseltoskanische.

Auslaut

Die Endung der ersten Person Plural lautet in allen Klassen im Präsens: *-iamo*. Es handelt sich dabei um die analogische Ausweitung einer Konjunktivform (aus häufigen HORTATIVEN bzw. ADHORTATIVEN, d. h. Aufforderungen an die erste Person Plural, etwa wie mit der deutschen Phrase: ‚lasst uns…'). Die Verallgemeinerung der Pluralendung lässt sich auf das 14. Jahrhundert zurückführen, aber in jüngeren Texten (z. B. bei Leonardo) finden sich daneben immer noch die alten Formen (je nach Konjugationsklasse: *-amo, -emo, -imo*), die sich auch in heutigen toskanischen Dialekten vor allem des ländlichen Raums finden (und natürlich außerhalb der Toskana). Die Ausbreitung der Hortativendung geht von Florenz aus wie auch die Ausbreitung der Endung der ersten Person Singular des Konditionals *-ei* statt des zu erwartenden (und verbreiteten) *-ebbi*.

Morphosyntax

In der Toskana hat sich überwiegend die so genannte „schwache" Form des definiten Artikels *il* durchgesetzt, die sich von hier aus in fast alle Formen des Regionalitalienischen verbreitet hat (Korsika hat – wie weite Teile Mittelitaliens außerhalb der Toskana – *u* als definiten Artikel), in älteren Texten findet sich die außerhalb der Toskana in Mittelitalien geläufige „starke" Form des definiten Artikels *lu* bzw. *lo*. Vor einem Nexus aus *s* + Konsonant, vor *z* und palatalem /ɲ/ wird in der Toskana wie im Standarditalienischen als Allomorph des schwachen Artikels der starke verwendet (*lo zaino* ‚der Tornister'). Die ältere toskanische Variante des schwachen Artikels *el* findet sich auch in einigen toskanischen Dialekten, in Pisa mit Rhotazismus: *er*.

Artikel

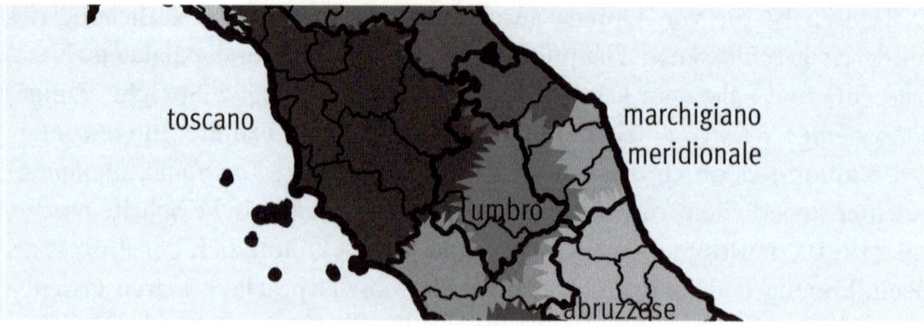

Abb. 13.2 | Sprachkarte der Toskana und des toskanisch-mittelitalienischen Übergangsbereichs

13.3 | Toskanisch-mittelitalienischer Übergangsbereich

Unterteilung

Hierbei handelt es sich um die Dialekte, die noch nördlich der Linie Rom-Ancona liegen, aber nicht eigentlich toskanisch sind. In diesen Bereich gehören:

- Aretinisch-Chianaiolisch (*aretino-chianaiolo*, Dialekt von Arezzo und des Chiana-Tals),
- Peruginisch-Assisianisch (*perugino-assisiano*, deutsch bisweilen auch: Perusinisch) und Nord-West-Umbrisch,
- Dialekte der nördlichen Marken (*marchigiano settentrionale*),
- Dialekte der südlichen Toskana (Maremma, *toscano meridionale*) und des nördlichen Latiums (*laziale settentrionale*).

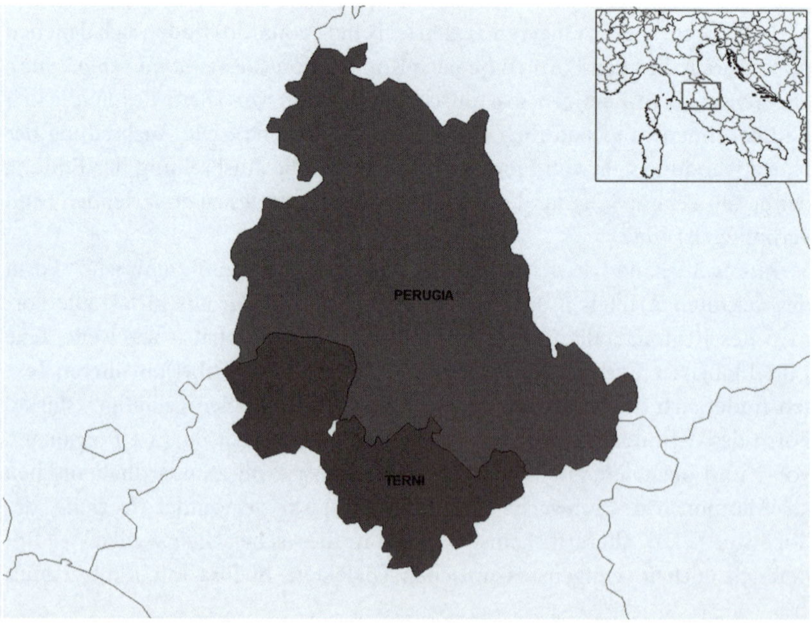

Abb. 13.3 | Region Umbria

Es gibt keine Anaphonie: aretinisch: *fóngo* ‚Pilz', *lengua* ‚Sprache', wie auch sonst in Italien. Im nordöstlichen Übergangsgebiet (Arezzo, Nord-Umbrien, Marken) findet die schon im Emilianischen beobachtete (spontane) Anhebung von /a/ in offener Silbe statt: cane > ['kɛne]. Sie zieht sich an der Adriaküste noch weiter nach Süden. Wahrscheinlich hat hier die Vorherrschaft Venedigs zu einer Ausbreitung nördlicher Charakteristika beigetragen (die konservative Stadtsprache von Venedig ist allerdings von der Anhebung des /a/ nicht betroffen!). Auch entlang der wichtigen Verkehrsader der Via Flaminia (Verbindung zwischen Rom und der Adriaküste, Ancona) stoßen nördliche Charakteristika nach Süden vor (z. B. oberitalienische Sonorisierungserscheinungen bis nach Umbrien).

Vokalismus

Die Opposition von auslautendem /-u/ : /-o/ ist hier beibehalten (wie auch im Inseltoskanischen, wobei auf Korsika die Opposition zu /-u/ neutralisiert wurde): südtoskanisch: *capu* ‚Kopf'; allerdings ist in städtischen Zentren (z. B. Arezzo, Perugia) der /-o/-Auslaut aufgrund von florentinischem Einfluss zu finden. In schriftlichen Quellen wird das Graphem <-o> allerdings auch in Gebieten verwendet, wo in der gesprochenen Sprache eigentlich /-u/ von /-o/ unterschieden wird (möglicherweise als [-ə] realisiert, vgl. Text in der Übung).

Auslaut

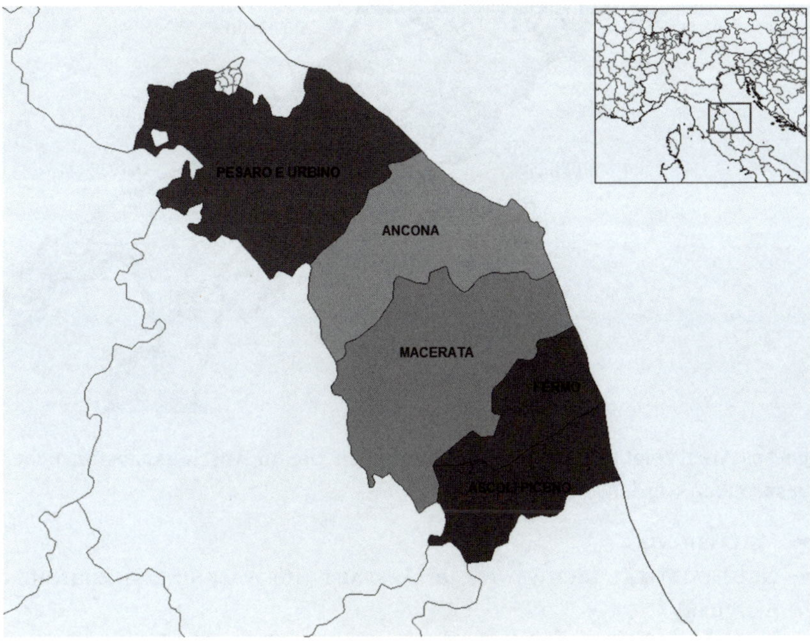

Abb. 13.4
Region Marche

Im Dialekt von Perugia kommt es zur Reduktion unbetonter Vokale (allerdings ohne Auftreten eines Schwas [-ə]), schwere Konsonanz wird dabei durch neue Stützvokale aufgehoben: *arvoltolo* (statt: *revoltolo*) ‚Teigwickel' (ähnliche

Reduktion unbetonter Vokale

Phänomene treten in den nördlichen Marken und der südlichen Emilia auf). An der phonetischen Oberfläche entsteht eine komplizierte Phonotaktik.

13.4 | Zentraldialekte Mittel- und Unteritaliens

Unterteilung

Das südlich des Isoglossenbündels zwischen Rom und Ancona anzusiedelnde Areal lässt sich ungefähr wie folgt unterteilen:

- Mittelitalienisches Areal (*dialetti mediani*): Dialekte der südlichen Marken, Apenninenumbrisch (*umbro appenninico*), Retinisch (*retino*, Dialekt der Provinz von Rieti),
- Mittel-süditalienisches Areal (*dialetti centro-meridionali intermedi*): Dialekte der Abruzzen (*abruzzese*), des Molise (*molisano*), Nordapuliens (*pugliese settentrionale*), des südlichen Latiums (*laziale meridionale* oder *ciociaro*), Kampaniens (*campano*) und Lukaniens (*basilicatese* aufgrund des italienischen Namens Lukaniens *Basilicata*).

Abb. 13.5 | Sprachkarte der Zentraldialekte Mittel- und Unteritaliens

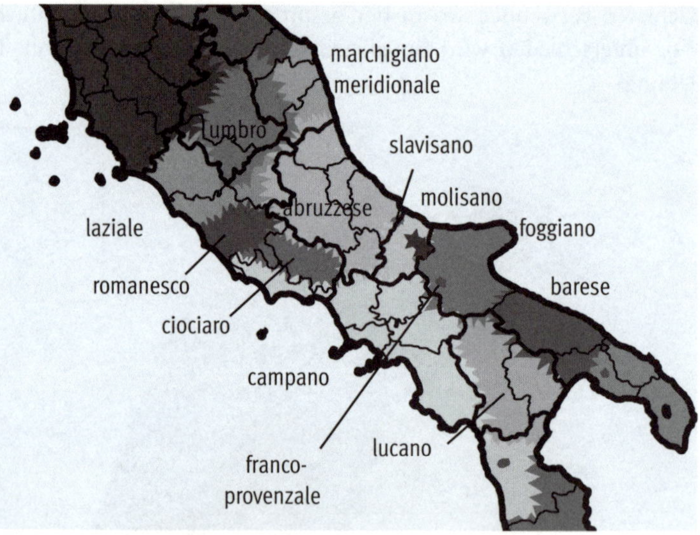

Charakteristika

Dieses Areal zeigt folgende Gemeinsamkeiten, die im Anschluss ausführlicher besprochen werden:

- Metaphonie
- Neutralvokal (Schwa /ə/) im Auslaut (im Apenninenumbrischen marginal)
- phonologische Bewahrung der Opposition /u/ : /o/ im Auslaut
- Lenition zwischenvokalischer Konsonanten
- progressive Assimilation nach Nasal
- Kollektivneutrum

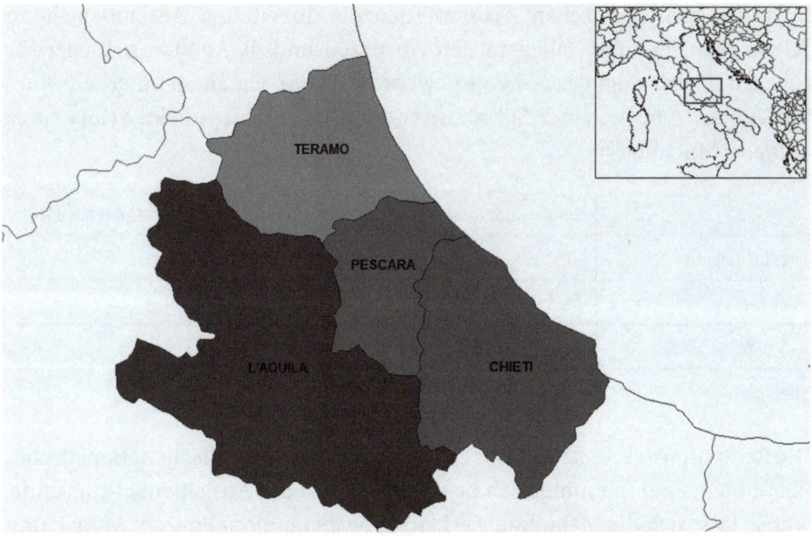

|Abb. 13.6
Region Abruzzo

Metaphonie

Vor hohen Auslautvokalen werden mittlere Haupttonvokale angehoben (umgelautet): *bónu, bóni* neben *bòna, bòne* ‚gut', oder *mitti* (zweite Person Singular) neben *métto* (erste Person Singular) von *métte(re)* (‚schicken'), also: /o/ → /u/, /ɔ/ → /o/, /e/ → /i/ und /ɛ/ → /e/. Neben dieser als Engeharmonie zu bezeichnenden Metaphonie (auch als *sabinische* oder *arpinatische Metaphonie* oder auf Italienisch als *ciociaresco* bezeichnet) besteht im gleichen Areal auch eine so genannte diphthongische Metaphonie (auch *neapolitanische Metaphonie* genannt), bei der aus offenen Vokalen Diphthonge gebildet werden: /ɛ/ → /je/, /ɔ/ → /wo/: *dènte* ‚Zahn', Plural: *diénti*.

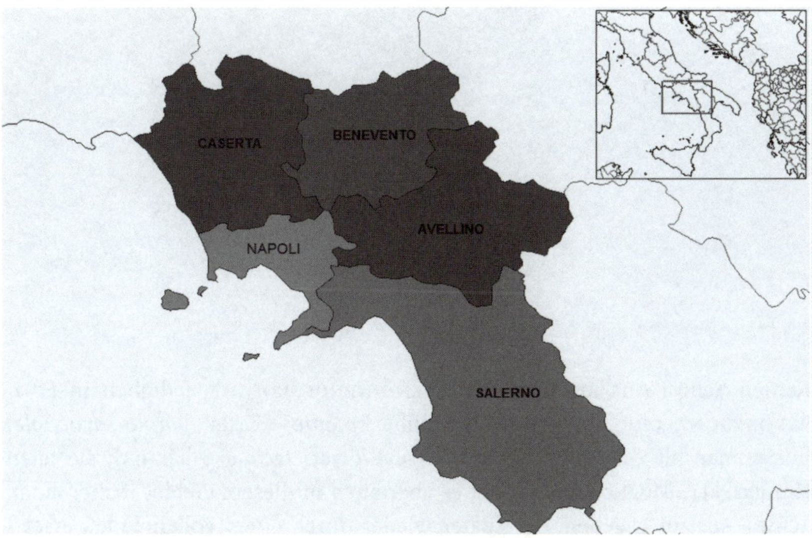

|Abb. 13.7
Region Campania

Schwa-Auslaut

Im mittel-süditalienischen Areal werden die unbetonten Auslautvokale zu Schwa reduziert bzw. fallen in den Abruzzen und in Apulien mancherorts ganz aus. Dabei zeigt das /-a/ eine gewisse Resistenz, vor allem innerhalb eines Syntagmas (z. B. bei einer Substantivendung vor einem Adjektiv (*una vacca lattifera* ‚Milchkuh‘):

Tab. 13.1 Reduktion der unbetonten Auslautvokale

	Vokale außer /-a/	/-a/ syntagmaintern	/-a/ im absoluten Auslaut
neapolitanisch	-ə	-a	-ə
Beispiel	['lupə] ‚Wolf'	['vakːa] ‚Kuh'	['vakːə]
abruzzesisch/apulisch	–	-ə	–
Beispiel	['lup]	['vakːə]	['vakː]

Die Reduktion des Auslautvokals zu Schwa ist nur ein oberflächenphonetisches Phänomen, denn phonologisch liegt immer noch der Auslautvokal zugrunde. Nur so lässt sich die Metaphonie erklären: neapolitanisch ['mesə] ‚Monat‘ und ['misə] ‚Monate‘. Zugrunde liegen: /'mese/ und /'mesi/; vor dem zugrunde liegenden auslautenden /-i/ wird das haupttonige /e/ zu [i] umgelautet.

Abb. 13.8 Region Puglia

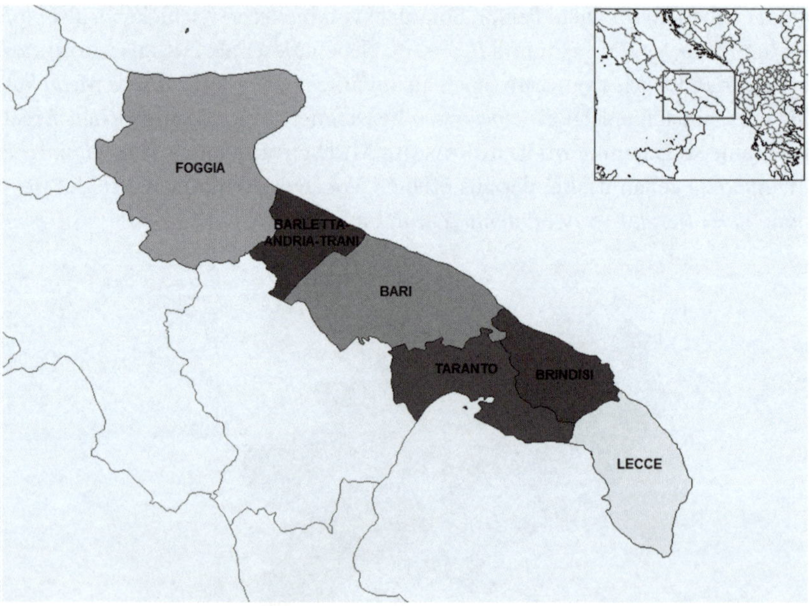

Vokalkopie

Keinen Schwa-Auslaut zeigt das Apenninenumbrische, lediglich in Proparoxytona (auf der drittletzten Silbe betonte Wörter, *parole sdrucciole*) findet man als Varianten schwahaltige Wörter: *faciono* [fa'ʃiənə], sie taten (Imperfekt)‘. Möglicherweise hat es aber auch in diesem Gebiet früher einen Schwa-Auslaut gegeben, der später wieder durch einen vollen Vokal ersetzt wurde. Das würde die Vokalschwankungen in der dritten Person Plural erklären ([fa'ʃiənə] neben [fa'ʃieno] und [fa'ʃionə]) und auch das dort sehr typische Phänomen der VOKALKOPIE: Dabei wird der Vokal eines angehängten Klitikons in die Endung kopiert: *pijja* ‚nimm' zu *pijjulu* ‚nimm ihn' oder *pijjolo* ‚nimm es', oder *ecculu* ‚da ist er', *eccolo* ‚da ist es'.

Zugrunde liegende Endungen

In den Zentraldialekten Mittel- und Unteritaliens wird zwischen der Endung *-u* (Maskulinum und erste Person Plural) und der Endung *-o* (Neutrum, erste Person Singular und Gerundium) unterschieden, auch wenn die Endungen *-u* und *-o* (außer im Apenninenumbrischen) nur mehr als SCHWA realisiert werden. Die Unterscheidung ist deutlich an der METAPHONIE erkenntlich, vgl. mittelitalienisches *vòjjo* ['vɔjːə] ‚ich will' (offenes [ɔ] wegen zugrunde liegendem *-o*-Auslaut) neben *vulimmu* [vu'limːə] ‚wir wollen' (Schließung eines Stammvokals /e/ zu [i] vor *-u*-Auslaut, außerdem: Längung des zwischenvokalischen *m*, Schließung des nebentonigen *o* zu *u*).

Lenition

Überall in Mittelitalien werden einfache Konsonanten zwischen Vokalen (LENISPOSITION) leniert, das heißt: der Verschluss ist weniger stark als in der FORTISPOSITION (im Konsonantennexus, bei Fortis- bzw. Langkonsonanten oder Initialfortisierung): *fece* ['feʃə] ‚er/sie tat' *ho/aggio capito* [k̬a'p̬it̬ə] ‚ich habe verstanden'. Im Regionalitalienischen Mittel- und Unteritaliens erfolgt sogar eine Sonorisierung: [ga'bidə].

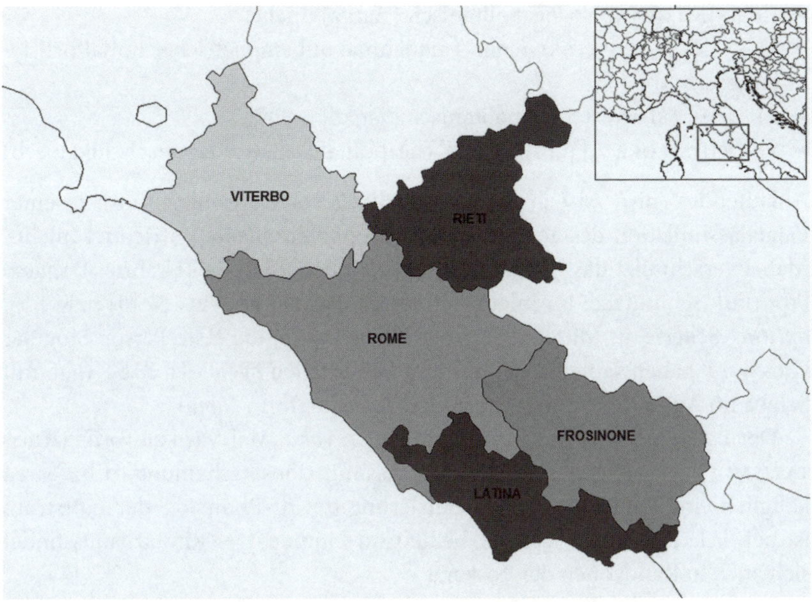

|Abb. 13.9
Region Lazio

Progressive Assimilation

Typisch ist die PROGRESSIVE ASSIMILATION von Nasal- und Explosivkonsonanten: CAMPU wird zu *cambu* ‚Feld' (nur Stimmhaftigkeitsassimilation, daher auch PARTIELLE ASSIMILATION genannt), QUANDO zu *quanno* ‚wann' (TOTALE

Assimilation); zumindest die partielle Assimilation charakterisiert das Regionalitalienische von ganz Mittel- und Unteritalien, selbst in Gegenden, deren Lokaldialekte nicht progressiv assimilieren (laterale Areale in Unteritalien, s. u.).

Neutrum

Die zentralen Dialekte Mittel- und Unteritaliens enthalten eine besondere Kollektivform, die etymologisch nicht einfach die lateinische Neutrumskategorie fortsetzt, sondern (vielleicht schon im gesprochenen Latein) neu gebildet wurde (*neo-neutro*). So unterscheidet man in Südumbrien: *lu pesce* ‚der (einzelne lebende) Fisch' (zum Beispiel im Aquarium) von *lo pesce* ‚Fisch (kollektiv, z. B. zum Essen)' oder *lo pane* ‚das Brot (kollektiv)'. Das Neutrum beschränkt sich auf diejenigen Nomina, die als Individualnomina maskulin sind. Manche Dialekte (z. B. Neapolitanisch) haben Initialfortisierung nach dem Neutrumsartikel (sonst wie Maskulinum): *lu/lo ppane* ‚das Brot'. Der Neutrumsartikel entsteht aus dem Neutrum des Demonstrativpronomens illud ‚das, jenes' (mit einer eventuell anzunehmenden Zwischenstufe **illod* in Analogie zum attributiven Fragepronomen quod ‚welches, was für' bzw. zum gleichlautenden Relativpronomen) im Kontrast zum Maskulinum illu.

Palatalisierung

Anlautende Nexus aus Konsonant + Lateral werden palatalisiert (vgl. ähnliche Phänomene in Oberitalien, insbesondere im Ligurischen):

- cl- > [kj] wie im Standarditalienischen
- gl- > [ʎ]: glanda > neapolitanisch [ˈʎanːa] ‚Eichel'
- pl- > [kj-]: plus > *chiù* ‚mehr' (manchmal mit emphatischer Initialfortisierung: *cchiù*)
- bl- > [j]: *blancu > neapolitanisch [ˈjaŋkə] ‚weiß'
- fl- > [ʃ]: flore > [ˈʃorə] ‚Blume' (neapolitanisch, nordapulisch, lukanisch)

Palatalassimilation

Anlautendes /ni-/, /si-/ und häufig auch /s/ vor Konsonant führt zu einer Palatalassimilation des anlautenden Konsonanten: *niente* [ˈɲ(j)ende] ‚nichts' (dabei verschmilzt das /j/ oft mit dem [ɲ]) oder *sì* [ˈʃi] ‚ja' (Umbrien), *sporcu* [ˈʃporku] ‚schmutzig'; im Inlaut werden die Nexus -pi-, -bi- zu [ʧ] bzw. [ʤ]: *ap(p)io* ‚Sellerie' in Mittel- und Unteritalien: *acciu*; die erste Person Singular von *avere* ‚haben' lautet in Mittel- und Unteritalien *aggio* ‚ich habe' (ggf. mit Schwa im Auslaut) < habeo (über eine Zwischenform **abjo*).

Rhotazismus

Der Lateral /l/ wird vor Konsonant zu [r]: *volta* ‚Mal' wird zu *vorda* (Rhotazismus). Es handelt sich um eine Assimilationserscheinung, d. h.: es ist lediglich eine kontextbedingte Realisierung des /l/-Phonems: der Luftstrom ist bei /l/ lateral, bei /r/ zentral, beide sind Liquide. Der Rhotazismus findet sich auch in Randzonen der Toskana.

Phonotaktik

Typisch für Mittelitalien ist die Vermeidung von Wörtern, die auf betonten Vokal enden bzw. von betonten Einsilblern (vor allem am Äußerungsende). Einsilbler werden durch die Epithese eines Vokals oder einer ganzen Silbe verlängert: post > umbrisch *poe* ‚dann', *lì* ‚dort' wird besonders am Äußerungsende zu *line*. Man vergleiche auch EST zu *ene* im älteren Umbrisch (z. B. bei Franz von Assisi, der in einer zentral-mittelitalienischen Literatursprache schreibt, die noch lange Zeit in der religiösen Literatur Mittelitaliens vorherrscht. Eigentlich gehört Assisi aber in das mittelitalienische Übergangsgebiet.).

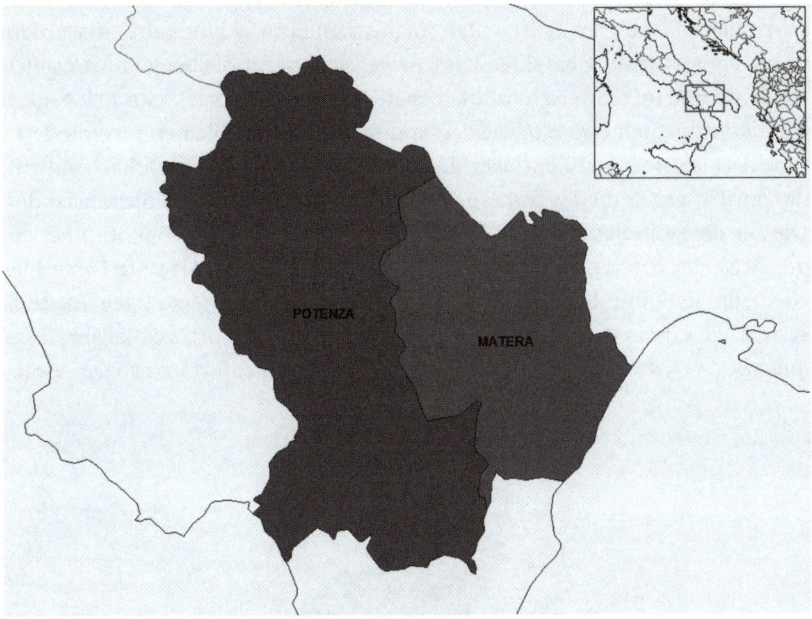

Abb. 13.10
Region Basilicata/ Lucania

Laterale Dialekte Unteritaliens und Dialekte Siziliens | 13.5

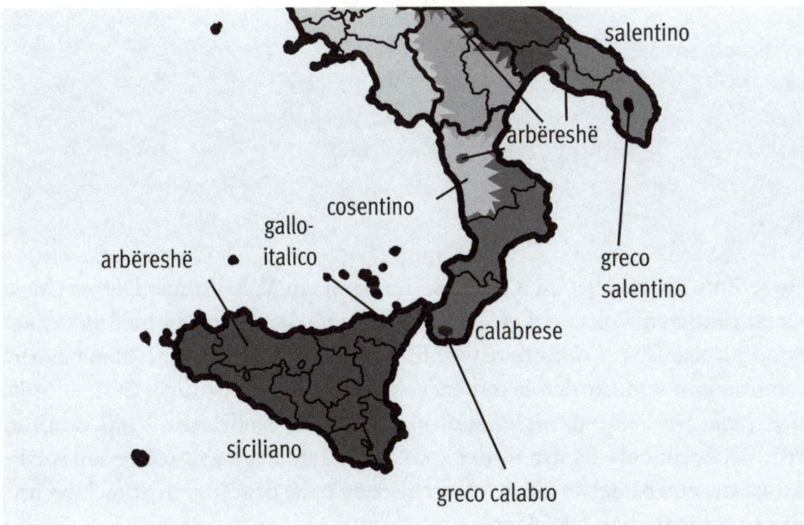

Abb. 13.11
Sprachkarte der lateralen Dialekte Unteritaliens und der Dialekte Siziliens

Unterteilung

Die lateralen süditalienischen Dialekte (*dialetti meridionali estremi*) umfassen die Dialekte des Salento (Südapulien), Kalabriens und Siziliens. Es ist auffällig, dass Salent und Sizilien, die doch weit auseinander liegen, ähnliche Dialektcharakteristika zeigen.

Konservativer Charakter

Typisch für laterale (also von Rom entlegene) Areale der Romania, die wahrscheinlich früh von der kontinentalromanischen Entwicklung getrennt wurden, ist ein konservativer Charakter. Dieser zeigt sich im Ausbleiben der Metaphonie (s. o.) und im teilweisen Ausbleiben der progressiven Assimilation nach Nasalkonsonanten (*quanto* ‚wieviel' und *quando* ‚wann' bleiben unverändert). Eine Ausnahme bildet Zentralsizilien, wo eine Metaphonie tatsächlich auftritt; das spricht gegen die Hypothese der Bewahrung eines älteren Sprachstandes. Die für die zentralen Dialekte Mittel- und Unteritaliens typische Reduktion der Auslautvokale zu einem Neutralvokal (Schwa [ə]) unterbleibt hier ebenfalls. Es kommt lediglich zu einer Reduktion des vierstufigen Auslautsystems zu einem dreistufigen (/i/ < /i, e/, /a/, /u/ < /u, o/), vgl. kalabresisch: *quandu* < quando ‚wann' oder die Infinitivendungen auf *-ri* im ganzen Areal.

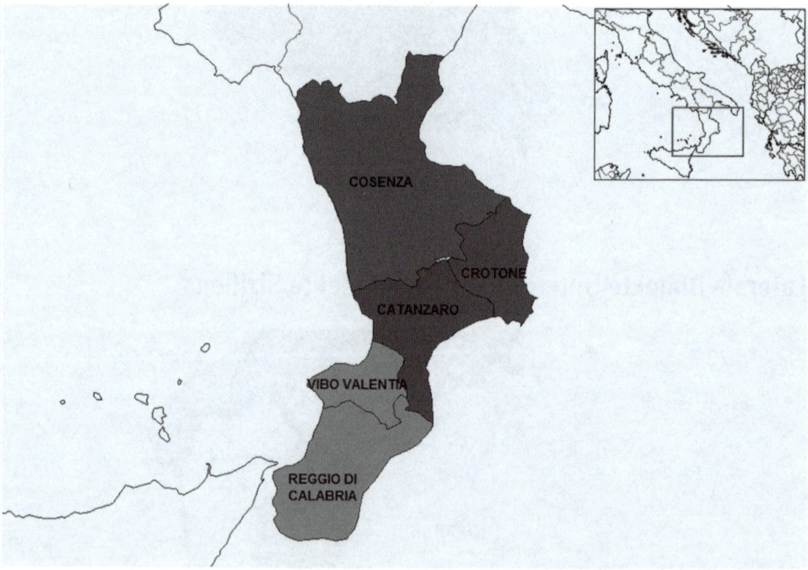

Abb. 13.12 | Region Calabria

Haupttonvokale

Diese Entwicklung hat eine Parallele im betonten Vokalismus: Die geschlossenen mittleren Vokale fallen mit den hohen Vokalen zusammen (Synkretismus), also /e, i/ > /i/ und /o, u/ > /u/, während /ɛ/ und /ɔ/ erhalten bleiben. Damit ergibt sich für den betonten Vokalismus ein dreistufiges System: *stilla* statt *stella* [-e-] ‚Stern', *niputi* statt *nipote* ‚Enkel, Neffe'. Die Vokalreduktion ist besonders häufig in der griechischen Kontaktzone, sodass die Annahme einer Interferenz des Griechischen nahe liegt (durch Sprachwechsel zu den romanischen Dialekten).

Retroflex

Gemeinsam haben die Dialekte eine Innovation im Bereich der Konsonanten, die auch für das Sardische typisch ist (tritt ebenfalls in Lukanien und im Süden Korsikas auf): Lateinisches LL wird zu einem langem RETROFLEX (auch KAKUMINAL genannt [ɽː/ɖː], orthografisch meist *ḍḍ*): *beddu* ‚schön'.

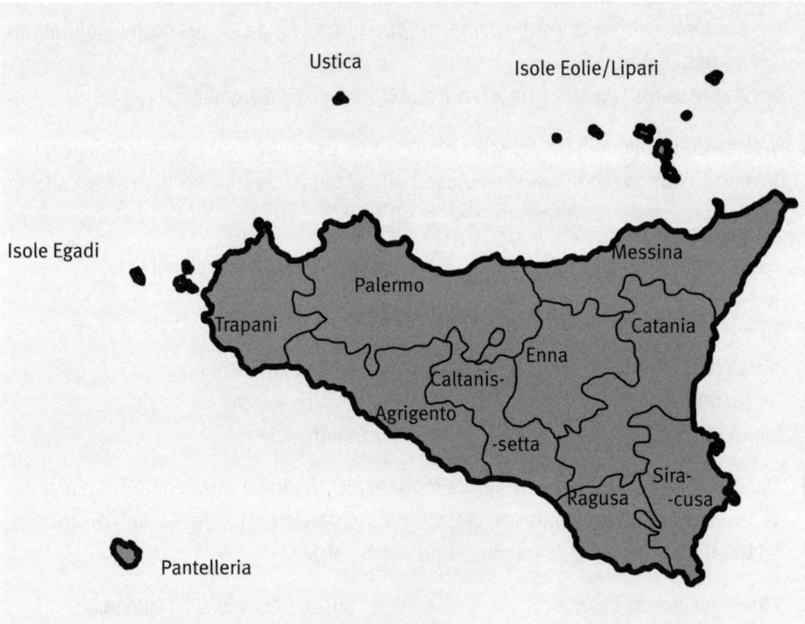

Abb. 13.13
Region Sicilia (Karte von M. Haase)

Morphosyntax

Typisch ist die funktionale Trennung von HILFSVERB und VOLLVERB bei ‚haben' und ‚sein': Für das Hilfsverb werden erwartungsgemäß Formen von HABERE und ESSE (zum Teil vermischt) verwendet, die entsprechenden Vollverben gehen jedoch – wie im Spanischen – auf TENERE ‚halten' und STARE ‚stehen' zurück. Wie im Spanischen werden auf STARE zurückgehende Formen in prädikativen Konstruktionen anstelle von ESSE-Formen verwendet in der Bedeutung ‚dasein, sich befinden, existieren' (STATIV). So lautet die erste Zeile des *Vaterunsers* auf Neapolitanisch (in italianisierender Orthografie): *Pate nuoste ca staje ncielo* (Standarditalienisch: *Padre nostro che sei nei cieli* ‚Vater unser, der Du bist im Himmel'). Dieser Gebrauch ist auch im Regionalitalienischen verbreitet: *Sto qui.* ‚Ich bin hier.' statt *Sono qui.* oder *Sta arrivato* statt *È arrivato.* ‚Er/sie ist angekommen.'

Infinitivkonstruktion

Im extremen Süden Italiens und auf Sizilien wird eine MODALKONSTRUKTION ohne INFINITIV verwendet: *vògghiu mi/ma/mu dòrmu* ‚ich will, dass ich schlafe', d. h.: ‚ich will schlafen'. Für diese als BALKANINFINITIV bekannte Konstruktion ist der Kontakt mit dem GRIECHISCHEN und ALBANISCHEN in Süditalien eine nahe liegende Erklärung.

13.6 | Übungen

1 Aus welchen Gegenden Italiens stammen die folgenden Liedzeilen? Woran erkennen Sie die Herkunft?

1. ['jammə, 'jammə, 'ŋkoppə 'jammə 'ja], *orthografisch (angelehnt an die Standardorthografie): Iammo, iammo, ncoppa iammo ià!* ‚Lasst uns doch hinauffahren, fahren, fahren.'
2. *A sum vengü' da Muntisèl* ‚Ich bin aus Montecello gekommen.'

2 Welche dialektalen Charakteristika ermöglichen es, zu bestimmen, aus welchem Dialektgebiet das folgende Volkslied (Ausschnitt) stammt (die Transkription orientiert sich an der italienischen Orthografie, *ë* steht für /ə/):

Fënestë cu sta nova gelosië,	Fenster mit dieser neuen Jalousie,
[...]	
tu më 'nnasconnë	du versteckst
Nennërella bella mië,	mein schönes Mädchen,
lassamëla vëdé	lass sie mich sehen,
sinnò më morë.	sonst sterbe ich.

3 Der folgende Text ist eine an der italienischen Orthografie angelehnte Fasssung des *Vaterunsers* auf Neapolitanisch. Welche Inkonsistenzen zeigt die Grafie? Welche Dialektmerkmale lassen sich erkennen und welche nicht?

Pate nuoste ca staje ncielo,	Vater unser, der du bist im Himmel,
santificammo 'o nomme tujo,	wir heiligen deinen Namen,
faje vení 'o regno tujo,	lass dein Reich kommen,
sempe c' 'a vuluntà toja,	dein Wille werde gemacht,
accussí ncielo e nterra.	so im Himmel und auf der Erde.
Fance avè 'o ppane tutt' 'e juorne,	Verschaffe uns Brot alle Tage,
lèvece 'e rièbbete,	nimm uns unsere Schulden ab,
comme nuje 'e llevamme all'ate,	wie wir sie den anderen abnehmen,
nun nce fa spantecà,	und lass uns nicht straucheln,
e llevace 'o male 'a tuorno.	und nimm uns wieder das Böse ab.
Amen.	Amen

13.7 | Literaturhinweise

Literaturhinweise zur Dialektologie wurden bereits im letzten Kapitel gegeben. Für Mittel- und Unteritalien enthält der *Atlante linguistico italiano (ALI)* deutlich mehr Messpunkte als der *Sprach- und Sachatlas Italiens und der Südschweiz*. Eine Darstellung der Dialektrealität in Mittelitalien (umbrischer Apenninenraum) enthält Haase (1999).

Übrige romanische Sprachen Italiens, Regionalitalienisch

Inhalt

14.1 Allgemeines 174
14.2 Ladinisch-Friaulisch 174
14.3 Sardisch 176
14.4 Regionalitalienisch 179
14.5 Übungen 182
14.6 Literaturhinweise 183

Überblick

Diese Lehreinheit stellt in aller Kürze das Ladinisch-Friaulische und das Sardische vor als Sprachen, die gewöhnlich nicht in das Dialektkontinuum Italiens passen, aber überwiegend in Italien gesprochen werden (im Gegensatz zu Okzitanisch und Frankoprovenzalisch). Dann wird das Phänomen des Regionalitalienischen diskutiert, das Ergebnis eines Ausgleichsprozesses zwischen Standarditalienisch und lokalen Dialekten.

14.1 | Allgemeines

Funktionale Dialekte

Auf die romanischen Sprachen, die nicht zum eigentlichen Dialektkontinuum Italiens gehören, kann hier nur kurz eingegangen werden. Es handelt sich um:

- Ladinisch-Friaulisch (*ladino-friulano*)
- Okzitanisch (*occitano*)
- Frankoprovenzalisch (*francoprovenzale*, und dazu als „Hochsprache", d.h.: als Sprache für Außenkontakte und Schriftsprache: Französisch)
- Sardisch (*sardo*)

Funktional gesehen müssen auch diese Sprachen als Dialekte (funktionale Dialekte, d.h. Sprachformen zur Binnenkommunikation) bezeichnet werden, da zur Außenkommunikation eine andere Sprache verwendet wird (in den Dolomiten Deutsch und Italienisch, im Aostatal Französisch und Italienisch). In allen Gebieten hat sich aber eine Literatursprache entwickelt, außerdem sind Standardisierungsprogramme durchgeführt worden. Im Rahmen der Italianistik werden in der Regel Sardisch und Ladinisch-Friaulisch behandelt, während Französisch, Frankoprovenzalisch und Okzitanisch der Galloromania zuzurechnen sind. Okzitanisch gehört zur südlichen Galloromania (*langue d'oc*), Frankoprovenzalisch steht zwischen Norden (*langue d'oïl*) und Süden. Die Klassifikation nach der Bejahungspartikel (*sì, òc, oïl* > heute: *oui*) geht im Übrigen auf Dantes *De vulgari eloquentia* zurück. Die galloromanischen Dialekte sind hier nicht zu behandeln.

14.2 | Ladinisch-Friaulisch

Dialekte

Zusammen mit dem Bündnerromanischen (Rätoromanisch) der Schweiz bildeten die Mundarten ein zusammenhängendes Dialektgebiet (ein bestenfalls durch Gegebenheiten des Terrains durchbrochenes Kontinuum), das durch germanische Siedlungen aufgespalten wurde. Dadurch entstanden drei getrennte Areale:

1. das Bündnerromanische (Rätoromanisch, *retoromano*), grob einteilbar in Engadinisch und Surselvisch;
2. das Dolomitenladinische (*ladino dolomitico*; das Ladinische darf nicht mit dem *Ladino* verwechselt werden, einer Varietät des Judenspanischen) mit der folgenden dialektalen Gliederung:
   - zentrale Dialekte:
     - Dialekte des Gadertals (*gaderano*): Dialekte von Enneberg (*marebbano*) und des Abteitals (*badiotto*)
     - Dialekte des Grödnertals (*gardenese*)

  - Dialekte des Fassatals (*fassano*)
  - Dialekte von Buchenstein (*livinallese*) und Ampezzo (*ampezzano*)
- ► periphere Dialekte (am Rande des Sella-Gebiets): Dialekte von Cadore und die bellunesischen Dialekte am Oberlauf des Cordevole (Rocca Pietore, Caprile, Alleghe)

3. das Friaulische (*friulano*) mit den Dialekten: Westfriaulisch, Zentral- und Ostfriaulisch, Karnisch (*carnico*).

Abb. 14.1 Verbreitung des Ladinischen

Oberitalien

Ladinisch und Friaulisch zeigen Züge, die für Oberitalien im Allgemeinen typisch sind (und weshalb sie einige Dialektologen auch in das Dialektkontinuum Oberitaliens einordnen):

- ► obligatorische Subjektklitika: ladinisch: *i vad* ‚ich gehe', friaulisch: *o aj* ‚ich habe'
- ► Apokope der Auslautvokale
- ► im Ladinischen: verbreitete Anhebung von a in offener Silbe zu /ɛ/: lacu > /'lɛk/ ‚See'
- ► im Ladinischen zum Teil: /y/, z. B. /fryt/ ‚Frucht'

Besonderheiten

Die Besonderheiten der ladinisch-friaulischen Dialekte sind im größeren westromanischen Zusammenhang keineswegs überraschend:

- ► konsonantischer Plural auf *-s*: ladinisch: *las/les lengues* ‚die Sprachen'
- ► die Erhaltung des Nexus aus Konsonant + *l* im Anlaut: *blancu > ['blaŋk] ‚weiß' usw.
- ► vor allem im Friaulischen werden die mittleren offenen Vokale in betonten Silben diphthongiert: /ɛ/ (etymologisch kurzes ĕ) > /je/, /ɔ/ (etymologisch kurzes ŏ) > (je nach Mundart) zu /jɔ/, /wɔ/, /wɛ/ oder /wa/: septe > ['sjet] ‚sieben', costa > ['kwɛste] ‚Küste'); auch die mittleren geschlossenen Vokale wurden im älteren Friaulischen diphthongiert (in konservativen Dialekten

gibt es dafür noch Evidenz); in vielen Dialekten des Friaulischen kommt es allerdings zu einer sekundären Monophthongierung, bei der neue Langvokale entstehen: CRUCE > älteres /'kroʃe/ > ['kroː] oder ['kroːs] ‚Kreuz'
- charakteristisch ist die Palatalisierung des Nexus (-)CA-/(-)GA- nicht nur im Anlaut, sondern auch in Nebentonsilben: CASA > ['ʧaze] ‚Haus', BUCCA > ['boʧ] ‚Mund', GATTU > ['ʤat] ‚Katze'.

Kontakt

BÜNDNERROMANISCH und LADINISCH stehen in einer KONTAKTSITUATION mit dem DEUTSCHEN, auch das FRIAULISCHE ist von germanischen Einflüssen geprägt. Diese Kontaktsituation hat die Neigung zu ANALYTISCHEN BILDUNGEN verstärkt – bis hin zu „hyperanalytischen" Präteritalbildungen des Typs (friaulisch): [o aj 'buːt vjo'duːt] ‚ich habe gehabt gesehen' (= ‚ich habe gesehen'). Das Ladinische verwendet adverbiale Partikeln für verschiedene Aktionsarten nach deutschem Vorbild: grödnerisch: *dé ora* ‚herausgeben' (aus *dé* ‚geben' und *ora* ‚heraus') im Sinne von ‚publizieren' oder im Abteital: /kon'te 'sø/ ‚aufzählen'.

Venezisch

Die friaulischen Dialekte sind zum Teil venezisch beeinflusst. Das Venezische dringt vor allem in die Stadtsprachen ein. So ist die heutige Stadtsprache von Triest eindeutig venezisch, während ihre historische Form (*tergestino*) noch friaulische Züge aufwies. Auch der Dialekt der friaulischen „Hauptstadt" Udine zeigt inzwischen venezische Einflüsse. Solche finden sich auch in den ladinischen Randdialekten, aber auch in der Gegend von Ampezzo und im Fassatal. Hier gibt es einen ladinisch-venezischen Übergangsdialekt, das Moenesische.

14.3 | Sardisch

Gliederung

Neben dem Sardischen und der italienischen Standard- und Regionalsprache Sardiniens sind noch andere Sprachformen (auch für die dialektale BINNENKOMMUNIKATION) in Gebrauch: Die Stadtsprache von Alghero (katalanisch: L'Alguer) ist KATALANISCH (in der Straßenbeschilderung deutlich sichtbar, jedoch hört man heute vor allem Italienisch). Im Norden der Insel (Gallurien) wird GALLURISCH gesprochen, ein Übergangsdialekt zwischen Sardisch und Inseltoskanisch mit genuesischen Elementen (Gallurisch ist in der Tat schwer einzuordnen). Das Sardische selbst weicht von den Varietäten des Dialektkontinuums Italiens stark ab. Gerade in deutschen Universitäten fallen sardische Studien jedoch oft – z. B. in der Bibliotheksklassifikation oder im Lehrplan – in den Bereich des Italienischen; da es keine eigene sardische Philologie gibt, ist es eine rein praktische Erwägung, sie hier einzuordnen. Das Sardische kann wie folgt gegliedert werden:

- LOGUDORESISCH (*logudorese*) im Zentrum und Norden (das Zentrallogudoresische ist der konservativste Dialekt)
- SASSARESISCH (*sassarese*) im Nordwesten (pisanisch beeinflusst)
- KAMPIDAN(ES)ISCH (*campidanese*) im Süden

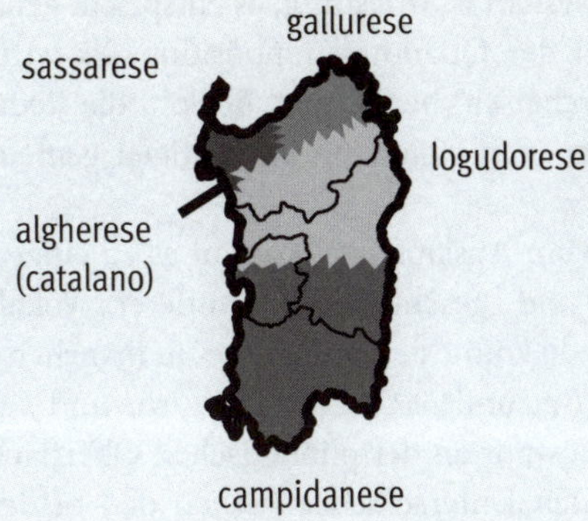

Abb. 14.2
Sprachkarte Sardiniens

Kontakt

An den Küsten finden sich nicht nur im Übergangsdialekt des Gallurischen Festlandeinflüsse: Besonders die Mundarten von Pisa und Genua haben einen Einfluss ausgeübt. Das Zentralsardische (Zentrallogudoresische) ist allerdings sehr konservativ (vor allem in der Morphologie) und zeigt lediglich in der Phonetik Innovationen (PARAGOGE, METAPHONIE, RETROFLEX usw., s. u.). Konservatismus und eigenständige Innovationen erklären sich durch eine frühe AUSGLIEDERUNG aus der Romania. Wenn vom Sardischen als solchem die Rede ist, geht es im Folgenden immer um die zentralen Varietäten (LOGUDORESISCH).

Vokalsystem

Das Vokalsystem des Sardischen weicht durch einen grundsätzlich andersartigen Synkretismus vom gemeinromanischen Vokalismus ab:

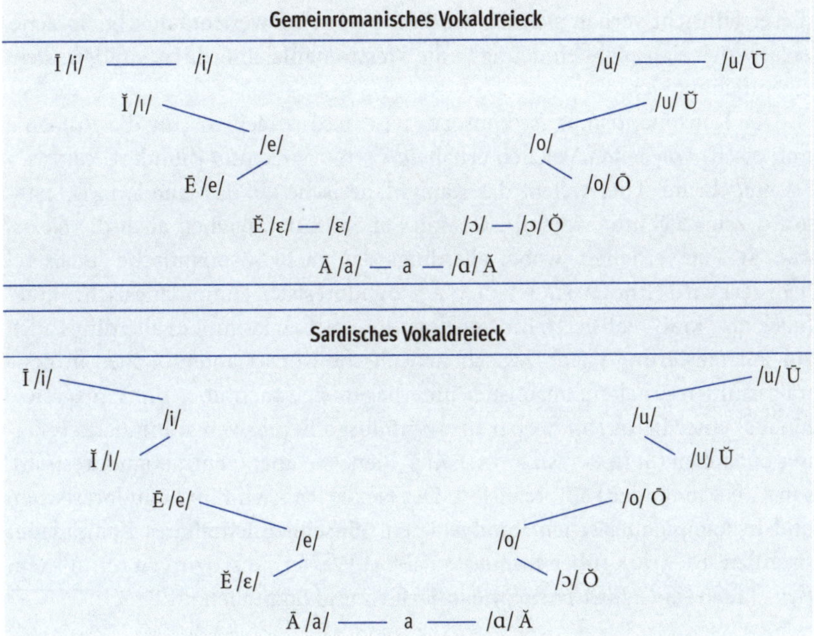

Tab. 14.1
Gemeinromanisches und sardisches Vokaldreieck. Das äußere Dreieck gibt die Situation im Lateinischen wieder (klassisch-lateinische Quantitäten und vulgärlateinische Qualitäten), das innere Vokaldreieck gibt die gemeinromanische bzw. die sardische Situation wieder.

Das sardische Vokalsystem ist dreistufig; es entspricht genau dem klassischen Latein unter Fortfall der Quantitätenopposition. Es wird deshalb auch als konservativ oder „archaisch" bezeichnet, obwohl die Reduktion des Systems eigentlich viel stärker ist als die zum vierstufigen gemeinromanischen System.

Metaphonie

In Abhängigkeit vom Auslautvokal kommt es zu einer sekundären Unterscheidung offener und geschlossener mittlerer Vokale (Metaphonie): /'bɛne/ : /'beni/ ‚gut' : ‚du kommst, komm'. Da es in manchen Dialekten zu einem Synkretismus von /-e/ und /-i/ zu [-i] bzw. /-o/ und /-u/ zu [-u] im Auslaut kommt (allerdings nur an der phonetischen Oberfläche), zeigt nur noch der Haupttonvokal den Unterschied zwischen den beiden Wörtern: ['bɛni] ‚gut' (zugrunde liegend: /'bɛne/) und ['beni] ‚du kommst, komm' (zugrunde liegend /'beni/) an. Für die hinteren Vokale gilt Entsprechendes. Aus diesem Grund halten manche Beschreibungen den Unterschied zwischen offenen und geschlossenen mittleren Vokalen für phonologisch; sie bevorzugen ein stärker oberflächen-orientiertes Modell.

Paragoge

Auf Konsonant endende Wörter erhalten am Äußerungsende (Pausaposition) einen vokalischen Auslaut, bei dem der vor dem Konsonanten liegende Vokal wiederholt wird. Diese Vokalepithese wird als Echovokal (Paragoge) bezeichnet: zugrunde liegendes /'kantas/ ‚du singst' ergibt am Äußerungsende: ['kantasa].

Plural

Das Beispiel zeigt auch, dass das Sardische die zweite Person Singular auf *-s* bildet. Auch der Plural lautet auf *-s* aus (gegebenenfalls mit Echovokal). In dieser Hinsicht verhält sich das Sardische wie eine westromanische Sprache, es lässt sich aber nicht eindeutig in die Westromania einordnen, sondern steht eigentlich für sich.

Konsonantismus

Der Konsonantismus ist konservativ: c und g bleiben (für die Romania untypisch) vor hellen Vokalen erhalten: centu > /'kentu/ ‚hundert', gente > /'gɛnte/ ‚Leute'. Hier weicht das Kampidanesische ab, das eine Palatalisierung zeigt: /'ʧentu/, /'ʤɛnti/. Überall auf Sardinien bleiben auch die Nexus cl-, bl-, fl- erhalten, wobei allerdings das nachkonsonantische /l/ als [r] realisiert wird (Rhotazismus): clave > logudoresisch, kampidanesisch: /'krae/ (auch als ['krai] realisiert). Im Nordlogudoresischen kommt es allerdings auch zur Palatalisierung ['ʧae]. Zwischenvokalische Konsonanten bleiben in Zentralsardinien erhalten, ansonsten unterliegen sie (auch über die Wortgrenze hinaus) einer Lenition, wobei aus stimmlosen Explosiven stimmhafte Frikative entstehen (Spirantisierung): ape ‚Biene' > /'ape/ (zentrallogudoresisch), sonst als ['aβe] oder ['aβi] realisiert. Der Nexus -qu- wird im Logudoresischen und in kampidanesischen Randgebieten (einschließlich älteres Kampidanesisch) zu /b/: aqua (über **acqua*) > /'abba/ ‚Wasser'; -ll- wird zu retroflexem /-ɽː-/ (auch im Gallurischen) wie in Sizilien und Süditalien.

Artikel

Der DEFINITE ARTIKEL *su, sa* im Singular und *sos, sas* (kampidanesisch *is*) im Plural, so genannter *s*-Artikel, geht auf das lateinische Demonstrativum IPSU usw. (‚derselbe‘ bzw. Demonstrativum der ersten Person Singular) zurück. Dieser für die Romania untypische „Inselartikel“ findet sich auch in den katalanischen Dialekten der Balearen. Es gibt allerdings in der älteren Schriftlichkeit Italiens artikelähnliche Verwendungen dieses Demonstrativpronomens; da sich die Form *esso* als Personalpronomen in Mittel- und Unteritalien durchaus erhalten hat, ist der *s*-Artikel vielleicht nicht ganz so exotisch, wie er anmutet.

Konjugation

Auch die Konjugation weist archaische Züge auf. So ist der (außer in Rückzugsgebieten des Pyrenäenraums) untergegangene KONJUNKTIV IMPERFEKT im Logudoresischen erhalten: *si proeret* [si prɔ'ɛrɛtɛ] ‚wenn es regnete‘ (italienisch: *se piovesse*). Hingegen ist die Bildung von FUTUR und KONDITIONAL ANALYTISCH: Das FUTUR wird nach dem Modell HABEO AD FACERE ‚ich habe zu tun‘ gebildet: logudoresisch ['apo a 'ffakɛrɛ], kampidanesisch ['apu a 'ffajri]. Das Konditional wird mit Formen des modalen AUXILIARS (HILFSVERB) DEBERE im Imperfekt gebildet: logudoresisch ['dia 'ffakɛrɛ] ‚ich täte‘ < DEBEBAM FACERE. Präsensformern von DEBERE können auch zur Futurbildung verwendet werden.

Lexikon

Im Wortschatz des Sardischen sind viele lateinische Wörter erhalten, die sonst in der Romania selten sind: MAGNU > /'mannu/ ‚groß‘ (altprovenzalisch: *manh*, altspanisch: *maño)*, SCIRE > /is'kire/ ‚wissen‘ (rumänisch: *a şti*), IANUA > /'janna/ ‚Tür‘ (portugiesisch: *janella*).

Latein

Das Sardische ist wahrscheinlich diejenige romanische Sprache, die dem Lateinischen am nächsten kommt. Das gilt vor allem für die Morphologie, denn die Phonologie hat zahlreiche Innovationen mitgemacht, von denen die wichtigsten hier aufgelistet worden sind.

Regionalitalienisch

14.4

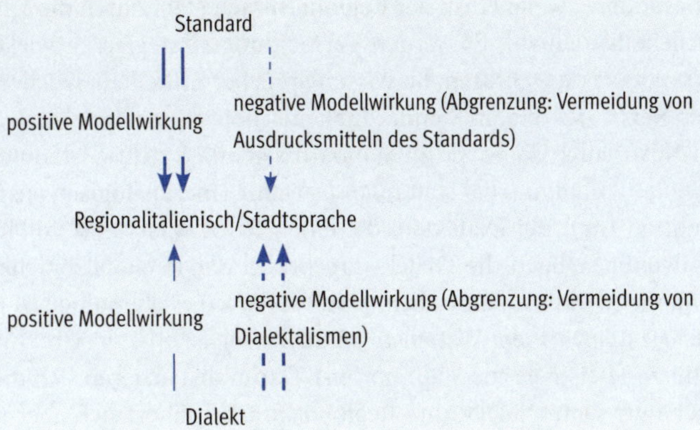

Abb. 14.3

Verhältnis Standard – Regionalitalienisch/Stadtsprache – Dialekt. Besonders stark ist die positive Modellwirkung des Standards auf das Regionalitalienisch und die negative Modellwirkung des Dialekts auf diese Varietät.

Diglossie

Aufgrund der weiter oben beschriebenen Diglossie zwischen Binnen- und Aussenkommunikation entsteht eine dem Standarditalienischen mehr oder weniger nahe kommende Ausgleichssprache, die als Regionalsprache oder Regionalitalienisch bezeichnet wird.

Kreolisierung

Für immer mehr vor allem jüngere Sprecher (besonders in nicht-ländlichen Gebieten) ist die Regionalsprache zur Erstsprache geworden. Wenn eine zunächst als Verkehrssprache verwendete Ausgleichssprache zur Erstsprache wird, spricht man von Kreolisierung. Neue Erstsprachen werden als Kreolsprachen bezeichnet, wenn sie aus einer Situation vielsprachigen Sprachkontakts entstanden sind. Man benutzt diesen Terminus allerdings in Bezug auf das Regionalitalienische nicht, da man in dieser Regionalsprache lediglich eine Varietät des Italienischen sieht. Es besteht in der Tat ein Unterschied, da die Regionalsprache (im Gegensatz zu sonstigen Kreolisierungsprozessen) immer auf eine Standardsprache bezogen ist. Zudem ist das Kriterium der Vielsprachigkeit nicht erfüllt. Ich schlage deshalb für Situationen wie die in Italien den Terminus Vernakularisierung vor. Die Entstehung neuer Erstsprachen aus einer Kontaktsituation wird auch als Sprachemergenz bezeichnet.

Zwei Regionalsprachen

Es gibt also üblicherweise zwei recht unterschiedliche Typen von Regionalsprachen:

1. Die Regionalsprache, die Erstsprache von meist jüngeren Sprechern (vor allem in nicht-ländlichen Gebieten) ist. Diese Sprache ist stabil und relativ standardnah. Sie wird (in unterschiedlichen Registern) für die Außen- und Binnenkommunikation verwendet.
2. Die Regionalsprache der Sprecher, deren Erstsprache der Lokaldialekt ist (vor allem ältere Sprecher in ländlichen Gebieten). Diese Regionalsprache ist vergleichsweise instabil, also variantenreich (Interimsprache) und dient in der Diglossiesituation vor allem zur Außenkommunikation.

Hyperkorrektur

Diese besondere zweite Form der Regionalsprache fällt durch die Vermeidung von Dialektalismen auf. Es werden Vermeidungsstrategien entwickelt, die zu Hyperkorrekturen führen. So wissen Sprecher mittelitalienischer Dialekte, dass der Nexus *-nd-* einem Standarditalienischen *-nt-* entspricht, also ersetzen sie den Nexus auch da, wo er im Standard eigentlich richtig ist: *antare* ‚gehen' (statt *andare*), *quanto (che)* statt *quando* ‚wann' (mit analogisch ausgeweiteter Konjunktion *che*). Bei Dialekten, die einen Rhotazismus (*l* vor Konsonant > *r*) aufweisen, neigen die Dialektsprecher in der Regionalsprache zur Vermeidung von vorkonsonantischem *r*, selbst da, wo es etymologisch richtig ist: *almistizio* statt *armistizio* ‚Waffenstillstand', *belsagliere* [belʣa'jɛre] für *bersagliere* ‚Schütze' (Beispiele aus Südumbrien). Damit distanzieren sich die Dialektsprecher zwar vom Dialekt, ihre Regionalsprache nähert sich aber nicht dem Standard an. Diese besondere Form der Regionalsprache der Dialektsprecher wird von nachfolgenden Generationen, die eine standardnahe Regionalsprache als Erstsprache sprechen, bisweilen als lokaler Dialekt angesehen, weil sie die hyperkorrekten Formen nicht ihrem Italienisch zuordnen können und den ursprünglichen Dialekt nicht kennen. So werden dann Formen wie *antavamo* ‚wir gingen' (mit hyperkorrektem *t*) als Dialektformen hervorgebracht, obwohl im Dialekt der älteren Sprecher eigentlich *(gh)iému* ‚wir gingen' (Konjugationsform des auf IRE zurückgehenden Verbs) verwendet wird.

Substratinterferenz

Die Regionalsprache lässt sich als eine Varietät des Italienischen beschreiben, die durch (am Ende aufgegebene) Dialekte beeinflusst ist. Es handelt sich also um einen typischen Fall von SUBSTRATINTERFERENZ. Das Problem der Hyperkorrekturen zeigt, wie schwierig es ist, aus einer Sprache Rückschlüsse auf das Substrat zu ziehen, wenn man das Substrat nicht kennt.

Einzugsbereiche

REGIONALSPRACHEN bilden relativ großräumige Areale. Sie orientieren sich oft an der STADTSPRACHE größerer Städte: Für den norditalienischen Bereich ist das vor allem Mailand, aber auch Turin und Venedig, weiter südlich Bologna. Der Einfluss Bolognas ist auch noch im mittelitalienischen Übergangsbereich (Marken, Nordumbrien) zu spüren. In der Toskana und im toskanischen Umfeld ist die Stadtsprache von Florenz ein wichtiges Modell. In Südumbrien, dem Latium und den Abruzzen orientiert man sich nach Rom, südlich davon spielt Neapel eine wichtige Rolle. Das stadtsprachliche Modell breitet sich kaskadenförmig von Oberzentren über Mittelzentren zu Unterzentren aus: So hat das Regionalitalienische der Toskana einen Einfluss auf die Stadtsprache von Perugia, diese hat wiederum einen Einfluss auf die Stadtsprache von Assisi, die ihrerseits ins Umland ausstrahlt (vgl. auch den Prozess der Venezianisierung im Ladinisch-Friaulischen Dialektgebiet, der in vergleichbaren Kaskaden abläuft).

Italienische Umgangssprache

Die regionalen Ausgleichsprozesse führen dazu, dass von immer größeren bürgerlichen Bevölkerungsschichten (Bildungsbürgertum) – vor allem außerhalb des ländlichen Raums – eine nur leicht regional gefärbte italienische UMGANGSSPRACHE (*italiano colloquiale*) verwendet wird. Ein gesprochenes Italienisch, das wirklich völlig frei von regionalen Merkmalen ist, gibt es allerdings nicht (zumal es z. B. in Bezug auf die Initialfortisierung keine wirklich bis ins Letzte verbindlichen Regeln gibt). Die regionalen (bis dialektalen) Merkmale sind in nähesprachlichen Registern (Register für weniger formale BINNENKOMMUNIKATION z. B. innerhalb der Familie oder unter Freunden) stärker ausgeprägt. Solche Register werden unter der Bezeichnung *italiano popolare* zusammengefasst. In der modernen Literatur, in Film, Fernsehen und Radio ist man allerdings darauf angewiesen, zur Darstellung von Mündlichkeit ein gesamtitalienisches *italiano popolare unitario* zu verwenden. In medialer Mündlichkeit ist dabei eine regionalitalienische Färbung unumgänglich; daher trifft die Bezeichnung *unitario* hier nicht zu. Lediglich auf FINGIERTE oder FIKTIVE MÜNDLICHKEIT in literarischen Werken kann sie angewendet werden. Allerdings haben die modernen Massenmedien zu einer sehr starken Annäherung auch auf der Ebene der nähesprachlichen Register geführt. Viele Modebegriffe und auch gruppenspezifische sprachliche Innovationen (insbesondere die definitorisch schwer einzugrenzende Jugendsprache) verbreiten sich über die Massenmedien sofort über ganz Italien. Eine Rolle spielt dabei auch der Sprachkontakt mit dem Englischen. Sofern eine regionale Zuordnung von Innovationen möglich ist, lässt sich ihr Ursprung vor allem in den Großstädten Mailand und Rom verorten. Inzwischen haben sich über die Medien Ansätze für eine gesamtitalienische Ausgleichssprache ergeben, die als *italiano dell'uso medio* bezeichnet wird.

14.5 | Übungen

Orlando di Lasso (1530/32?–1594)

1 In folgendem Text lässt Orlando di Lasso (1530/32?–1594) einen deutschen Landsknecht (*lanzichenecco*) italienisch singen. Welche Fehler macht der Landsknecht? Welche lassen sich als Hyperkorrektur erklären?

Matona mia cara, mi follere canzon
cantar sotto finestra, lantze buon compagnon.
Ti prego m' ascoltare che mi cantar de bon, [...]

Ungefähre Übersetzung:
'Meine liebe Frau (Ziegelstein), ich will Lied singen unter Fenster, Lanze (Landsknecht) guter Kumpel. Ich bitte dich, mir zuzuhören, denn ich singen gut.'

Das Lied steht auf www.bachelor-wissen.de als Tonmaterial zur Verfügung.

2 In seinem Lied *Don Raffae'* lässt der italienische Liedermacher Fabrizio de' André einen Gefängnisaufseher aus Neapel zu Wort kommen, der nicht neapolitanisch, sondern Regionalitalienisch spricht. Welche Normabweichungen sind hyperkorrektes Italienisch, welche regional bedingt?

Io mi chiamo Pasquale Cafiero	Ich heiße Pasquale Cafiero
e son brigadiero del carcere, oinè,	und bin Gefängniswärter, oh weh,
io mi chiamo Cafiero Pasquale,	ich heiße Cafiero Pasquale,
sto a Poggioreale dal '53,	ich bin seit '53 in Poggioreale, (Gefängnis von Neapel)
[...]	
ma alla fine m'assetto papale,	aber am Ende setze ich mich päpstlich hin,
mi sbottono e mi leggo 'o giurnale	knöpfe mich auf und lese (mir) die Zeitung,
mi consiglio con don Raffae',	ich berate mich mit Don Raffae' (Raffaele),
mi spiega che penso e bevimm' 'o ccaffè.	er erklärt mir, was ich denke, und wir trinken Kaffee.

3 Inwiefern kann in beiden Texten von fingierter Mündlichkeit gesprochen werden?

4 Im Folgenden die (orthografische) Transkription einer Sprachaufnahme aus dem umbrischen Apenninenraum. Welche Besonderheiten lassen sich als Hyperkorrekturen erklären:

Ebbe', io ero anch'io dell'oppinione da parte degli tedeschi, non perché adoro gli tedeschi, ma perché conosco bene la zona. E, in questa piccola altura c'erano tutte le tracce seconto quello che rifería il professore de Colonia. Invece da la parte di là verzo la Toscana non c'erano tracce. Loro hanno detto che colla goltivazione era tutto svanito, tutto sparito. Invece no! e qui quando ero ragazzo io, c'era stato trovato anche un busto d'un guerriero, in questo altopiano. Però, è morto quello che l'avéa priso e no, quindi non se sa che strada a fatto, com'e quanno.

‚Also ich war auch der Meinung der Deutschen, nicht weil ich die Deutschen verehre, sondern weil ich die Gegend gut kenne. Und, auf dieser kleinen Anhöhe gab es all die Spuren, von denen der Professor aus Köln berichtete. Dort jedoch in Richtung Toskana gab es keine Spuren. Man hat gesagt, dass mit der landwirtschaftlichen Erschließung alles verschwunden sei. Aber nein! Und als ich ein kleiner Junge war, war da auch die Büste eines Kriegers gefunden worden, auf dieser Hochebene. Derjenige, der sie genommen hat, ist aber gestorben, und daher weiß man nicht, wohin sie gekommen ist, wie und wann.'

Die Aufnahme steht auf www.bachelor-wissen.de als Tonaufnahme zur Verfügung.

Literaturhinweise | 14.6

Die verschiedenen regionalen Aussprachen des Standarditalienischen untersucht Canepari (1987). Weitergehende Untersuchungen zum Regionalitalienischen in seinen verschiedenen Ausprägungen finden sich in Bruni (1992/94). Die Dynamik von Dialekt und Standarditalienisch, die in einem regionalitalienischen Ausgleich resultiert, wird von Haase (1999, Kapitel 5) am Beispiel des umbrischen Apenninenraums beschrieben. Die historische Perspektive wird auch von Bruni (1996 usw.) beleuchtet.

Bibliografie

AIS = Jaberg, Karl/Jud, Jacob [Hg.] (1928–40): *Sprach- und Sachatlas Italiens und der Südschweiz.* Zofingen: Ringier; in Auszügen auch in einer italienischen Ausgabe: *Atlante linguistico ed etnografico dell'Italia e della Svizzera italiana.* 2 Bde. Hg. von Glauco Sanga. Milano: Unicopli 1987.

ALD = Bauer, Roland/Goebl, Hans/Haimerl, Edgar [Hg.] (1998–): *Atlante linguistico del ladino dolomitico e dei dialetti limitrofi. Sprachatlas des Dolomitenladinischen und angrenzender Dialekte.* Wiesbaden: Reichert.

ALI = Bartoli, Matteo G. *et al.* (1995–): *Atlante linguistico italiano.* Torino: Istituto dell'Atlante linguistico italiano, Roma: Istituto Poligrafico e Zecca dello Stato.

Archangeli, Diana [Hg.] (1998): *Optimality Theory. An Overview.* Malden, Mass.: Blackwell.

Baldi, Philip (1999): *The Foundations of Latin.* Berlin/New York: de Gruyter.

Bechert, Johannes/Wildgen, Wolfgang (1991): *Einführung in die Sprachkontaktforschung.* Darmstadt: Wissenschaftliche Buchgesellschaft.

Beccaria, Gian Luigi [diretto da] (1999): *Dizionario di linguistica e di filologia, metrica, retorica.* Torino: Einaudi.

Berruto, Gaetano (1974): *La sociolinguistica.* Bologna: Zanichelli.

Bertinetto, Pier Marco (1986): *Tempo, aspetto e azione. Il sistema dell'indicativo.* Firenze: Accademia della Crusca.

Bertucelli Papi, Marcella (1993): *Che cos'è la pragmatica?* Milano: Bompiani.

BL = *Bibliographie linguistique/Linguistic Bibliography*, jährlich herausgegeben vom Permanent International Committee of Linguists. Dordrecht: Kluwer.

Blasco Ferrer, Eduardo (1994): *Handbuch der italienischen Sprachwissenschaft.* Berlin: Erich Schmidt.

Bottiglioni, Gino (1926): "Studi sardi", *Revue de Linguistique Romane* 2: 262 (Dialektkarte).

Bruni, Francesco [Hg.] (1992/94): *L'italiano nelle regioni.* 2 Bde. Torino: UTET.

Bruni, Francesco [Hg.] (1996): *L'italiano nelle regioni. Storia della lingua italiana.* 2 Bde. Milano: Garzanti.

Brütting, Richard [Hg.] (1997): *Italien-Lexikon.* Berlin etc.: Erich Schmidt.

Bühler, Karl ([3]1999): *Sprachtheorie. Die Darstellungsfunktion der Sprache.* Stuttgart: Lucius & Lucius.

Bußmann, Hadumod ([3]2003): *Lexikon der Sprachwissenschaft.* Stuttgart: Kröner.

Canepari, Luciano (1987): *Italiano standard e pronunce regionali.* Padova: Cleup.

Canepari, Luciano ([2]1999): *Dizionario di pronuncia italiana.* Bologna: Zanichelli (Nachdruck 2003).

Canepari, Luciano ([2]1999): *Manuale di pronuncia italiana.* Bologna: Zanichelli (Nachdruck 2003, Neuauflage angekündigt).

Canepari, Luciano (2006): *Avviamento alla fonetica.* Torino: Einaudi.

Cardona, Giorgio (1987): *Introduzione alla sociolinguistica.* Torino: Loescher.

Coco, Francesco (1982): *Introduzione allo studio della dialettologia italiana.* Bologna: Pàtron.

Cortelazzo, Manlio [Hg.] (1974–): *Profilo dei dialetti italiani.* Pisa: Pacini; unter diesem Titel erscheint eine Reihe von Dialektbeschreibungen für die einzelnen italienischen Dialekte, jeweils mit Texten und einer Schallplatte.

Dardano, Maurizio (1978): *La formazione delle parole nell'italiano di oggi. Primi materiali e proposte.* Roma: Bulzoni.

Dardano, Maurizio (1991): *Manualetto di linguistica italiana.* Bologna: Zanichelli.

DEI = Alessio, Giovanni/Battisti, Carlo ([3]1975): *Dizionario etimologico italiano.* 5 Bde. Firenze: Barbera.

DELI = Cortelazzo, Manlio/Zolli, Paolo ([2]1999): *Dizionario etimologico della lingua italiana.* Bologna: Zanichelli.

De Mauro, Tullio [Hg.] (1994): *Come parlano gli italiani.* Scandicci (Firenze): La Nuova Italia.

Devoto, Giacomo ([1]1968, [2]1995): *Avviamento alla etimologia italiana. Dizionario etimologico.* Firenze: Le Monnier.

Devoto, Giacomo/Giacomelli, Gabriella (1991): *I dialetti delle regioni d'Italia.* Firenze: Sansoni.

Devoto, Giacomo/Oli, Gian Carlo (1996): *Il Dizionario della lingua italiana.* Nuova Edizione. Firenze: Le Monnier.

DIPI = Canepari, Luciano (1999): *Dizionario di pronuncia italiana.* Bologna: Zanichelli.

De Beaugrande, Robert-Alain/Dressler, Wolfgang Ulrich (1981): *Einführung in die Textlinguistik.* Tübingen: Niemeyer.

DT = Gasca Queirazza, Giuliano *et al.* ([2]1997): *Dizionario di toponomastica: storia e significato dei nomi geografici italiani.* Torino: UTET.

Eco, Umberto ([11]2005): *Wie man eine wissenschaftliche Abschlussarbeit schreibt.* Heidelberg: Müller (UTB 1512); Original von 1977: *Come si fa una tesi di laurea.* Milano: Bompiani.

Geckeler, Horst/Kattenbusch, Dieter (1992): *Einführung in die italienische Sprachwissenschaft.* Tübingen: Niemeyer (Romanistische Arbeitshefte).

Glück, Helmut [Hg.] ([3]2005): *Metzler-Lexikon Sprache.* Stuttgart: Metzler 1993; CD-ROM: Berlin: Directmedia [2]2004.

Große, Ernst Ulrich/Trautmann, Günter (1997): *Italien verstehen.* Unter Mitarbeit von Ernst Arnold. Darmstadt: Wissenschaftliche Buchgesellschaft/Primus.

Haase, Martin (1994): *Respekt. Die Grammatikalisierung von Höflichkeit.* München: Lincom Europa (2. Aufl. 1998).

Haase, Martin (1999): *Dialektdynamik in Mittelitalien. Sprachveränderungsprozesse im umbrischen Apenninenraum.* Tübingen: Stauffenburg.

Hall, Robert Anderson (1958–): *Bibliografia della linguistica italiana.* Pisa: Giardini.

Heepe, Martin (1983): *Lautzeichen und ihre Anwendung in verschiedenen Sprachgebieten.* Hamburg: Buske (Nachdruck der Ausgabe Berlin 1928 mit einer kommentierenden Einleitung von Elmar Ternes).

Holtus, Günter/Radtke, Edgar [Hg.] (1983): *Varietätenlinguistik des Italienischen.* Tübingen: Narr.

IPA = *Handbook of the International Phonetic Association, a guide to the use of the International Phonetic Alphabet.* Cambridge: University Press 1999.

Jakobson, Roman (1962ff.): *Selected Writings.* Berlin etc.: de Gruyter.

Kattenbusch, Dieter (1999): *Grundlagen der italienischen Sprachwissenschaft.* Regensburg: Haus des Buches Lindner.

Koch, Peter/Oesterreicher, Wulf (1985): „Sprache der Nähe – Sprache der Distanz. Mündlichkeit und Schriftlichkeit im Spannungsfeld von Sprachtheorie und Sprachgeschichte", *Romanistisches Jahrbuch* 36: 15–43.

Koch, Peter/Oesterreicher, Wulf (1990): *Gesprochene Sprache in der Romania: Französisch, Italienisch, Spanisch.* Tübingen: Niemeyer.

Koch, Peter/Oesterreicher, Wulf (1994): „Schriftlichkeit und Sprache", in: Günther, Hartmut/Ludwig, Otto [Hg.]: *Schrift und Schriftlichkeit/Writing and Its Use.* 2 Bde. Berlin/New York: de Gruyter (Handbücher der Sprach- und Kommunikationswissenschaft 10): I, 587–604 (= § 44).

Kohler, Klaus J. (^{2}1995): *Einführung in die Phonetik des Deutschen.* Berlin: Schmidt.

Lausberg, Heinrich (1967–72): *Romanische Sprachwissenschaft.* 3 Bde. Berlin de Gruyter (I: ^{2}1969, II: ^{2}1967, III: ^{2}1972, Sammlung Göschen).

Lehmann, Christian (1980): *Guidelines for Interlinear Morphemic Transcription.* Köln: Institut für Sprachwissenschaft.

Lehmann, Christian (1985): „Grammaticalization: Synchronic Variation and Diachronic Change", *Lingua e Stile* 20: 303–318.

Lehmann, Christian (1995): *Grammaticalization: a programmatic sketch.* München: Lincom Europa.

LEI = Pfister, Max [Hg.] (1979–): *Lessico etimologico italiano.* Wiesbaden: Reichert.

Levinson, Stephen (1985): *La pragmatica.* Bologna: Il Mulino; Original von 1893: *Pragmatics.* Cambridge: University Press.

LIP = De Mauro, Tullio *et al.* (1993) : *Lessico di frequenza dell'italiano parlato.* Milano: Etas Libri.

LRL = Holtus, Günter/Metzeltin, Michael/Schmitt, Christian [Hg.] (1988–): *Lexikon der romanistischen Linguistik.* Bd. III (1989): *Rumänisch, Dalmatisch/Istroromanisch, Friaulisch, Ladinisch, Bündnerromanisch.* Bd. IV (1988): *Italienisch, Korsisch, Sardisch.* Bd. VII (1998): *Kontakt, Migration und Kunstsprachen; Kontrastivität, Klassifikation und Typologie.* Tübingen: Niemeyer.

Lüdtke, Helmut [Hg.] (1980): *Kommunikationstheoretische Grundlagen des Sprachwandels.* Berlin: de Gruyter.

Lyons, John (1977): *Semantics.* 2 Bde. Cambridge: University Press.

Lyons, John (1995): *Introduction to Theoretical Linguistics.* Cambridge: University Press; deutsch: *Einführung in die moderne Linguistik.* München: Beck 1971.

Maiden, Martin (1995): *A Linguistic History of Italian.* London/New York: Longman.

Maiden, Martin/Parry, Mair [Hgg.] (1997): *The Dialects of Italy.* London: Routledge.

Matthews, Peter (1982): *Sintassi.* Bologna: Il Mulino; Original 1981: *Syntax.* Cambridge: University Press.

Mayerthaler, Willi (1981): *Morphologische Natürlichkeit.* Wiesbaden: Athenaion.

MLA = *Modern Language Association International Bibliography*, jährliche Buchausgabe und auf CD-ROM bzw. Online. Norwood, Mass.: Silver Platter.

Müller, Natascha/Riemer, Beate (1998): *Generative Syntax der romanischen Sprachen.* Tübingen: Stauffenburg.

Müller-Lancé, Johannes (2006): *Latein für Romanisten.* Tübingen: Narr.

Nespor, Maria (^{2}1994): *Fonologia.* Bologna: Il Mulino.

Ogden, Charles K./Richards, Ivor K. (1970): *The Meaning of Meaning.* London: Routledge/Kegan; deutsch: *Die Bedeutung der Bedeutung.* Frankfurt/Main: Suhrkamp 1974.

Pellegrini, Giovan Battista (1977): *Carta dei dialetti italiani.* Pisa: Pacini; wieder in LRL 4.

Pelz, Heidrun (1996): *Linguistik. Eine Einführung.* Hamburg: Campe.

Renzi, Lorenzo *et al.* [Hg.] (1988–95): *Grande Grammatica di consultazione.* 3 Bde. Bologna: Il Mulino.

Reumuth, Wolfgang/Winkelmann, Otto (41993): *Praktische Grammatik des Italienischen.* Wilhelmsburg: Egert.

REW = Meyer-Lübke, Wilhelm (31935): *Romanisches Etymologisches Wörterbuch.* Heidelberg: Winter (Nachdruck 1992).

RID = *Rivista italiana di dialettologia.*

Rohlfs, Gerhard (1966–69): *Grammatica storica dell'italiano e dei suoi dialetti.* 3 Bde. Torino: Einaudi; Original von 1949–54: *Historische Grammatik der Italienischen Sprache und ihrer Mundarten.* Bern: Francke.

Rohlfs, Gerhard (1937): *La struttura linguistica dell'Italia.* Leipzig: Keller.

Salvi, Sergio (1975): *Le lingue tagliate.* Milano: Rizzoli.

Saussure, Ferdinand de (1916): *Cours de Linguistique générale.* Hg. von Charles Bally und Albert Sechehaye. Lausanne/Paris: Payot (aktuelle Auflage: 31990); deutsch: *Grundfragen der allgemeinen Sprachwissenschaft.* Berlin: de Gruyter 1931, 21967.

Schwarze, Christoph [Hg.] (1981): *Italienische Sprachwissenschaft. Beiträge zu der Tagung „Romanistik interdisziplinär Saarbrücken" 1979.* Tübingen: Narr.

Schwarze, Christoph (21995): *Grammatik der italienischen Sprache.* Tübingen: Niemeyer.

Sokol, Monika (22007): *Französische Sprachwissenschaft – eine Einführung mit thematischem Reader.* Tübingen: Narr.

Spitzer, Leo (1922): *Italienische Umgangssprache.* Bonn: Schroeder (Romanisches Auslandsinstitut).

Tagliavini, Carlo (1972/1998): *Le origini delle lingue neolatine: introduzione alla filologia romanza.* Bologna: Patron 1972; deutsch: *Einführung in die romanische Philologie*, München: Beck 1973 (aktuelle Auflage: Tübingen/Basel: Francke 21998, UTB).

Telmon, Tullio (1992): *Le minoranze linguistiche in Italia.* Alessandria: Edizione dell'Orso.

Tesnière, Lucien (21969): *Éléments de syntaxe structurale.* Paris: Klincksieck (1. Aufl. 1959, Nachdruck der 2. Aufl.: 1988).

Vater, Heinz (21994): *Einführung in die Textlinguistik: Struktur, Thema und Referenz in Texten.* München: Fink (UTB 1660).

Vitale, Maurizio (21978): *La questione della lingua.* Palermo: Palumbo (1. Aufl. 1960).

Wardhaugh, Ronald (41998): *An Introduction to Sociolinguistics.* Oxford/London: Blackwell.

Wartburg, Walther von (1951): *Die Entstehung der romanischen Völker.* Tübingen: Niemeyer.

Weinreich, Uriel (1976): *Sprachen in Kontakt. Ergebnisse und Probleme der Zweisprachigkeitsforschung.* München: Beck; Original von 1953: *Languages in Contact. Findings and Problems.* Den Haag: Mouton (1963, 1979).

Weinrich, Harald (1988): *Lingua e linguaggio nei testi.* Milano: Feltrinelli; erweiterte italienische Fassung von: *Sprache in Texten.* Stuttgart: Klett 1976.

Weinrich, Harald (51994): *Tempus: besprochene und erzählte Welt.* Stuttgart: Kohlhammer.

Zingarelli, Nicola/Balboni, Roberta [Hg.] (122006): *Lo Zingarelli 2007.* Bologna: Zanichelli.

Sachregister

Adstrat 58f., 119
Affix 108f.
Allegrosprechweise 43, 159
Allomorph 32, 98f.
Allophon 32, 124, 127, 142
Alterität 104
Analogie 104
Analogiebildung 43, 129
Anapher 64
Anaphonie 138, 161, 163
Anaptyxe 138
Anterior 68, 102ff.
Antonymie 92f.
graduelle Antonymie 92f.
komplementäre Antonymie 92
konverse Antonymie 93
Aphärese 138
Apokope 138, 146, 152, 175
Approximant 128
Artikulationsart 127f.
Artikulationsort 127f., 136
Aspekt 65, 101ff.
Aspiration 135f., 159f.
Assibilierung 136
Assimilation 134ff.
Nasalassimilation 137
partielle Assimilation 167f.
progressive Assimilation 134, 164, 167f., 170
regressive Assimilation 134ff.
totale Assimilation 167f.
Augmentativ 114f., 117
Ausgleichssprache 45, 158, 180, 182
Auslautverhärtung 135, 152

Bedeutung 90f.
Bedeutungsrelation 91ff.
Betazismus 142
Bezeichnung 90
Binnenkommunikation 45, 174, 176, 180f.
Buchwort 58f.

Deixis 72
Lokaldeixis 65, 72
mediale Deixis 73
soziale Deixis 73
Deklination 100
Dependenzanalyse 76f., 79f.
Derivation 100, 108ff.
Desonorisierung (Auslautverhärtung) 135, 152
Diachronie 27, 31, 40, 43f., 134
Diakritika 125
Dialekt (Mundart) 13f., 38ff.
funktionaler Dialekt 54, 174
lateraler Dialekt 158, 169ff.
Primärdialekt 42
Regionalsprache (Tertiärdialekt) 42, 53
Sekundärdialekt 42
Vernakulärdialekt (Lokaldialekt) 45, 168, 180
zentraler Dialekt 158, 164ff., 174
Dialektkontinuum 14, 38, 44ff., 146ff., 158ff.
Dialektologie 40, 42, 44, 54
Diamesisch 43f.
Diathese (Genus verbi) 101
Diglossie 44f., 54, 180
Diminutiv 114ff., 126
Diphthong 127, 137f., 142, 165
Diphthongierung 138, 141f.
Dissimilation 134f.
Dublette 59

Echovokal 139, 178
Einzelsprache 13, 26, 32
Entlehnung 15, 56ff., 119
Epenthese 138
Epithese 139
Erbwort 58f.
Etymon 20, 94f.
Extension 93f.

Fachsprachen 13
Flexion 32, 97ff.
analytische Flexion 99f.
Nominalflexion 100f.
synthetische Flexion 99f.
Fokussierung 63f.
Fortisierung 38, 129, 135, 160

Frankoprovenzalisch 46ff., 174
Frequentativbildung 114f.
Friaulisch 46, 48, 147, 174ff.
Funktionen der Sprache 15ff.
  Appellfunktion (konative Funktion) 17f.
  Ausdrucksfunktion (emotive Funktion) 17f.
  Inhaltsfunktion (Referenzfunktion) 16
  metasprachliche Funktion 17f.
  phatische Funktion 17f.
  poetische Funktion 17f.
Futur 68, 102ff., 179

Galloitalisch 147, 150ff.
Gebärdensprachen 13
Geheimsprachen 13
Gemeinsprache 40, 42, 45, 158
Geminaten 128f., 146
Geminierung 135
Genus 100
Genus verbi 101
Gliederungsadverb (Partikel) 65f.
gorgia toscana 56, 135f., 159f.
Grammatik 33
  generative Grammatik 27, 30, 84
  Universalgrammatik 27
  Valenzgrammatik 79
Grammatikalisierung 95, 104
Graphem 20, 124f., 129ff.

Haplologie 138
Hilfsverb 100, 171, 179
Homografie 93, 125
Homonym 93f.
Homophonie 93
Hortativ (Adhortativ) 161
Hyperkorrektur 160, 180f.
Hyperonymie 93
Hyponymie 93

Informationsstruktur 33, 62f., 85
Initialfortisierung 129, 146, 158, 167f., 181
Intension 94
Intensivbildung 114f.
Intention 33, 70
Interimsprache 43, 45

Irreal 68f.
Isoglosse 38f.
Isoglossenbündel 39, 146, 158, 164
Istrisch 147, 154
Italiano del Duemila 55
Italienisch 52ff.
  Altitalienisch 52, 54, 159
  modernes Italienisch 53
  Neuitalienisch 52, 54
  Standarditalienisch 14, 38, 40, 45
italienische Gebärdensprache 47
Italienkunde 27

Jugendsprache 42, 182

Katapher 64f.
Klitikon 98, 158, 167, 175
Koiné s. Gemeinsprache
Kommunikation 12f., 15ff., 26f.
Kommutationsprobe 81
Komplementsätze 79f., 82
Konditional 68, 103f., 161, 179
Kongruenz 31, 100ff.
Konjugation 101, 104, 161, 179, 181
Konjunktion 64ff., 71, 79ff., 108
Konjunktiv 103, 179
Konnotation 92
Konsonant 122–131, 134ff., 140ff., 146ff., 152f., 158ff., 167f., 170f., 178
Konsonantennexus 134, 138, 148f., 153, 167
Konstituentenanalyse 76, 81ff.
Kontaktsprachen 38
Kontext 33, 71
Konversion 118
Koordination 68
Kotext 72
Kreolisierung 180
Kreolsprache 180

Ladinisch 46, 147, 174ff.
Landeskunde 28
Lehnwort 15, 58f.
Len(is)ierung 135f., 140, 158
Lentosprechweise 43
Lexem 32, 90f., 98, 108f., 139

Lexikalisierung 108f.
Lexikologie 32
Lexikon 32, 79, 90f., 108, 139, 179
Lingua Franca 13
Linguistik 12, 26f., 30f.
  diachronische Linguistik 26, 31
  historische Linguistik 43f.
  Psycho- und Soziolinguistik 26, 42
  synchronische Linguistik 26, 31
  Systemlinguistik 32
  Textlinguistik 33, 62ff., 70
  Varietätenlinguistik 12, 37ff.
Liquid 128, 131, 148

Merkmalhaftigkeit 100f.
Merkmalkonfiguration 44
Metapher 94
Metaphonie (Umlaut/Umlautung) 137, 151, 164f., 167, 170, 177f.
Metathese 139
Metonymie 94f.
Minimalpaar 32, 124f.
Modifikation 77
Modus 68f., 101ff.
Monophthongierung 142
Morph 32
Morphem 20, 32, 76, 98f.
Morphologie 32, 98, 104
Morphosyntax 33, 76, 149, 161, 171
Mündlichkeit 43, 181

Nasal 128, 130, 136
Nasalierung 138
Neutralisation 141f.
Nominalsyntagma 81ff.
Nullbildung 118f.
Numerus 100f.

Obstruent 128
Okklusiv 128
Okzitanisch 46ff., 174
Onomasiologie 91
Optimalitätstheorie 30, 85f., 139f.
Orthografie 125
Ostromania 40, 146

Palatalisierung 136, 148f., 153, 168
Paradigma 100
paradigmatische Achse 31
Paragoge 139, 178
Perfekt 102, 104
Perfektiv 103
Permutationsprobe 81
Person 31, 100f.
Philologie 26f.
Phon 32, 123f.
Phonem 32, 124
Phonementlehnung 141
Phoneminventar 125ff., 141f.
Phonemschwund 141
Phonetik 32, 122ff., 132
  akustische Phonetik 122
  artikulatorische Phonetik 122
  perzeptive/auditive Phonetik 122
Phonologie 32f., 124, 139
Phonotaktik 138f., 152, 168
Plansprachen 13
Plusquamperfekt 102, 104
Polysemie 93f.
Pragmatik 33, 62, 69ff.
Präsuppositionen 33, 71
Präteritum 102ff.
Progressiv 103
Pro(s)these 139

Quantitätenkollaps 141
Questione della ligua 40ff.

Rätoromanisch 147, 174
Regionalitalienisch/Regionalsprache 179ff.
Rektion 77f.
relative Chronologie 142, 148
Replikasprache 58f.
Retroflex 171
Rhema 63
Rhetorik 70
Rhotazismus 137, 168
Romani 46
Romania submersa 13
Romanisch 28, 55f.
Romanistik 27, 30

Sardisch 46f., 174, 176ff.
Satz 76
Schriftlichkeit 43, 70
Schriftsprachen 13
Semantik 32f., 89ff.
lexikalische Semantik 32, 90
Semasiologie 91
Semiotik/Semiologie 31
Sibilanten 128, 136
Signifiant 31, 91
Signifié 31, 91
Sonanten 128
Sondersprachen (natürliche Sprachen) 13
Sonorisierung 40, 135f., 148, 158, 160, 167
Spirantisierung 159, 178
Sprache 11ff., 26, 30, 45, 49
Sprachemergenz 180
Sprachfamilie 14f., 27
Sprachgemeinschaft 12f., 45
Sprachinseln 47, 49
sprachliches Zeichen 31f., 90, 99
Sprachminderheiten 45ff.
Sprachsoziologie 42
Sprechakttheorie 62, 70
Stadtsprache 45, 179, 181
Stativ 171
Stemma 78, 80
Strukturalismus 30ff.
Subordination 68
Substandard 38, 43
Substitutionsprobe 81
Substrat 56ff., 150
Substratinterferenz 56, 150, 181
Suffixakkumulation 115
Superstrat 59
Synchronie 31
Synekdoche 94
Synkope 138
Synkretismus 126, 141, 161, 170
Synonymie 92
syntagmatische Achse 31
Syntax 32, 75ff.

Tempus 65, 101ff.
Textkohärenz 64f.
Textkohäsion 64ff.
Texttypen/Textsorten 62
Texttypologie 62
Thema 62ff.
Thetische Sätze 62
Topik 62f.
Topikalisierung 63
Toskanisch 158ff.
Transkription 20, 23, 124, 132
Trümmersprache 29, 57
Typologie 26

Umgangssprache 53, 181f.
Universalienforschung 26

Valenz 78f.
Variation 42ff.
areale Variation 42, 44
diastratische Variation 42, 44
diatopische Variation 42, 44
individuelle Variation 43f.
soziale Variation 42, 44
Varietäten 12ff., 38, 42ff.
Velarisierung 137
Venezisch 48, 147f., 153f., 176
venezisches Areal 147
Verkehrssprachen 13
Verschlusslaute (Okklusive) 128
Vokal 122, 124ff., 129, 137f., 141
Sprossvokal/Stützvokal 139
Vokalharmonie 137
Vokalisierung 137, 148f.
Volkssprache 40f.
Vollverb 171
Vulgärlatein 55, 177

Westromania 40, 146
Wort 98
Wortbildung 32, 107ff.
Wortfeld 91f.